U0524737

Diamond
金刚石译丛
CAMBRIDGE

企业家的企业理论
研究企业的新视角

Organizing Entrepreneurial Judgment:
A New Approach to the Firm

［丹］尼古莱·J.福斯（Nicolai J. Foss）
［美］彼得·G.克莱因（Peter G. Klein） 著

朱海就　王敬敬　屠禹潇　译

中国社会科学出版社

图字：01-2017-6897号

图书在版编目（CIP）数据

企业家的企业理论：研究企业的新视角/（丹）尼古莱·J.福斯，（美）彼得·G.克莱因著；朱海就，王敬敬，屠禹潇译．—北京：中国社会科学出版社，2020.6（2023.12重印）

书名原文：Organizing Entrepreneurial Judgment: A New Approach to the Firm

ISBN 978-7-5203-6076-0

Ⅰ.①企⋯ Ⅱ.①尼⋯ ②彼⋯ ③朱⋯ ④王⋯ ⑤屠⋯ Ⅲ.①企业管理—研究 Ⅳ.①F272

中国版本图书馆CIP数据核字（2020）第036749号

出 版 人	赵剑英
责任编辑	黄　山
责任校对	张文池
责任印制	李寡寡

出　　版	中国社会科学出版社
社　　址	北京鼓楼西大街甲158号
邮　　编	100720
网　　址	http://www.csspw.cn
发 行 部	010-84083685
门 市 部	010-84029450
经　　销	新华书店及其他书店
印刷装订	北京君升印刷有限公司
版　　次	2020年6月第1版
印　　次	2023年12月第3次印刷
开　　本	880×1230　1/32
印　　张	11.75
插　　页	2
字　　数	312千字
定　　价	78.00元

凡购买中国社会科学出版社图书，如有质量问题请与本社营销中心联系调换

电话：010-84083683

版权所有　侵权必究

版权说明

This is a simplified Chinese edition of the following title published by Cambridge University Press:

Organizing Entrepreneurial Judgment: A New Approach to the Firm 1st Edition, 9780521697262 by Nicolai J. Foss, Peter G. Klein ©Nicolai J. Foss, Peter G. Klein

This simplified Chinese edition for the People's Republic of China (excluding Hong Kong, Macau and Taiwan) is published by arrangement with the Press Syndicate of the University of Cambridge, Cambridge, United Kingdom.

©Cambridge University Press and China Social Sciences Press 2020

This simplified Chinese edition is authorized for sale in the People's Republic of China (excluding Hong Kong, Macau and Taiwan) only. Unauthorised export of this simplified Chinese edition is a violation of the Copyright Act. No part of this publication may be reproduced or distributed by any means, or stored in a database or retrieval system, without the prior written permission of Cambridge University Press and China Social Sciences Press.

Copies of this book sold without a Cambridge University Press sticker on the cover are unauthorized and illegal.

本书封面贴有Cambridge University Press 防伪标签，无标签者不得销售。
此版本仅限在中华人民共和国境内（不包括香港、澳门特别行政区及台湾省）销售。

企业家判断的组织化

在过去 20 年，被经济学家和管理学者长期忽视的企业家精神，不仅在从事学术研究的经济学家和管理学者中，而且也在政策制订者、教育工作者和从事实际工作的人员中迅速回归。类似地，建立在罗纳德·科斯 1937 年影响深远的分析之上的企业理论，越来越成为经济学和管理学中一个重要的领域。尽管有这一复苏的趋势，企业家精神方面的文献和企业理论方面的文献之间还是缺少连接，不仅在学术上如此，在管理实践上也是如此。本书试图通过提出和建立一个"企业家的企业理论"来弥合这一鸿沟，它关注的是企业家精神和管理之间的关联。借鉴奥地利学派经济学的洞见，我们把企业家精神描述为不确定下的判断性决策，说明判断为何是市场经济的驱动力，以及是理解企业绩效和组织的关键。

尼古拉·J. 福斯是哥本哈根商学院战略与组织研究所教授，也是挪威经济学院以知识为基础的价值创造研究所教授。他也是欧洲其他一些大学的兼职和访问教授。

彼得·G. 克莱因是密苏里大学应用社会科学副教授和麦奎恩企业家领导力研究所主任。他也在密苏里大学杜鲁门公共事务学院和挪威经济与工商管理兼职。

目　　录

译者序 ··· 1
序言 ··· 1

第一章　需要一个企业家的企业理论 ······························· 1
　一　经济学中的企业理论 ··· 4
　二　企业家精神 ·· 6
　三　为什么企业家精神与企业（理论）是不可分的 ············ 9
　四　我们研究的一个概述 ·· 17

第二章　什么是企业家精神 ·· 26
　一　经济学理论中神秘的企业家 ································· 27
　二　企业家精神和企业的概念 ···································· 32
　三　结论：企业家判断是对企业理论的一个自然补充 ······· 47

第三章　企业家精神：从机会发现到判断 ······················· 49
　一　奥地利学派经济学 ··· 52
　二　柯兹纳和企业家的警觉性 ···································· 64
　三　柯兹纳以及有关企业家精神的管理学研究 ··············· 83
　四　结论 ·· 87

第四章 什么是判断 ··· 89
- 一 奈特不确定性 ·· 93
- 二 判断：不确定条件下的有目的的行动············· 104
- 三 判断力、互补性投资以及企业家精神研究的分析单位 ·· 115
- 四 结论 ·· 118

第五章 从什穆资本到异质资本 ························· 120
- 一 什穆资本世界中的企业家精神和组织············· 122
- 二 奥派资本理论：一个回顾 ························· 129
- 三 资本异质性：基于属性的方法····················· 132
- 四 复杂资本结构背景下的企业家判断················ 138
- 五 结论 ·· 146

第六章 企业家精神和企业理论 ························· 149
- 一 企业家精神和企业理论：为什么缺乏彼此的交流？ ··· 151
- 二 现有的企业理论 ···································· 154
- 三 现代企业理论和企业家精神······················· 165
- 四 企业家精神：企业理论尚未利用的概念·········· 176
- 五 结论 ·· 182

第七章 企业家精神、企业的性质和边界 ··············· 183
- 一 企业的出现 ··· 184
- 二 企业的边界——企业家视角下的企业边界······· 196
- 三 企业边界的动态分析 ······························ 199
- 四 经济计算、判断和组织（规模）的上限 ········· 202
- 五 结论 ·· 207

第八章　内部组织：原发判断和派生判断 ·················· 209
　　一　原发判断和派生判断 ························· 214
　　二　派生企业家精神：生产性的和破坏性的 ············ 218
　　三　对经济组织的一些启发 ······················· 229
　　四　分散知识、权力层和企业组织 ·················· 235
　　五　结论 ·································· 241

第九章　总结性的讨论 ······························ 243
　　一　引言 ·································· 243
　　二　对企业家精神理论的启发 ····················· 245
　　三　对企业理论的启发 ························· 253
　　四　对公共政策的启发 ························· 262
　　五　写在最后的话 ···························· 271

参考文献 ·································· 273
人名索引 ·································· 336

译　者　序

"企业家判断的组织化"，这一名词或许一下子难以理解，可以稍微解释一下，它的意思是"企业是将企业家的判断化为组织的结果"。本书的作者建立了"企业家的企业理论"，是从企业家精神角度来看企业。该书曾荣获奥地利学派"年度图书"，有非常大的影响。企业家精神的思想应用于经济发展（熊彼特），也被应用于市场均衡（柯兹纳），而本书将企业家精神应用于企业理论。威廉·鲍莫尔说，"企业理论没有企业家，就如同《哈姆雷特》中没有丹麦王子"，而本书成功地建立了企业家和企业理论的桥梁，让企业家回到了经济学和管理学。由于这一"回归"，"企业家的企业理论"相比新制度经济学的企业理论有了很大的"改善"，体现在理论分析更为深入、更微观，也更具有动态性等方面。

2006年，笔者在哥本哈根商学院访学时，福斯教授曾对笔者说他有"奥地利学派、新制度经济学和战略管理"这三根"柱子"，这本书恰好体现了这三根"柱子"的结合。更为准确地说，本书的思想资源有三个来源：奥地利学派，新制度经济学，奈特的企业家和企业理论。本书在企业理论方面补充了奥派经济学，因为奥派经济学传统上没有企业理论。作者通过"企业家精神""判断"和"产权"三把"钥匙"，打开了"企业"的"黑箱"；通过对"判断"的探究，作者实际上也打开了"企业家精神"的"黑箱"。

一　企业的性质

新古典经济学把企业视为生产函数，一个生产可能性集合，如科斯所说，是把企业视为黑箱，如作者在书中指出的，把企业视为黑箱的理论根本不是一个企业理论，充其量只是一个工厂理论。在新古典经济学之外，传统上有两种企业理论，一是科斯的企业理论；二是奈特的企业理论。作者认为，科斯的企业理论强调"交易费用"和雇佣（控制权）；奈特的理论强调企业家和所有权，本书属于后面这个传统。本书的方法和科斯的方法既有联系，也有区别。"联系"在于借鉴了"交易费用"方法，认为"判断无法被交换"也可以归到"交易成本"范畴；"区别"在于科斯的企业理论中是没有企业家这一角色的，企业理论变成根据交易成本最小化计算和最优的产权安排的问题，企业的合约安排为这一目的服务，但本书提出的"企业家的企业理论"并不着眼于交易费用的最小化，而是着眼于具有企业家精神的所有者（委托者）和代理人之间的协调。与奈特的企业理论相比，奈特认为资本是同质的，而本书贯彻奥派的思想，强调资本的异质性，并把这种异质性和企业家判断及产权问题联系起来。下面具体看"企业家的企业理论"如何论述企业理论的三个基本问题，即企业的存在，企业的内部治理以及企业的边界。

1. 企业的存在

科斯对企业的存在的经典解释是企业降低了市场的交易费用。威廉姆森、阿尔钦、德姆塞茨和哈特等新制度经济学家发展了科斯的理论，提出了"合约理论"和"队生产"理论，合约理论认为由于合约不完全，存在机会主义和道德风险，所以需要一个"中心缔约者"来对企业成员实行监督，并且获得剩余控制权；"队生产"理论也是从监督的必要性来说明企业组织的。这是一个建立在"有限理性"假设之上的企业理论，而"有限理性"是新古典经济学"理性人"假设的延续。相比之下，"企业家的企业理论"建立在"行动人"假设上，也就是"企业家"的假设之上，该理论不是从机会主义和道德风险产生的计算问题来说明企业存在问题的，而是把企业的存在问题和企业家判断联系起来。也就是说，合约理论和队生产理论中，缔约者只是计算最大化的理性人，而在"企业家的企业理论"中，缔约者是能够做出判断的企业家，这是两个完全不同的假设，显然后者是更为现实的。不可缔约是由"判断"本身的性质决定，而不是因为"交易费用"这样一个技术性的因素。

作者认为最有助于和企业理论建立联系的是坎蒂隆、奈特和米塞斯的判断方法。判断被理解为"企业家脑海中（或者企业家团队的脑海中）关于使用资源以满足消费者偏好的一种新颖的推断"，如前所述，判断是主观的、个人的、不可完全传达的和共享的，判断不可缔约，无法交易，企业家不能通过出售自己的"判断"来获利，只能通过创办企业来实现自己的"看法"，从他的判断中获取回报。"企业"是企业家实现判断收益的手段，企业家必须自己拥有产权才能实施判断和承担不确定性，也就是说，假如没有所有权，那么资产的属性会被置于公共领域而引起未来的不必要的争端。

企业的合约理论（科斯、张五常）把企业视为雇佣合约，由于市场也是合约，这样就抹去了企业和市场的区别，哈特提出的"不完全合约"理论在科斯的基础上前进了一步，当合约不可能完备时，产权的配置就成了关键。但在哈特的理论中，产权某种程度上是"实物"的产权，而"企业家的企业理论"的高明之处是把产权和企业家判断联系起来，产权更多的是企业家判断的权力，这样就超越了"物"，进入了"人的行动"层面。企业家判断的权力为什么重要，其原因在于资产的属性不是事先给定的，而是存在于企业家的判断中。在"企业家的企业理论"中，有两个层面的产权配置，即首先是配置判断权，然后才是配置产权，而哈特的不完全合约理论中，不存在第一个层面的产权配置，只有第二个层面的产权配置。

企业存在的解释与对资产属性的认识不可分。"企业家的企业理论"很大程度上受益于阿尔钦对产权的认识，尤其是在产权属性的多样化方面，但是本书从"主观主义"方面对阿尔钦的理论做了补充。资产的属性（新的用途）具有主观性，是企业家发现的，企业家拥有财产权方便了对资产属性的利用，如企业家发现资产有什么新属性，马上就可以通过命令的方式予以利用或试验，而这是根本无法通过交易的方式来利用他的"发现"的，一是别人不会相信；二是时间上的延滞。企业就是方便企业家不断发现和创造新属性的机制和过程。需要说明的是，资产属性存在于资产组合，某种资产的属性和其他资产的属性结合在一起时，才有价值。企业为企业家组合和利用资产提供了便利。

资产在市场中交易，其价格是由某种共同的属性决定的，而企业家可能看到了该资产其他方面属性，这种属性的潜在价值还没有为他人所发现，它与其他企业家打算与之进行组合的资产的属性相关，也就是说，资产属性很大程度上也是"关系"概念。当企业家购买了这种资产，并和其他资产进行组合时，就构成了"企业"。企业家通过企业，实现他所发现的资产属性的价值。当然，企业家也可能失败，即企业家对该种属性的判断被证明是错误的。

2. 企业的内部治理

"企业家的企业理论"认为在企业内部，所有者做出原发判断，企业家授予员工做出派生判断的权利，并让员工为自己的判断承担职责时，员工就成为代理企业家。作为代理企业家，员工有发挥企业家才能的激励，但同时也可能利用这种权利为自己谋利，从而损害公司利益。因此，在公司内部，这两种判断之间存在如何协调的问题。

判断的实现需要授权，内部治理问题是因为判断的授权而产生的。"判断"的方法强调企业家在无法确知结果的情况下做出决策。决策意味着有人拥有权威，在企业内部实施判断，而拥有权威的人必须拥有资产，否则没有权威。所有权代表着在合约未能事先规定的情况下做出决策的权利，企业家（所有者）借助于权威来把"原发判断"委托给代理企业家，让后者进行"派生判断"。如作者所说，在大型的、复杂的组织中，判断的授权在多个层级上都会发生。董事会授权给经理，经理授权给下级员工，企业是这样一个授权判断的层级。在"企业家的企业理论"中，做出原发判断的是企业家（所有者），如员工也有股权，那么员工也扮演企业家角色，做出原发判断。当然，决策权的大小与股权数量多少是相关的。

新制度经济学把所有权视为降低交易成本，实现最大剩余的手段。"企业家的企业理论"对所有权的功能做了进一步的解释。这种理论认为拥有所有权的企业家拥有属性的一组权利，不需要就资产属性的多个权利和员工进行讨价还价，这样就降低了企业家做出判断的成本，使企业家能够获取新产品、新市场、新技术和新生产工艺等资产新属性的"剩余"。

"企业家的企业理论"对"合约"的认识不同于新制度经济学的合约理论。在新制度经济学的合约理论中，合约不完全会带来交易费用，因此也是应该"避免的"，但"企业家的企业理论"则认为合约不完备是必要的，"合约不完备"为企业家把决策权委托给员工，让他们使用派生判断，即为激发企业家精神提供了空间。在新制度经济学中，合约服务于交易费用的减少但在"企业家的企业理论"中，合约服务于为更好地发挥企业家才能而作的产权配置。因此，根据"企业家的企业理论"，"资本雇佣劳动"还是

"劳动雇佣资本"这一问题并不存在。企业中员工的属性不是"劳动",而是"代理企业家";所有者的性质也不是"资本",而是做出原发判断的企业家。他们之间的关系与其说是雇佣关系,不如说决策权的委托代理关系。

科斯认为"企业"是"命令机制代替价格机制",这并不完全确切,企业还是有价格机制的,比如工资。那么企业是在哪方面代替了市场呢?我们认为答案是,通过多次的判断和试验的方式,赋予资产自己的知识,实现对资产所有权多种属性连续的和变化的使用(企业),代替对资产属性的一次性的判断和使用(市场)。也就是说,企业在资产属性的判断和使用上都不是一次性的,而市场是一次性的。比如雇佣一个人和购买劳务的不同,雇佣一个人是连续地使用他的人力资本,而购买劳务是一次性使用他的人力资本。又如,假如企业家购买一个资产,比如一块石头,然后连续地使用它,比如进行雕刻,然后卖出,这时即便他没有雇佣工人,他这一行为也是"企业行为",而非"市场行为",当然他购买石头和卖出石雕时是市场行为。一些经济学家,如张五常,认为企业和市场都是"合约",只是合约形式不同,因此应该放弃把企业作为分析工具,而把注意力放到合约上。这种观点就抹去了企业和市场的区别,没有看到企业的主角,即"企业家"在企业中的作用不是可以用合约来概括的。

和科斯、张五常等人的合约理论不同,"企业家的企业理论"认为企业内部不是通过合约来协调的,而是通过所有权来协调的。企业治理的目标,不仅是通过防止机会主义和道德风险等来降低交易成本,更是促进生产性企业家精神和抑制破坏性企业家精神。相比市场,企业的优势是企业家拥有财产所有权,这使得他能够以最低的成本建立他偏好的组织结构,实现上述目标,并且所有权还可以使企业家不断地进行组织结构的试验。这样就把科斯交易费用理论中缺失的企业家重新拉回到企业中。

3. 企业的边界

根据科斯的理论，企业边界会扩张到降低的交易费用和增加的组织费用在边际上相同时为止。奥派经济学家，尤其是罗斯巴德，把经济计算和企业边界问题联系起来，对科斯的思想进行了补充。

企业家的判断或决策，也即经济计算，需要依赖外部市场提供的真实价格，每一种要素都需要一个市场价格。换句话说，假如外部市场消失，企业家无法进行经济计算。企业规模越大，失去的外部市场就越多，企业家的经济计算就越困难，这种"困难"构成了对企业规模扩张的限制。这意味着企业的边界不可能无限扩张，"企业扩张会损害企业家自身"构成了一种自发的市场机制，限制了企业的规模。因为没有人可以事先计算出企业合理的企业边界，或不损害市场的企业边界在哪里，这也意味着"反托拉斯法"是站不住脚的。这一法律隐含了政府是知道企业的最优规模，或不损害市场的企业最大规模，然而这是不可能的。

实际上，市场和企业并非科斯设想的替代关系，而是相辅相成、相互依赖的关系。市场萎缩，相关企业的规模也缩小，如胶卷被数码代替后，柯达公司的企业边界缩小就是典型的例子。同样，一种新的产品或要素的出现，也催生出相关的企业。有助于要素市场发展的措施，也有助于企业边界的扩张。最为典型的例子是美国有最为发达的资本市场，也有数量最多的巨无霸企业；相反，在要素市场不发达的国家，大企业的数量不会多，比如东南亚和南美洲就是这样，非洲更不用说。自发产生的企业和市场是兼容的。也就是说，不必担心自发产生的企业会损害市场。同样，如果企业是"人为的"（即并非由拥有所有权的企业家主导），那么这损害市场。假如一个市场中，国有企业数量多，那么对资本市场和货币市场都是不利的，这也意味着国企改革有利于市场发育。中国20世纪90年代的国企改革，对促进资本市场发展起了很大的作用。

相比科斯从"成本"角度的解释，在"企业家的企业理论"

中,"判断"提供了从"行动学"角度看边界的视角。单个企业的边界受制于企业家做出准确"判断"的能力,如成功的判断比失败的判断次数多,企业家赚取了利润,则企业的边界就可能扩张,诺基亚和苹果就是例子。当然,腾讯对"微信"的准确判断也是如此。企业的边界取决于正确判断与错误判断的权衡。判断包括对企业外部因素的判断和对企业内部因素的判断,前者如生产什么产品,购买什么要素;后者如把原发判断委托出去,配置给谁。后者牵涉"用人"的问题,因此"管理"是与"判断"相关的问题。企业边界除了与原发判断相关外,也和员工的派生判断相关。如原发判断是正确的,而派生判断是错误的,那也会限制企业的边界。

二 如何看"判断"与"警觉"的分歧

本书作者批评了柯兹纳的警觉或机会发现方法,认为柯兹纳预设了已经存在的"机会",而他们则认为机会在实现利润之前并不存在。他们强调机会的主观性,认为机会是"想象"出来的,不是等着被人们发现的。机会也不是一个合适的分析单位,因为机会难以衡量和操作。从判断视角来看,他们认为应该把"行动",具体说是"投资",即"组合当前的资源以期获得未来(不确定的)收入"作为分析单位,这也体现了米塞斯"行动学"的特色。从感知机会并不意味着利润的实现而言,将关注的重心放到"行动过程"是很有说服力的,实际上,企业就可以理解为"企业家行动的过程"。

然而,本书作者可能对柯兹纳有误解,他们和柯兹纳并没有根本的区别,在柯兹纳"警觉机会"的框架中,机会也不是客观的,如前瞻型警觉就是"想象"机会。同样,企业家的"判断"是对他看到的"机会"的判断,这个被判断的"机会"是他认识到的,只存在于他的脑海中。企业家做出一个判断，就意味着机会的发现，所以，"判断"和"警觉机会"是一个硬币的两面，两者的区别仅在于理论服务的目的不同。强调企业家判断，企业家机会的主观性，企业家要承担不确定性，企业家要拥有资本等，是为"企业家的企业理论"服务的。而柯兹纳构强调机会警觉，是为"市场均衡"服务，企业家警觉到机会，是实现均衡的条件。或者说，本书作者把企业家精神的分析"拉长"了，把企业家从判断开始到实现利润机会的整个行动过程都纳入分析，这一过程也就是企业的建立过程。相比之下，柯兹纳只是截取了"警觉机会"这样一个截面，并不涉及对企业家后续行动过程的探讨。

三 企业家理论在宏观经济问题中的应用

作者不仅把企业家理论应用于企业理论，而且还应用于宏观经济问题，给人眼睛一亮的感觉。主流的宏观经济学是从总量角度考察宏观经济的，没有意识到宏观经济是"一张由互相有着复杂关系的资本资产构成的网络"，对构成这一网络的资本，企业家对其属性有各自不同的认识，也就是说资本是异质的，企业家不断地根据他们对消费者未来需求的"判断"对资本进行组合，这意味着资本也是变动的，所以，资本不能被简化为有关"总投资"的数据。构成宏观经济活动的是无数的企业家决策，而非政府的政策，在没有政府干预的情况下，企业家的判断决定着宏观经济的走向，而这一重要的微观视角被宏观经济学所忽视，换句话说，主流的宏观经济学变成了与微观（企业家与企业）割裂的"科学"。忽视个体层面的活动之后，现代的宏观经济学关注的是总量的最优，而这个"最优"也是经济学家虚构出来的。所以，主流的宏观经济学变成了服务宏观经济学家自己或政府目标的"科学"，而不是无数人互动构成的那个整体，一个真正意义上的宏观的科学。由于主流的宏观经济学忽视了最基本的事实，与现实脱节，因此它也是与个体的生活无涉的，是飘浮浮在空中的。

从企业家的角度，作者认为发生危机后，经济复苏之策不是对陷入危机的企业进行救助，也不是实施凯恩斯主义的经济刺激政策，而是"尽快清算不良投资"，把错误的资产转到更具价值的用途中，让这些资产转入到能够发现其新属性，使之能重新发挥作用的企业家手中。当然，我们不知道谁是能够使之重新发挥作用的企业家，政府当然也不知道，这时需要一个能够让资本的需求者和供给者都能够有机会发现对方的资本市场，这个市场应该具有促进资本充分流动，曝光不良资产并进行快速重组的功能。遗憾的是，目前政府在处理经济危机问题时，受主流宏观经济学的影响，没有看到企业家、资源、企业和产业之间的异质性，以及资产重新处理的重要性，因此，在政策措施上都是集中于总量指标的调整，如负债率或杠杆水平，认为"去杠杆"就是降低了风险。而这是错误的认识，这些总量指标掩盖了关键的问题，如"资源如何在各部门之间、企业之间和个人之间分配，不良投资是否被清算等"。总体债务率的下降，并不意味着风险的降低，因为不良资产可能并没有得到处理。消除风险，应从微观层面入手，通过资本市场的完善解决微观层面的问题，才是真正地解决宏观问题。

四　三个重要纠正

在本书中，作者指出人们对企业家精神的理解存在三个偏差，分别是初创企业偏差、机会发现偏差和单个个体偏差。作者对这三个偏差的纠正是非常重要的，帮助人们更为准确地认识企业家精神。在实践上，由于认识的错误，已经产生了不良的影响。

作者认为，创新不能被认为是初创企业中才有的现象，在成熟企业中也有充沛的创新。在现实中，我们看到像苹果、微软和华为等成熟企业也是非常有创新性的。如作者所指出的，小企业的创新和成熟企业的创新在逻辑上并没有什么不同，成熟企业也不断地展现出企业家判断，通俗地说"大象也会跳舞"。事实上，我们可以说现代社会中任何一项重要的创新是由成熟企业完成的，因为只有成熟企业才拥有创新所需要的资本、人才和知识储备。创新需要多人合作才能完成，而企业就是将多人组合起来，实现创新的机制。创新要承担风险，是一种奢侈的试验，初创企业即便有某种新的想法，也没有足够的实力进行创新。所以，像很多研究者所做的那样，用新成立了多少家企业来衡量一个地区的企业家精神是有偏颇的。

作者认为，企业家精神的根本特征不是"发现机会"，而是"判断"。后者比前者更体现承担不确定性，因此和企业理论的关系更为密切。如前所述，判断和发现机会是不能截然分开的，判断包含了对机会的认识。事实上，企业家并不是预先构想出一个机会，然后再去实现它，这是一种静态的"蓝图"思维，具有新古典经济学的特征；相反，机会本身是在企业家的行动中不断产生，是根据企业家的判断不断调整的，也就是说，机会不是给定的，是一个"过程"概念。

通常人们会把企业家精神理解为英雄人物，在媒体的报道中，也总是突出报道某个企业家的事迹，如马云、乔布斯和马斯科等等，这样就给人一个印象，即企业家精神体现于孤立的个人。相反，作者提出"集体企业家精神"概念，指出企业家精神的集体性质。确实，我们应该认识到，人们发挥企业家才能的主要舞台是在企业，发挥企业家才能应该被视为一种团队或团体活动。这也是因为在企业中，产权没法精确地界定到个体，也无法精确核实多大程度上实施了被授权的判断。事实上，企业家要解决的问题，比如对原发判断的委托，对派生判断的奖励，防止"搭便车"和实现投资组合等也都是在"团队"（企业）中才会遇到的。曾广为流行的"大众创新，万众创业"这种提法，其问题在于没有认识到"创新"是"团队的"，而不是一种分散的、单打独斗的"大众"行为。现在有很多年轻人不愿意进入企业，宁愿自己开淘宝店或微店，这对创新是不利的。个体开网店，很难说对社会创造了什么增量的价值。由于政策的鼓励和年轻人的这种"偏好"，导致了企业难以招聘到年轻职工，也就是难以建立"团队"，从而在整体上不利于创新。

把员工视为有企业家精神的个体，超越了传统上把员工视为劳动力提供者（工人）的概念。如个体能够在企业中充分发挥创造性，那么企业会成长起来，整个经济也会趋向繁荣。对于中国的经济发展来说，不仅技术创新是重要的，企业管理水平的提升也是重要的，实际上企业的技术进步也要借助于良好的管理实现。例如，当年华为向通用学习了企业管理，是华为成为优秀的创新型企业的重要因素。由于大部分人是在企业就业，假如企业有良好的管理，人的创造性能够得以充分发挥，那对中国的经济增长将有十分重要的促进作用。

五　结语

以上阐述不代表对作者思想的"概述"，因为本书的贡献远不限于上述方面。作者除了将企业家理论应用于企业理论外，还初步尝试用于公共政策问题的分析。"企业家的企业理论"虽然是针对"企业"的经济理论，但也可以用于分析"国家"问题，比如国家内部的监督、约束和治理问题，在国家这个问题上，经济史学家道格拉斯·诺斯曾有专门研究，如结合"企业家"的视角，或许会得出更多的启示，这也是经济学家相比历史学家的优势。和目前的新古典和凯恩斯主义宏观经济学相比，这种引入企业家之后的研究具备坚实的微观基础，也是更为"现实"的，让人看到"好"的经济学应该具有的风采。"企业家的企业理论"展现了奥派经济学广阔的应用前景，有力地驳斥了那种把奥派经济学视为思想史或意识形态的观点。

本书有助于我们理解企业，但如作者指出的，本书只是提供了一个研究框架，仍有需要进一步探索的问题。例如，作者在说明企业家时有所有权和判断这两个角度，这两个角度之间如何协调？所有权是先于企业家的，还是企业家判断的结果？假如拥有所有权的个体没有足够的判断力，而拥有判断力的人没有所有权，那么，这时由谁扮演企业家的角色？原发判断和派生判断之间的委托代理关系怎么展开？这些问题也是企业，尤其是家族企业经常遇到的。

本书是经济学应用于组织层面的典范，也是学科交叉的典范。本书不仅打通了企业家理论和企业理论，也打通了经济学和管理学，让我们看到为什么管理学需要经济学的思维和方法，而经济学在实践层面或企业层面的使用"自然而然"地就是管理学。经济学在组织这一微观层面的应用，为奥派经济学乃至整个经济学的发展提供了一条更为可行的路径，这条路径应该比目前流行的应用经济学，尤其是数理化的经济学更有现实意义。本书中文版的翻译工作主要由王敬敬、屠禹潇和笔者共同完成，王敬敬翻译了第六章至第九章，屠禹潇翻译了第二章至第五章，笔者翻译了序言和第一章，并对全书进行了统校，译文中存在的不当之处由笔者负责。本书编辑郭女士付出了大量辛劳，叶文英和熊越对本书的出版亦有贡献，在此一并感谢。

朱海就

2018 年 3 月 7 日于杭州

序　言

在过去的 20 年里，被经济学家与管理学学者们长期忽视的企业家精神又戏剧性地"东山再起"了。随着 20 世纪 70 年代对科斯开创性的论文《企业的性质》(The Nature of the Firm, 1937) 一文的重新发掘与重新研究，有关企业的经济理论再次蓬勃地发展起来，"战略企业家精神"这一新的领域也开始浮现。与之相伴的，是对企业家精神的研究在经济增长与发展、社会学以及人类学等领域中的复兴。

作为管理学和组织学的研究人员，十多年来，我们对企业家精神有着独特的兴趣，我们当然欢迎这些新的发展，这也是因为我们已经深受现代企业理论的影响。但我们认为，这两个研究领域都彼此忽视了对方的重要洞见。写这本书的目的就是为了试图填补这一遗憾，提出并发展企业家的企业理论，它关注的是企业家精神与管理学之间的联系。

特别地，我们发展了奈特（1921）的作为**判断**的企业家精神的思想。这一思想可以从理查德·坎蒂隆（Richard Cantillon, 1755）的开创性探讨以及奥地利学派经济学家路德维希·冯·米塞斯（Ludwig von Mises, 1949）的作品中找到。一些从业导向的作品，如蒂希与本尼斯（Tichy and Bennis, 2007）的著作《判断：成功的领导人如何做出重要的决定》(Judgment: How Winning Leaders Make Great Calls) ——以及一些政策导向的作品——如阿马尔·拜德（Amar Bhidè, 2010）的《需要判断》(Call for Judgment) ——中关注了"判断"。尽管如此，在传统的企业经济理论或有关企业家精神以及战略管理理论的主流研究中,判断并没有扮演什么举足轻重的角色。更一般地,尽管判断在经济组织理论中具有发挥重要作用的潜力,我们认为它还未被理论化。为此,尝试建立这样的理论并阐明其含义是写这本书的根本目的。

从广义上说,这本书针对的是对企业家精神与组织的交叉领域有同样兴趣的社会科学家们。具体而言,我们是为管理学研究人员——尤其是从事企业家精神、战略企业家精神、战略管理方面研究的研究人员——以及对企业理论和企业家精神感兴趣的经济学家而写了这本书。我们的目标是影响管理学与经济学中既有的有关企业家精神的研究实践。与此同时,我们也为企业家精神、管理学与组织研究领域的历史学家和专门研究社会科学理论发展的方法论学者提供他们感兴趣的评论与观点。虽然我们的很多观点都是专门针对企业理论与企业家精神理论的,但并非只有那些对这两个领域都有兴趣的人才能从这本书中获益。例如,研究企业家精神但对企业理论不那么感兴趣的学者仍可以在第二章至第五章发现有价值的、有趣的讨论。另外,虽然我们的目标是写一本综合叙述性质的作品,但对于大部分章节而言,即便读者将它们抽离出来单独阅读,也能够从中受益。

虽然我们的分析根植于经济学,但我们回避了形式化的建模、决策理论、博弈论、数量经济学等,同时也尽可能地回避技术性的术语。虽然我们的论述广泛涉及管理学理论新近的发展,但这并不表示我们对管理学的文献和专业术语有任何偏好。换言之,这本书的受众不仅仅局限于那些在经济与管理理论方面关注企业家精神的研究人员,它还包括其他不同专业领域的研究者。

对这些问题,我们已经思考、讨论与写作了很多年,我们不可能对所有的同事、学生、审稿人、会议和研讨会的参与者以及其他对我们的研究产生影响的同时代的人——表示感谢。但特别值得一提的是,我们尤其受益于哥本哈根商学院(Copenhagen Business

School)、俄亥俄州立大学（Ohio State University）、挪威经济与工商管理学院（Norwegian School of Economics and Business Administration）、斯德哥尔摩经济学院（Stockholm School of Economics）、伊利诺伊大学（University of Illinois）、密苏里大学管理学院（University of Missouri, Academy of Management）、奥地利学派学者会议（Austrian Scholars Conference）、战略管理学会（Strategic Management Society）和沃斯学会年度会议（Wirth Institute Annual Meetings and Conferences）举办的研讨会以及与会人员和听众的反馈。我们要感谢（但无需由他们担责）Rajshree Agarwal, Jay Barney, Todd Chiles, Teppo Felin, Kirsten Foss, Sandra Klein, Richard Langlois, Stefan Linder, Jacob Lyngsie, Henry Manne, Joe Mahoney, Joseph Salerno, Nils Stieglitz, Michael Sykuta, Randall Westgren, Sidney Winter 以及 Ulrich Witt 等对本书思想的讨论与评论。同时，我们也得益于 Per Bylund 与 Mario Mondelli 对研究提供的帮助。

虽然书中的大部分内容是首次面世，但我们也利用了我们之前的一些研究。我们要感谢下列出版商，他们允许我们在书中使用我们之前出版的一些作品。

· 施普林格出版（Springer Publications）：允许使用 Nicolai J. Foss and Peter G. Klein, "Entrepreneurship and the Theory of the Firm: Any Gains From Trade?" 载于 Rajshree Agarwal, Sharon A. Alvarez, and Olav Sorenson, eds., *Handbook of Entrepreneurship Research: Disciplinary Perspectives* (New York: Springer, 2005), pp. 55-80.

· 布莱克威尔出版社（Blackwell Publishing）：允许使用 Kirsten Foss, Nicolai J. Foss, Peter G. Klein, and Sandra K. Klein, "The Entrepreneurial Organization of Heterogeneous Capital," *Journal of Management Studies* 44 (7) (2007): 1165-1186.

· 塞奇出版社（Sage Publications）：允许使用 Kirsten Foss,

Nicolai J. Foss, and Peter G. Klein, "Original and Derived Judgment: An Entrepreneurial Theory of Economic Organization," *Organization Studies* 28 (12) (2007): 1893 – 1912.

·塞奇出版社 (Sage Publications): 允许使用 Nicolai J. Foss and Ibuki Ishikawa, "Toward a Dynamic Resource – based View: Insights from Austrian Capital and Entrepreneurship Theory," *Organization Studies* 28 (5) (2007): 749 – 772.

·参议院大厅出版社 (Senate Hall Publications): 允许使用 Peter G. Klein and Nicolai J. Foss, "The Unit of Analysis in Entrepreneurship Research: Opportunities or Investments?" *International Journal of Entrepreneurship Education* 6 (3) (2008): 145 – 170.

·威利出版社 (Wiley Publications): 允许使用 Peter G. Klein, "Opportunity Discovery, Entrepreneurial Action, and Economic Organization," *Strategic Entrepreneurship Journal* 2 (3) (2008): 175 – 190.

·塞奇出版社 (Sage Publications): 允许使用 Rajshree Agarwal, Jay B. Barney, Nicolai Foss, and Peter G. Klein, "Heterogeneous Resources and the Financial Crisis: Implications of Strategic Management Theory," *Strategic Organization* 7 (4) (2009): 467 – 484.

·米塞斯研究所 (The Mises Institute): 允许使用 Peter G. Klein, "Risk, Uncertainty, and Economic Organization," in J? rg Guido Hülsmann and Stephan Kinsella, eds., *Property, Freedom, and Society: Essays in Honor of Hans – Hermann Hoppe* (Auburn, AL: Ludwig von Mises Institute, 2009): 325 – 337.

·私营企业教育协会 (The Association of Private Enterprise Education): 允许使用 Nicolai J. Foss and Peter G. Klein, "Alertness, Action, and the Antecedents of Entrepreneurship," *Journal of Private Enterprise* 25 (2) (2010): 145 – 164.

·爱德华·埃尔加出版社 (Edward Elgar Publishing): 允许使

用 Nicolai J. Foss and Peter G. Klein, "Entrepreneurial Alertness and Opportunity Discovery: Origins, Attributes, Critique," 载 Hans Landstr? m and Franz Lohrke, eds. , *The Historical Foundations of Entrepreneurship Research* (Cheltenham, UK: Edward Elgar, 2010): 91 – 120.

第一章　需要一个企业家的企业理论

企业家精神理论与企业理论本应放在一起进行研究,然而,连接这两大理论的重要纽带很大程度上被忽视了。我们写这本书的基本动机就在于此。

那么,企业家与企业之间是如何产生关联的呢?企业家需要依靠商业企业去施展他们的功能吗?或者说,在竞争性的市场过程中,企业的存活需要依靠企业家吗?假如企业的运作需要企业家发挥作用,那么这个作用确切地说是什么?企业家的活动主要是在哪些方面发挥作用?企业的组织形式是如何影响企业家的行动的?商业企业是企业家经营的,还是受雇的管理者经营的?企业的组织形式(例如,剩余索取权与剩余控制权的分配)是如何影响企业家创意的数量与质量的?企业家精神可以被视为管理团队的一个特性吗,还是说,其严格意义上只是一种个人现象?

对从业者、政策制订者以及其他非专业的读者而言,这些问题似乎已经触及到了我们对市场理解的核心——价格理论、产业经济学、战略管理、组织理论,甚至还有营销与金融。毕竟,企业家的活动不是在真空中发生的。如同其他经济活动主体那样,企业家使用稀缺的手段来实现他们的目标,必须经济合理地使用这些手段,必须在边际上评价利弊得失,等等。①另外,由于企业家精神与企业理论都和商业投资、新企业创办,新的且可持续的价值创造等相关联,我们可以预想到将会出现大量的交叉研究,这完全是因为在这两大理论的交叉领域产生了那么多重要的、实用性的研究问题。然而,经济学素来缺少企业家精神与企业组织之间的联系。的确,现代企业理论忽视了企业家精神,而经济学与管理学有关企业家精神的研究在企业理论中的运用也极为有限。

于是乎,那些和企业家精神以及企业组织都密切相关的问题,并没有一个严谨的企业家的企业理论去指导决策的制订。诚然,在经济学和管理学中存在着大量有关企业创办的理论以及涉及产品、生产过程、组织创新的文献资料。但无论是成熟的企业抑或新创办的企业,它们都像企业家一样运转着——我们可以看到那些从业者非常强调"企业创新"和"创业精神"(entreprenenrship)。除了创新活动之外,企业家精神在很多方面也都有所体现。即便是那些非市场参与者,包括政府官员、慈善家和大学教授都迫切地想要"企业家化"。

好的企业家精神理论应该解释企业家精神得以出现的条件,企业家精神的表现方式,以及企业家活动与企业、产业和环境因素的互动。当代有关企业家精神的文献常常将企业家精神视为一种企业创办理论。然而,一旦企业被创造出来,企业就受管理动机的支配,而不再被看作是"具有企业家精神的"——一部分要归于熊彼特早期在创新问题上所做的有影响的研究(Schumpeter, 1911)。然而,企业的形成、成长与发展的运行过程是持续性的,早期阶段

---

① 如我们在接下来的第二章及其他章节中将要看到的,几个重要的企业家精神理论都是从稀缺性这一概念中得到的,它们把企业家能力视为本身不能作为稀缺资源来分析的一种超经济属性或功能。即便如此,企业家还是需要同那些服从一般供给与需求法则的生产要素——土地、劳动与资本——相互补充的。

产生重要作用的那些因素不会在一夜之间消失殆尽。因此，要形成有关企业家精神的全面观点，就必须理解企业家在管理与组织方面的功能。类似地，假如在企业组织与战略中认真审慎地考虑企业家因素，那么企业理论的发展将会突飞猛进。总而言之，企业家精神理论与企业理论可以相互借鉴的地方非常多。不过，最为关键的是要建立起这两个理论之间的联系。

正因为我们看到这两个研究主题从根本上说处于相互分离的状态，以及每一方都可以从另一方那里学到很多，我们写这本书的根本目的就是说明和考察当把企业家精神与企业理论紧密连接在一起时我们将会得到的收获，以及这种结合对这两个研究主题和它们所嵌入的领域与学科有何意义。这样做并不会有什么大的障碍。企业家精神与企业理论传统上的分离很大程度上并不是因为两者之间存在固有的不兼容性，而是经济学，特别是"二战"后的经济学领域的发展方式所引发的一个特定结果。的确，这种分离有某种历史意义上的讽刺意味。原因在于弗兰克·H. 奈特是一位重要的有关企业家精神经济理论的早期贡献者，而他的著作《风险，不确定性与利润》（*Risk, Uncertainty and Profit*，1921）也是一本对有关企业、市场与竞争的基本问题做了开创性分析的书，并且这些问题被当代经济学家视为企业理论的基本问题。

然而，无论是企业理论还是企业家精神理论，都没有很好地发展奈特当初把企业与企业家结合起来的那个研究范式。总体来说，我们的目标就是恢复奈特的这一研究范式。在本章的剩余部分，我们将进一步说明为什么需要将两者结合起来进行研究，并给出一些历史与学科方面的理由来说明为什么这种结合至今仍未发生，同时也要对我们的正面论证作一个总结。

一 经济学中的企业理论

有关企业的经济理论——也被称为组织经济学——是经济学中由来已久且颇具影响的一个领域。鉴于此,交易成本经济学(Williamson, 1985)、代理理论(Holmström, 1979)、机制设计、合约连接的方法(Jensen and Meckling, 1976)以及企业的产权理论(Hart and Moore, 1990)如今已成为研究企业与市场的学者、学生和从业者标准论文的一部分。[①]

在管理学文献中,基于资源与知识(resource and knowledge - based)视角的企业理论已经开始在组织绩效分析中占据支配地位(Wernerfelt, 1984; Barney, 1986, 1991; Peteraf, 1993; Peteraf and Barney, 2003),这些理论在很多方面是建立在早期的企业理论之上的,如行为经济学(Cyert and March, 1963),演化经济学(Nelson and Winter, 1982)或新古典经济学(Demsetz, 1973)。另外,上面提到的企业理论对管理学研究也有重要影响,并且这种影响已经持续了相当长的时间(见 Mahoney, 2005)。鲁梅尔特(Rumelt, 1984)很早就敦促说,战略管理应该建立在"经济学家的企业模型"的"基岩"之上。很多从事战略管理以及相关研究的学者都遵循着他的这一观点。

简而言之,企业的经济与管理分析是一个充满活力的研究与应用领域。其特点是各种理论与方法相互竞争,并且也有充足的经验研究。当然,企业长期以来是经济学的中心,无论是生产与交换理论,产业结构的分析,抑或劳动经济学以及其他领域都是如此。入

[①] 在这里我们遵循标准的做法,把代理理论归入"企业理论"中,尽管严格地说,这一理论并不是关于企业的存在以及企业的边界的(Hart, 1989)。

门级教科书都有有关"企业理论"的章节,描述了企业的"生产可能性集合",它的成本与收益曲线、均衡价格与生产决策的方程式与图表都已为人们所熟悉。企业在基础经济学中之所以有用,是因为它们是分析价格理论必不可少的部分(Machlup,1963)。比如,当经济学家阐述因投入要素价格的变化,以致在某个产业范围或整个经济领域将产生何种结果时,所做的分析会涉及代表性企业将如何对投入替代、生产价格等的变化做出反应。[1]

尽管如此,在经济学的历史上,把企业作为合约或组织实体来研究的企业理论——由罗纳德·科斯(Ronald Coase)的《企业的性质》(*The Nature of the Firm*,1937)催生出的有关企业的存在、边界及内部组织的文献——是最近才发展起来的。如之后的第六章将要讨论的,"企业组织经济学"作为一个独特的领域是在20世纪70年代才发展起来的,对它做出开创性贡献的有威廉姆森(Williamson,1971,1975,1975),阿尔钦(Alchian)和德姆塞茨(Alchian, Demsetz,1972),赫维茨(Hurwicz,1972)、马尔沙克(Marschak)和拉德纳(Radner,1972),罗斯(Ross,1973)、阿罗(Arrow,1974),简森和麦克林(Jensen and Meckling,1976),克莱因、克劳福德和阿尔钦(Klein, Crawford and Alchian,1978),霍姆斯特姆(Holmström,1979)以及其他一些人。一旦经济学家认识到他们需要一种经济组织理论,那么这一科斯意义上的企业理论将会成为某种正典,也可以谓之为在理论与经验上都成功的经济

---

[1] "代表性企业"的思想源于马歇尔(Marchall,1890),他想象有这样一个实体,它"有相当长的生命,有过得去的成功,受正常能力的管理,能正常地使用属于总产量的外部与内部经济,考虑生产的产品的类别,销售这些产品的条件以及一般性的经济环境"。更一般性地了解马歇尔与后马歇尔思想中这一启发性的构建,可见福斯(Foss,1994a)。

学故事。① 在重要的方面，如我们下面将要说明的，企业理论可以推进在企业家精神领域方面的研究，从根本上说，其原因在于它分析了有关企业家精神之精髓的重要问题，而这些问题在企业家精神的研究中尚未得到阐述。

二　企业家精神

最近，对企业家精神的分析在经济学中备受瞩目。其他社会科学，包括社会学（Thornton，1999）、人类学（Oxfeld，1992）、政治科学（Klein, McGahan, Mahoney and Pitelis，2010）以及经济与商业史（Landes*et al*，2010）也已开始考察企业家的概念。在商学院，企业家创业开始融入管理学、市场营销、金融与会计学中，②而不只是单独作为一门有关创办新企业（制订商业计划，风险融资，技术转让等）的课程。实际上，在过去的十年内，我们已经看到与企业家精神研究相关的大学课程、教师职位、研究与教育中心、杂志、出版物和资金赞助都呈现出爆发式的增长。经济学家越来越多地认识到企业家精神是技术进步的关键，（因而）也是经济增长过程的一个重要组成部分（如 Blau，1987；Aghion and Howitt，1992；Baumol，1994；Wennekers and Thurik，1999；Blanchflower，2000）。

甚至在《国富论》（*Wealth of Nations*）之前，企业家精神的重要性就已被人们认识。在理查德·坎蒂隆（Richard Cantillon，

---

① "成功的故事"这个术语来自威廉姆森（Williamson，2000：605），用于描述交易成本经济学中的经验研究。

② 在"商学院"层面上，我们把 entrepreneurship 一词翻译为"企业家创业"，在"经济学"层面，仍采用流行的译法，即"企业家精神"。——译者注

1755）年的开创性作品中，企业家精神扮演了核心的角色。据此，人们可能会预计在此后的两个半世纪中企业家会是经济理论的主角。然而，如我们后面将要解释的，事实并非如此。相反，至少从"二战"以后，企业家精神已经被主流经济学剥离了。只有那些多产的，虽然或许比较著名，但仍属于"异端"的（因此也不是那么具有影响力的）经济学家，尤其是奥地利学派（以下简称"奥派"）的经济学家（如 Mises，1949；Hayek，1968；Kirzner，1973）和追随熊彼特的经济学家（Futia，1980；Nelson and Winter，1982）依然还在强调企业家。实际上，尽管大约在30年前就已经出现了两篇意义深远的论文，并就此为自我雇佣意义上的企业家精神的模型化提供了两个根本性的"诀窍"（Lucas，1978；Kihlstrom and Laffont，1979），但主流经济学家对企业家真正产生兴趣不过是从过去的十年才开始的。

尽管人们已经普遍认识到主流经济学的各种形式化模型不能完全公正地对待企业家精神，① 但至少在某些方面，用标准的均衡与约束下的最大化这些工具，企业家精神的某些方面还是可以被理解的。一个引人瞩目的方面便是它对职业选择的分析（如 Holmes and Schmitz，1990）以及它对一大堆政策问题所具有的意义（如：激励少数族裔群体变成企业家，作为进入门槛的信贷的获得，小企业与大企业对创新的相对贡献等）。这一研究思路几乎等同于当代经济学对企业家精神的研究。一些研究也关注与管理学研究直接相关的问题，如企业家式的学习（如 Parker，1996）。总体而言，企业家精神正在成为经济学中一个正统的研究主题。②

---

① 比安奇和翰林克森（Bianchi and Henrekson, 2005: 354）考察了很多有关企业家精神的主流模型，并在这些模型中得出"企业家精神无一例外地被狭隘定义，并没有住抓这个概念在主流经济学之外的学说中所包含的广泛且复杂的功能"。
② 帕克（Parker, 2005）对目前经济学中有关企业家精神的研究提供了十分精彩的概述。

在一些方面，管理学的情况也是类似的。企业家精神虽然是管理学研究中一个由来已久的研究领域，但在过去的十年中，该领域的研究已经发生了重大的转向。某种程度上，这是与战略管理有了更为密切关联的结果（Baker and Pollock, 2007），由此也导致了战略企业家精神这一研究领域的出现。① 但或许更为重要的是，这也与企业家精神这个领域自身的急剧转型相关。早期的研究主要关注小的家族企业的管理问题，而近年来的研究——从心理学、经济学与社会学中获得洞见——转向对更为广泛的问题、理论和现象的关注，更多地关注对概念的定义，确定精确的研究问题以及建立标准的研究程序等［全面的论述可见 Shane（2003）］。

这就提出了一个更为一般性的问题：到底什么是企业家精神？若要快速阐明不同类型的企业家以及有关企业家精神的经济理论，一个便捷的方式是将它们分成两类：其中一类理论把企业家精神定义为一种**成果**或现象（如自我雇佣，创办新企业）；另一类理论则把企业家精神视为**一种思考或行动方式**（如创造性、创新、警觉、判断和适应）。

对企业家精神较为早期的研究（如 Schumpeter, 1911; Knight, 1921）可以归为后面这一类，借助企业家精神来解释其他现象，如经济发展（熊彼特）或企业与利润的存在（奈特）。从这个意义上说，这类企业家精神也被克莱因（Klein, 2008b）称为"功能性的"。其原因在于，企业家只是理解其他现象的一个必要的"分析

---

① 对企业家的研究传播到战略管理研究中的一个证据是 2008 年《战略企业家精神杂志》（*Strategic Entrepreneurship Journal*）的推出，这是非常有声望的《战略管理杂志》（*Strategic Management Journal*）的姐妹杂志。代表性的有关战略企业家精神论文包括希特和艾尔兰（Hitt and Ireland, 2000）、阿费亚和兰帕特（Ahuja and Lampert, 2001）和艾尔兰，希特和瑟蒙（Ireland, Hitt and Sirmon, 2003）。福斯和林西（Foss and Lyngsie, 2011）考察了战略企业家精神的研究领域，讨论了它与相关领域与理论，如基于资源与动态能力视角的研究的关系。

性的垫脚石",并且往往在更高的分析层面上,它们会被当作抽象的、程式化的术语来使用。这同基本的价格理论中对企业的处理几乎别无二致(Machlup,1967)。在那种情况下,企业也同样被类似地进行了抽象化的处理。现代经济学对企业家的一些研究,尤其是柯兹纳(Kirzner,1973,1985,1992)的研究也是用高度抽象的术语处理企业家,其原因是类似的:在这些方法中,研究的兴趣不在于企业家本身,而是借助企业家来解释的那些现象。另外,这些方法没有太多地关注企业家活动的前提条件(Bjørnskov and Foss, 2008)。

相反,管理学对企业家精神的研究(以及一些对劳动经济学的研究)已为企业家和企业家行动提供了更多的细节描述,阐述他如何利用启发式决策(Sarasvathy,2003),他可能遭受的偏见(Busenitz and Barney,1977),他行动的经验基础(Shane,2000),他可能遭遇的不确定性(Alvarez and Barney,2010),他自己也置身其中的那种网络结构(Sorenson and Stuart,2005),他以前的就业经验(Klepper,2002;Braguinsky, Klepper and Ohyama,2009; Elfenbein, Hamilton and Zenger,2010),等等。这类文献中有很多采用了柯兹纳作为"机会发现"的企业家精神这一概念(Shane and Venkataraman,2000),尽管如我们将要指出的(第二章),这可能部分地源于对柯兹纳研究性质的误解。

三 为什么企业家精神与企业(理论)是不可分的

(一) 企业作为企业家活动的核心

我们相信,有关企业理论与企业家精神的研究文献可以通过相互结合以形成一个更好的企业理论,也会使我们对企业家精神的本质与其产生的经济效应有更为充分的理解。从这一角度看,在企业家精神和企业理论的交叉领域中所产生的问题与企业家精神的核心相关。[①] 在一篇有影响的、纲领性的文献中,尚恩和维卡塔拉曼(Shane and Venkataraman, 2000:218)认为,从事战略与组织研究的学者从根本上说关注的是下列三个问题的"为何""何时"以及"如何":(1)企业家机会的出现;(2)特定个体与企业而不是其他个体与企业发现并利用机会;(3)以不同的行为模式利用机会。同时,这些问题也包含了"企业家机会的利用在经济中是如何组织起来的"(2000:224)。当尚恩和维卡塔拉曼撰写论文时,他们几乎找不到这种研究方法下可借鉴的前人成果。差不多十年之后,情况也没有多大的改观,尽管已经有越来越多的人认识到需要综合企业家精神和企业理论。我们认为企业理论不仅对"利用"企业家机会,而且对于发现甚至评价企业家机会的理解都是大有裨益的。如我们在后面的章节中将要看到的,这些理论与企业家精神的其他方法之间甚至有着更为紧密的契合关系。

  在这一背景下,我们的一个目标是解释为什么企业家选择某些方式,而不是其他方式来组织他们的活动。这些问题现在正变得越来越相关。如前所述,近年来有关企业家精神的经济学与管理学文献,其实已经在研究其中的某些问题了。然而,对这些问题的研究还是非常有限的。比如卢卡斯(Lucas, 1978)的一般均衡模型,是多数研究企业家精神的现代经济学的起点。这个模型在给定企业家的能力(talent)并非均匀配置的情况下,考察企业与企业家才能之间的匹配问题。实际上,"企业家的能力"是一个复合变量,包括企业家技能、管理技能与所有权技能(ownership skill)。卢卡

---

  ① 也许要说,最有影响的有关企业家精神的杂志之一(仍然)是《小企业经济学》(*Small Business Economics*)。

斯描述了企业规模与企业家能力之间的一种匹配：最有能力的企业家经营最大的企业。这意味着企业组织与企业家精神之间的一种联系，尽管这种联系是高度程式化的。

人们可能会问，将企业家精神作为一种生产要素，并且将它完全概念化为一种"协调的功能"是不是真的符合企业家精神的经典要义（见 Bianchi and Henrekson，2005：358）。然而，更为重要的是，在卢卡斯的理论中我们并不清楚为什么企业家离不开企业。为什么他们不能简单地通过使用合约来执行协调的功能？为什么需要有企业的治理机制？类似的批评可能也适用于另外一个重要的理论，即凯尔斯壮和拉丰（Kihlstrom and Laffont，1979）的自我雇佣模型。在这个模型中，个体的风险偏好不同，但其他方面是相同的。凯尔斯壮和拉丰注意到了奈特（Knight，1921）说过的一句话（奈特认为企业组织能够让"热爱冒险"的人替"胆小的"人提供一份保障），指出不那么厌恶风险的企业家群体与更为厌恶风险的工人群体之间存在着均衡。另外，他们把企业家精神与"为企业承担责任"联系起来，因此也就必须承担风险。从他们的论述中，我们可以清楚地看到，他们认为这一切都在企业中产生。然而，尚不清楚的是，为什么人们需要通过建立企业来分担风险呢？什么时候他们只需要通过合约就能轻易地做到这一点？这就意味着，很多基于这两篇论文［以及基于1990年霍姆斯（Holmes）和施密茨（Schmitz）的论文］的后续研究都忽视了企业家精神在真正的比较制度意义（Coase，1964；Williamson，1985）上处于核心地位的问题：相关的替代性选择没有被系统性地说明，也没有对净收益进行比较。

相关地，大多数有关企业家精神的经济学文献都把公司看作是它的**待解释项**（explanandum）。这意味着企业家活动在企业创立这个阶段之后就停止了。大多数有关企业家精神的管理学研究简单地把企业家精神**定义**为创立新的企业，或者更一般地，定义为创建组织。但无论哪一种，在很大一部分有关企业家精神的研究中，**成熟企业**（establishedfirms）已被完全地排除在经济活动中具有企业家精神的个体这一集合之外了。然而，如最近有关战略企业家精神的文献所认为的，已经建立的企业其行动方式也有可能是非常富有企业家精神的：发现与抓住新的机会，对已有的与潜在的资源进行判断以及引入新的产品与生产过程（Hitt and Ireland，2000）。通过收购、撤资、多元经营或重新调整以抓住新的机会，从而改变企业的边界。而企业的边界是科斯企业理论的关键问题之一。或者，成熟企业可能希望在公司科层内部激励某种看上去非常具有"企业家精神"的行动——在有关企业家精神的管理学文献中，这经常被称为"内部企业家精神"（intrapreneurship）或"公司风险投资"（corporate venturing）。成熟企业可以通过具有激励性质的支付（Jensen and Meckling，1992）或其他机制，如"接近"（access）（Rajan and Zingales，1998）重新组织它们自身。这牵涉科斯企业理论中另外一个关键问题，也就是内部组织的问题。

如我们已经提到的，组织、战略管理和国际商务等领域的管理学者在企业理论上经常采取折中的立场。例如，很多战略管理问题（如垂直一体化或多元化决策）现在通常被放到有效治理问题的框架下。在顶级管理学期刊上最常被引用的学者是奥利弗·威廉姆森，他也许算是现代企业理论（Williamson，1975，1985，1996）最著名的代表人物。然而，假如我们将注意力转向近年来有关企业家精神的管理学研究文献，我们就几乎看不到有把企业家精神作为核心来研究的文献，尽管尚恩和维卡塔拉曼（Shane and Venkataraman，2000）在早期就有这样的诉求。

（二）推进企业家精神理论

如前所述，在过去两个世纪有关企业家精神的社会科学研究中，研究企业家精神的学者在谈到企业家精神时，有时会把企业家精神视为一种结果（例如创造新的企业），而在其他场合又把它视为一种行为（behavior）（如发现、判断与创造性）。经济学中，有关企业家精神的经验研究往往采用前一种方法，主要是出于实用性的目的（这并不奇怪，因为"结果"一般来说比"行为"更容易观察和测量）。然而，这种方法可能是错的，因为它把新开设的小零售店归为具有企业家精神的风险投资活动，却不把成熟企业的创新行为算作企业家精神的实例。[①]

自坎蒂隆以来，从行为或功能角度理解企业家精神的学者从不同的方面去理解它——如：创新、警觉、承担不确定性、适应性、创造性与领导力。第二章将考察这些不同的理论和定义，并且指出一种特殊的方法，也即把企业家精神理解为决策判断的"奈特式"（Knightian）的方法。相比对企业家精神的其他解释，它为企业家的功能提供了一种能够更好地与有关企业的经济学文献结合起来的解释。在管理学中，研究企业家精神的主导方法集中于自我认知或发现获利机会，它倾向于关注创立新企业的个体的认知与行为特征（如Baron，1998），而不太关心使得这些机会得以利用的手段。一个与之并行的研究进路——"企业家导向"（Lumpkin and Dess，1996；Wiklund and Shepherd，2003）考虑的则是企业层面的获利机会的确定或发现。这两大研究进路都没有重点关注将机会或投资转变为已实现的利润所需要的资源与能力。然而，分析企业家所用的资源——无论是用于创立新企业，还是经营已建立的企业——都有助于理解将感知到的机会和真实的投资转化成价值创造活动的

[①] 这一问题折磨着有关企业家活动的主要数据库，如"全球创业观察"（Global Entrepreneurship Monitor）。一些研究者与政策制定者试图通过关注特定产业，如信息技术或医药行业中的初创企业来回避这一问题。一位官员在支持企业家精神研究的重要基金会上告诉我们，"我们不是为了寻求更多的饭店和干洗店"。

方式。

更一般地，管理学中研究企业家精神的学者开始认识到企业家精神与企业组织与战略的中心问题有着密切的关联，而不仅仅是与小企业特定的管理问题有关（如 Shane and Venkataraman, 2000; Alvarez and Barney, 2005）。自科斯（Coase, 1937）以来，企业理论的根本性问题已被看作：（当可用非企业的、合约的方式配置资源时）企业为什么会**存在**，是什么决定了企业的**边界**（即生产性活动在不同企业之间的配置），以及是什么决定了他们的**内部组织**（即组织结构，报酬体系等）。因此，如我们将要说明的，企业家的机会可能与企业为什么存在联系在一起，因为企业的建立可能是为了利用机会或方便企业家的试验，企业所有权与财产权的配置可能会影响企业内部或跨企业的活动。

（三）推进企业理论

在过去几十年，威廉·鲍莫尔（William Baumol）批评经济学家忽视了企业家。尽管"企业理论"的含义在此期间已经发生了变化，他那句常被人引用的妙语"企业理论没有企业家，就如同《哈姆雷特》中没有丹麦王子"（Baumol, 1968: 68）仍然是现实的写照。

企业理论（如前面提到的，这个主题包括代理理论，交易成本经济学和产权理论）经常因为其静态特征而遭受批评（如 Boudreaux, 1989; Langlois, 1992; Furubotn, 2001）。① 尽管在这些理

---

① 注意，我们并不认为基于资源、知识和动态能力视角的方法就等同于企业理论本身，因为它们并不一般性地关注科斯意义上的企业的存在、边界与内部组织的问题。然而，在这些文献（如 Kogut and Zander, 1992）中，还是有一些这方面的尝试，但是这些尝试迄今为止都不那么成功。对这些问题的具体讨论，可见福斯（Foss, 1999）。

论之间存在重要的、细微的差别（Foss，1993a；Gibbons，2005）——如有关不可预见的突发事件的作用与过程特征的论述（如威廉姆森在1985年的文章中所说的"根本性的转型"），但它们基本上都是静态的，在本体论上是"封闭的"。特别地，它们关注的是给定条件下求解最优值，而回避了与之起源相关的问题以及企业自身的实质。它们建立在给定的目标——手段框架的假设之上。研究企业家精神的传统学者往往或明确、或含蓄地认为，要想建立一个有关企业家精神的理论，打破这一框架是必要的一个步骤（Schumpeter，1911；Knight，1921；Mises，1949；Kirzner，1937）。

极有可能的是，这种观点促使不同经济学理论之间的分离，包括企业理论与企业家精神之间的分离。如科丁顿（Coddington，1983：61）在另一场合给出的评论（从"极端主观主义"的角度批评主流经济学）。

> 一种始终如一的、或无所不包的主观主义在分析上是极具自我否定性的……他当然可以花大量的时间与精力让那些从事宏观经济学、计量经济学建模、数理经济学、一般均衡理论的研究者们相信他们的做法是愚蠢的。但是，这个任务完成之后，除了让整个经济学界关门大吉之外什么也没有留下。

类似地，与企业家精神经常联系在一起的重要主题，如市场过程、奈特的不确定性、无知、模糊性、变化的偏好、复杂性等都难以与既有的企业理论相调和。假如这些主题被看作企业家精神理论**必不可少的部分**，那么这些理论若想成功地解释企业家精神确实是有困难的。

不过，对现代企业理论的静态方法还是可以提供一些更为实际的，但并不意味着从根本上拒绝理论本身的批评。例如，代理理论在激励的效果以及与理解企业内部的企业家活动（Jones and Butler，1992）高度相关的激励性薪酬和风险之间的关系问题上已经有了重要的洞见。然而，这一理论在解释委托人如何让代理人做某些事情的问题上，忽视了委托人希望代理人做**什么**，实际上也是委托人在一开始是如何成为委托人的这一更为一般性的问题。也许能够以经济学为基础，简要说明一个委托人为什么最终成为委托人而不是代理人——这也是本书第八章所要论述的。类似地，我们可以接受科斯对企业边界的基础性解释（基于最小交易成本），同时增加行为的、实验的，或认知的因素来扩展理论的范围与应用能力。在第四章与第六章中，我们会对此进行尝试。

由于我们是通过文字语言的推理，而不是目前在企业理论的前沿研究中已普遍使用的构建数学模型来表达我们的观点，我们认为这些观点从不同的角度发展了企业理论。例如，我们把企业的存在与交易同企业家判断的成本联系起来。我们认为要理解企业的边界，至少需要部分地把企业理解为一种企业家使用其判断以组合资源的商业试验。我们通过考察企业家——管理者如何把富有企业家精神的激励委派给企业的下层来理解内部组织问题。当然，这些贡献的价值及价值的大小要留给读者自己来判断。

（四）更广的管理学背景

我们的方法对企业战略也有一定的启示，尤其是在基于资源视角的企业研究方法中。根据我们的方法，企业家精神不像实物资本和金融资本、声誉、人力资本、技术诀窍等一样，只是另一种简单的资源，而是高层次的协调要素——我们后面所说的"初始的"或"原发的"判断的来源。战略研究关注企业的异质性和离群值（outliers），而不是代表性的企业。它也关注企业独特的协调能力（如 Kogut and Zander，1992；Denrell，Fang and Winter，2003）。我们的方法认为，企业层面绩效的系统性差异来自于企业家利用他们的原发判断以及把"派生判断"委派给下属的能力。在这里，我们的方法是对传统的、基于资源视角的研究方法的补充，后者关注对个体要素的回报，但忽视了对企业的回报，也就是特定的企业家选择要素并进行特殊组合的回报（另见 Foss et al, 2008）。组织资源的能力本身也是一种能力，用邓雷尔（Denrell, 2003）的话说，即创造与重组战略机会的能力。

例如，企业有时会"授权"（empower）雇员，其部分原因在于雇员越来越多地要求一定程度的自主性，另外则是因为把决策权授予消息灵通的雇员更有经济价值（Jensen and Meckling, 1992）。而授权与分配职权（delegation）的目的在于激发员工的创造性，这种方式同样可被称为"具有企业家精神的"。这种局部的企业家努力可能有助于很多过程的改善——这些改善累加起来就是"学习曲线"现象（Zangwill and Kantor, 1998）——也可能引导与潜在地控制重要知识的企业外部各方（顾客、供应商和大学等）产生互动（Foss, Laursen and Pederson, 2011），并可能有助于产品的改进；同时，在某些情况下也可能产生重要的突破性创新。因此，企业科层内部企业家精神的发挥对组织绩效而言有重要的含义。

四　我们研究的一个概述

当我们把企业家精神与企业理论放到一起时，我们需要向学者们证明无论是哪个领域都可以从交流中获得潜在的收益。我们所阐述的一个部分就是证明这种潜在的收益，并且讨论它们是否还未曾被认识到或被获取到。我们希望通过举例，即通过具体说明企业家精神领域与企业理论如何从相互交叉中获益，来证明这种收益的存在。

(一) 一些不幸的历史遗留

为什么这些收益迄今为止都没有被认识到或被获取到呢？最为明显的理由是贯穿整个 20 世纪的经济学以及作为其一部分的企业理论是以一种特定的方式发展起来的。这种方式把对企业家的关注有效地排除在外了。伴随着企业家从微观经济分析中的消失，企业理论逐渐产生与发展起来。这一现象最早发生在 20 世纪 30 年代，当时企业被纳入到新古典的价格理论（O'Brien，1984）中；然后是在 20 世纪 80 年代，学者用博弈论与信息经济学的语言（如 Holmström，1979；Grossman and Hart，1986）重新阐述了企业理论。新古典经济学的方法，包括企业理论的主流方法逐渐地"固化"，没有给企业家精神留有多少空间；鲍莫尔（Baumol，1994：17）称其为"困扰经济模型的幽灵"。实际上，"企业家"与"企业家精神"等术语在有关经济组织与管理学的顶尖文献——如布里克利、史密斯和齐默尔曼（Brickley, Smith and Zimmerman, 2008）或贝克赞（Besanko et al, 2010）——的索引中甚至都没有出现。[①] 我们将在第二章具体讨论这一点。

对企业家精神的研究也要为这种状况负责。很多从事企业家精神研究的学者或含蓄、或明确地把企业家精神与企业割裂开来。企业家的行动经常被想象为独立的、自由漂流的认知行为，与紧随其后的那个通过组合资源，生产产品和服务来利用企业家洞见的一系列过程是分离的。在那些考察创立新企业的个体的个性与心理特征

[①] 在英国，对经济学原理教科书（Kent, 1989; Kent and Rushing, 1999）的两个调查证实了这一概念类似的缺失现象。对瑞典使用的研究生教科书 [与在美国或其他地方使用的教科书大致上是一样的（Johansson, 2004）] 的一个评论证实了企业家概念的缺失。

的文献中，这种做法是非常普遍的，尤其是在管理学文献中，把企业家精神与大胆、勇敢、想象或创造性联系起来是非常常见的（Begley and Boyd, 1987; Chandler and Jansen, 1992; Aldrich and Wiedenmayer, 1993; Hood and Young, 1993; Lumpkin and Dess, 1996）。在他们的概念中，企业家精神并非像奈特（Knight, 1921）或米塞斯（Mises, 1949）所说的那样，是所有人类决策中一个不可或缺的部分，而是某些只有精明能干的个体才能去做的一种特定活动。假如这些特征是企业家精神的本质的话，那么企业家精神与企业就没有明显的联系了；这些相关的个性特征被假定为是可以通过合约的方式——在市场中购买咨询服务、项目管理等——获得的。换句话说，企业家精神的核心从根本上说并不至关重要了。

在企业家精神理论与经济组织理论两相分离的问题上，熊彼特的著作也扮演了一个不幸的角色。毫无疑问，熊彼特在企业家精神领域做出了最为著名的经济学贡献。他当然属于这种类型的学者，即非专业的经济学家和管理学家都愿意把自己的研究同他的企业家精神研究联系起来（如Nordhaus, 2004）。然而，熊彼特不仅明确地把企业与企业家分离开来；而且也把后者塑造成英雄史诗般和蔼的创世者（Gründer）。于是，企业家精神就成了一种具有特殊重要性的"例外"；企业家是引入新的产品、生产方法、市场、供应源或产业组合等"新组合"的人，他使经济摆脱之前的均衡，开启熊彼特所说的"创造性过程"。[①]

然而，如我们将要指出的，企业家精神往往是那些非常世俗的东西，并且也是与企业组织密切联系在一起的。相反，熊彼特的企业家不需要资本，他甚至根本不需要局限在商业企业的范围内工作。这就意味着在企业家与他所拥有的，他为之工作或与他有合约

---

① 然而，熊彼特的思想在他长期的职业生涯中是不断变化的。在他后期的作品（如Schumpeter, 1942）中，他采用了更加去人格化的，更加功能化的企业家创新视角。

关系的企业之间的关系相当薄弱。另外，由于熊彼特的企业家精神是自成一格（sui generis），独立于它的环境的。因此，企业的特征与结构并不影响企业家精神的水平。

（二）企业家精神的概念

企业家精神与企业之间的分离也体现在把企业家精神视为对获利机会的警觉性的思想中，这种思想往往与柯兹纳（1973，1979a，1992）的研究联系在一起。他的研究就其对社会科学的研究所产生的影响而论，也许仅次于熊彼特。特别地，柯兹纳的研究在有关企业家精神的管理学研究中越来越流行，它在该领域直接引发了对企业家精神的理解从以"小企业管理"为中心到以"机会发现"这样一种一般现象为中心的转变（Shane and Venkataraman，2000；Shane，2003）。

如我们下面将要更为具体讨论的，管理学的学者迷恋柯兹纳的研究是有些自相矛盾的。因为柯兹纳的企业家不拥有资本，他们只需要警觉获利机会。既然他们不拥有资本，他们也不承担不确定性。鉴于此，柯兹纳的企业家精神与企业理论之间的联系是微弱的。所有者、管理者、雇员与独立的签约人都可以警觉新的获利机会；柯兹纳的企业家并不需要依靠企业来发挥他在经济中的功能。除了获利机会，柯兹纳对产生企业家精神的前提条件也并没有什么兴趣；实际上，柯兹纳对企业家精神本身也不感兴趣，他感兴趣的是作为趋向均衡力量的企业家精神。他的企业家精神是一个纯功能性的概念。相反，管理学中有关企业家精神的文献对企业家精神的刻画却并非那么符号化，而是把企业家精神与企业清晰地联系在一起。我们将在第三章具体讨论柯兹纳的观点。

对企业家精神的其他解释［如把企业家才能理解为超凡的领导才能，见（Witt，1998a，1998b）］与企家精神的核心问题很大

第一章 需要一个企业家的企业理论

程度上是不相关的。对这些问题我们将在第二章予以详细讨论。在这里，我们只想指出，在研究企业家精神的文献中，唯一的例外是将其视为判断能力的研究视角。这是经济学中对企业家精神理论的首要贡献，是由坎蒂隆在他的《商业性质概论》(*Essai sur la nature de commerce en géneral*, 1755) 中率先提出的。尽管作为判断能力的企业家精神出现在很多学者的研究中，但人们通常把它与弗兰克·奈特 (Frank Knight, 1921) 联系起来，在米塞斯 (Mises, 1949) 的作品中也可以找到类似的表述 [在米塞斯的先驱们，如门格尔 (Menger, 1871) 的作品中也有论述，虽然在分量上不那么显著]。① 对奈特来说，企业组织、利润与企业家是紧密相关的。在他看来，它们的出现，既是商业试验的结果，也是商业试验的原因 (Demsetz, 1988b)。

如已经指出的，迄今为止我们的大部分研究都可以视为是对奈特观点的重新解读、重新阐述以及细化与更新。熊彼特的研究已经催生出了一大批的演化经济学家、商业史学家与技术战略的研究者。柯兹纳的研究对管理学中的企业家精神研究而言非常重要。现在正是把奈特所做的根本性研究恢复到他本该有的地位的时候了。在第三章和第四章，我们将详尽地讨论奈特的观点，并增加更多的细节，例如在奈特本人的"判断视角"之上进行补充。

这两大领域之间的分离，更为微妙的原因或许在于经济学与管理学文献中对企业家精神流行的定义有分歧。在这些文献中，获利机会的确定以及想象、利用或实现这样的机会是互相分离的。实际上，很多撰写有关企业家精神方面论文的作者只强调机会的发现，而把"利用"抛在一边，忽视了资源的组合，对资源属性的学习以及把资源投入使用以检验其猜测等方面。通过资源配置来抓住机会的过程隐含地被认为是属于战略、组织行为及经济组织等成熟理

---

① 有关门格尔与奈特的企业家精神理论之间的联系，可见马丁 (Martin, 1979)。

论的研究范畴,而不被认为是属于企业家精神领域的研究范畴。因此,柯兹纳(Kirzner,1973,1979a,1985)认为"企业家式的发现"乃是与发现并抓住机会同时发生的。这可能适合柯兹纳的范式,如发现掉在路边的1美元。在柯兹纳以"解释均衡的市场过程"为目的的企业家精神理论的背景下,这可能是一个无害的假设。然而,一般来说,它是对企业家精神的性质的不当处理,也使企业家精神与企业互相分离。

类似地,研究经济组织与战略的管理学理论尽管对发现过程的认知方面给予了极大的关注(Lumpkin and Dess,1996;Shane,2003),但一旦涉及资源的配置过程,就会把机会看作是给定的。① 换句话说,无论是企业家精神理论还是管理学,它们既有的方法都是把"机会发现"视为某种离散的事件,将价值创造过程的两个不同阶段——一个阶段是有关计划的制订、机会的感知与评价等;而另一个阶段是有关计划一旦制订后,通过资源配置来实施计划——割裂开来,成为两种相互脱离的研究领域。

我们认为,把价值创造过程明确地分为发现、评价和利用等阶段,而没有反馈环路是武断的,也是误导性的。② 在我们看来,能够获得企业家收益的机会并不是客观存在着,等着被发现与被利用;相反,机会的存在只有在行动中才能得以体现。当然,机会的客观指标(indicators)可能存在,例如对消费者的研究显示消费者可能对某些产品尚不存在的功能有需求。然而,这种"指标"不会自动地转变成机会,这在于两个理由:首先,客观的指标需要"解释说明";统计结果可能是客观数据,但体现于其中的知识本质是有主观成分的(Foss et al,2008);其次,未满足的市场需求,

---

① 一个重要的例外是沙拉斯华迪(Sarasvathy,2003)。
② 需要注意的是一种类似于罗森博格(Rosenberg,1982)对创新研究中"线性"模型的批评。

一旦被感知到,假如没有企业家这一方大量的资源投入,包括他本人的精力,是不会变成机会的。换句话说,机会很大程度是通过前瞻的企业家行动创造出来的。

(三) 企业家过程的组织化

企业家精神这个概念的本质是不确定下的"判断性决策"。对此,我们可以追溯到坎蒂隆(Cantillon, 1755)、萨伊(Say, 1803)、奈特(Knight, 1921)与米塞斯(Mises, 1949)。根据这一方法,企业家被模型化为决策者,他们基于自身对未来市场条件的判断投资资源,这些投资可能会、也可能不会获得正回报。因为不存在有关判断的市场,实施判断需要建立企业;另外,判断意味着资产所有权。在奈特的阐述中,企业家精神代表了不能根据它的边际产品评估的判断,相应地,也不能以此获得固定工资(Knight, 1921: 311)。换句话说,对于企业家所依赖的判断是没有市场的。因此,实施判断要求有判断的人拥有生产性资产。当然,做出判断的决策者可以聘请咨询师、预测师和技术专家等。然而,若这么做的话,他们就是在实施他们自己的企业家判断。因此判断意味着资产所有权,因为判断最终是对资源的使用做出决定。①

我们将说明作为判断的企业家精神是如何以一种新的方式阐述这些问题的。要为企业理论建立一种以判断能力为基础的方法,我们也需要从奥派经济学(Mises, 1949; Rothbard, 1962; Kirzner, 1973)中汲取思想,这个经济学体系也许是与企业家精神的思想

---

① 需要注意的是,我们在这里根据资源所有权而不是就业关系来定义企业。从这个意义上来说,企业可以由单个的资源所有者构成——一个拥有自己工具的木匠是一家企业,而用他人的工具工作的相同木匠是一名雇员。

联系最为密切的。我们还需要汲取产权经济学的思想（Hart, 1995；Barzel, 1997），它是现代组织经济学的一个重要组成部分。从我们的方法来看，资源不是数据，而是在企业家设想如何使用资产生产产品的新方法时被创造出来的。企业家的决策问题也因资本资产是异质性的这一事实而变得更为棘手，资本资产应该如何被组合并不是显而易见的。

因此，如我们将在第五章予以解释企业家的角色是安排或组织他所拥有的资本品。用对奥派的资本理论做出重要贡献的路德维希·拉赫曼（Ludwig Lachmann, 1956：16）的话说："我们生活在一个有着不可预期的变化的世界；因此，资本组合……将一直变化，将会被解散与重组。在这一活动中，我们发现了企业家的真实功能。"奥派的资本理论为经济组织的企业家理论提供了唯一的基础。新古典的生产理论，由于把资本看作是一种永久的、同质的价值集合体，而不是独立的异质性资本品，因此在这里帮助不大。① 基于交易成本、资源以及产权视角的企业理论的确吸收了资本异质性的思想，但他们都倾向于临时性地调用所需的某种特性来使特定的交易问题合理化——对交易成本经济学来说是资产的专用性；对能力理论来说是隐含的知识等。奥派的方法，从门格尔（Menger, 1871）的高级与低级财货开始，通过庞巴维克（Böhm-Bawerk, 1884—1912）的迂回生产的思想，拉赫曼（Lachmann, 1956）的"多属性"理论，以及柯兹纳根据企业家的主观计划对资本结构进行的阐述，为基于判断能力的企业家行动理论提供了一个坚实的基础。

将奥派的"资本异质性"思想付诸实施的一个方式是结合巴泽尔（Barzel, 1997）的资本品可以根据其属性加以区分的思想。

---

① 具有讽刺意味地是，将资本看成是同质性的观点的流行要归于奈特（Knight, 1936）。

属性是被某个企业家感知到的资产特征、功能或可能的利用方式。资产的异质性,是从它们具有不同的、不同水平的被评估(valued)的属性而言的。属性也会随着时间的流逝而变化,甚至对某种特定的资产来说也是如此。在给定的奈特不确定性的情况下,企业家在做出决策时,不太可能知道所有资产的一切相关属性。当某种资产被用于生产时,也不可能确切地预见到它的未来属性。

(四)所有权,企业边界与内部组织

寻求创造或发现资本资产新属性的企业家,为了投机及节约交易成本,希望拥有相关资产的所有权(ownership)。有了这些观点之后,就有可能使企业家精神不再局限于使用具有"给定"属性的资本资产来实现更好的组合,获取相关资产以及配置这些资产以方便市场生产等。企业家精神可能也是一个用资本资产进行**试验**,以此发现新的有价值的属性的问题。

这种试验性活动可能发生在尝试通过收购或兼并另一家企业以实施新组合的场景中,或发生在尝试对已经为企业家所控制的资产进行新组合的形式中。企业家通过此类方式来做资产试验,其成功不仅取决于他预见未来价格与市场条件的能力,也取决于内部与外部的交易成本,企业家对相关资产的控制,他希望能从试验活动的预期回报中获得多大份额,等等。对这方面的理论我们将在第六章、第七章与第八章中予以讨论。

第二章　什么是企业家精神

在管理学各个研究的分支中，有关企业家精神的研究是发展最迅速的一支之一，对它的研究也不断地出现在经济学、社会学、人类学、财政学甚至是法学中。1987年，"企业家精神"已经成为美国管理学会的一个部门（专业兴趣小组），并且在《经济文献杂志》（*Journal of Economic Literature*）的分类体系中，企业家精神拥有了自己的学科代号（L26）。以世界银行、美联储、欧盟委员会、联合国粮农组织与经合组织（OECD）等为代表的研究与政策组织，以及涉及农业与农村发展的机构等，对研究和促进企业家精神产生了越来越多的兴趣。美国考夫曼基金会（The Kauffman Foundation）投入大量的资金，用于与企业家精神有关的数据收集、学术研究以及教育。

企业家创业也成为各个学院与大学最受欢迎的主题之一（Garner and Vesper, 1999; Solomon, Duffy and Tarabishy, 2002）。有关企业家创业的课程、项目和活动不仅在商学院中出现，而且在所有的课程中都有设置。2008年，在美国的大学中有2000多个学院传授2200余个与企业家创业有关的课程（Cone, 2008），超过600个学院开设了与企业家创业相关的专业，另外有400多个以企业家创业为重点的学院（Kuratko, 2008）。在过去的20年中，授予企业家创业博士学位的项目数量也与日俱增（Katz, 2007）；在同行评阅的管理学期刊范围内，根据影响因子排名，与企业家创业有关的专业学术期刊的数量也增加了（Gatewood and Shaver, 2009）。尽管在商学院中，企业家创业仍是教师们关注较少的一个领域

(Katz, 2003), 但是在20世纪90年代, 与企业家创业相关的学位数量增长了超过250%, 申请攻读这些学位的人数翻了近一倍 (Finkle and Deeds, 2001)。除了通常由商学院提供与企业家创业相关的课程外, 在艺术与科学学院、工程学院、教育学院、社会工作学院甚至是美术学院, 社会创业、家族企业管理、技术创业 (technical entrepreneurship)、表演艺术创业 (performing arts entrepreneurship) 等课程也如雨后春笋般纷纷出现。

一 经济学理论中神秘的企业家

企业家在许多方面是市场力量的化身,因此人们可能会预期企业家将成为经济学中的主角。尽管企业家是最为基础的经济主体——用米塞斯的话来说,企业家是"市场运行的驱动力"(1949:249)——但是现代经济学和企业家精神之间却保持着一种矛盾的关系:虽然经济学家们普遍承认了企业家精神的重要性,但是对于如何将企业家的角色模型化,以及如何将企业家融入经济学理论中却很少有一致的认识。事实确实如此,经济学文献中有关企业家精神的"经典"——熊彼特有关创新的论述,奈特的利润理论,柯兹纳对企业家发现过程的分析——往往被视为有趣但又另类的洞见。因为它们无法被轻易地推广到其他的场景与问题中去,要想将它们转变成形式化的模型是极其困难,甚至是不可能的。同样地,因为大部分的企业家创业多少和企业有关联,企业家精神本应该被看成是企业理论的中心议题。但是,正如在前一章所论述的那样,要想从有关企业理论的主流教科书或者研究文献中找到"企业家"一词的词条,那是徒劳无功的。因此,在当代的经济学研究中,企业家依然是一个谜团。

同样地，企业战略管理方面的研究传统也没有重视企业家的作用。① 然而，企业家精神从根本上说却是企业层面价值创造的主要源泉。战略制订、市场分析、产业定位、多元化、纵向一体化、业务外包，以及组织设计等企业的核心战略决策最终都是企业家决策（Yu，2005；Matthews，2006）。但是，战略管理和企业家精神领域之间形成密切的联系，并由此催生了新的对"战略企业家精神"的研究不过是最近10年的事。②

在经济学和管理学文献中，企业家精神的缺失——相对于其本应有的重要性而言——很大程度上是经济学历史发展的产物。（社会学家似乎对企业家精神没什么兴趣）。虽然亚当·斯密（Adam Smith），尤其是让-巴蒂斯特·萨伊（Jean-Baptiste Say）等古典经济学家在论述市场过程时将企业家置于中心地位，但是现代经济学研究却抛弃了这一特点。③ 正如经济思想史学家保罗·麦克纳尔蒂（Paul McNulty，1984：240）所阐述的那样：

> 竞争概念的完善……是19世纪与20世纪初作为科学的经济学发展过程中的一个核心，它一方面导致经济学家们在处理市场过程时采取越来越严格的分析手段；另一方面也导致企业

---

① 在美国管理学会中，企业家精神的专业兴趣小组，独立于商业政策和战略，和组织理论小组。（他们俩认为企业家精神应该与这两个有机集合在一起而不是分开的）。

② 《战略企业家精神》（*Strategic Entrepreneurship Journal*）作为已创立的《战略管理杂志》（*Strategic Management Journal*）的姐妹篇于2008年开始创办。2010年的时候又增加了《全球战略杂志》（*Global Strategy Journal*）。

③ 正如马乔维茨（Machovec，1995：109）所观察到的那样：古典主义经济学家认为"专业化分工和商品的自由贸易为警觉的个体创造了机会"。不同于之后的经济学家，古典主义经济学家实质上是在用一种过程角度认识竞争，即把"竞争视为一幅有闯劲的商业行为交织起来的画卷，这些行为意在通过估计未来商品价格，运用新的生产方式以及采用新的生产线以获取利润并更好地服务于消费者来获取利润"（Machovec，1995：136）。

的作用越来越消极。

对市场采用"越来越严格的分析手段",尤其是一般均衡理论的出现,不仅使企业越来越"消极",而且也使企业模型越来越程式化、符号化,抛弃了那些和企业家精神关系最为密切的市场动态概念(O'Brien,1984)。

尤其是人们熟知的"生产函数方法"(production function view)的发展(Williamson,1985;Langlois and Foss,1999)——大致地说,就如在中级微观经济学教科书中所见到的那样,用完全可知的生产可能性集来表示企业——是对企业组织背景下的企业家精神理论的致命打击。如果任何企业都可以做其他企业可以做的事情(Demsetz,1991),如果所有企业总是处于它们的生产可能性曲线上,如果企业总是能够在投入组合与产出水平上做出他们均衡的选择,那就根本不需要什么企业家精神了。即使是在更加完善的非对称性生产函数模型中,隐性特征、策略互动、企业或其他主体都被模型化为既定规则下的行为,而这些规则又是由研究人员构建出来的。企业家在整个商业史中只是偶尔被提及,在熊彼特的创新和技术变革模型中也是如此,而在当代的经济学理论中,就更难看到对企业家的阐述了。

认识到这一历史发展,我们就不会再对如下的事实感到惊讶了,即有关企业家精神理论的重要研究成果都产生于"二战"之前(即Schumpeter,1911;Knight,1921),以及在近年来涌现出许多有关自我雇佣的研究(Parker,2005)之前,经济学家研究企业家精神的大部分著作都是在主流经济学框架之外完成的(如:Kirzner,1973,1979a,1985;Casson,1982;Littlechild and Owen,1980)。有些经济学家试图将企业家精神的某些方面结合到传统的模型中,如自我雇佣决策的均衡模型(Kihlstrom and Laffont,1979;Lazear,2004)、新企业的创建选择(Holmes and Schmitz,

2001）或研发投资决策（Aghion and Howitt，1992）等。① 但是这些模型实际上是在用一种完全程式化、抽象化的方式处理企业家精神，没有将企业家精神同一般的"企业管理"或其他的经济功能清晰地加以区分。

许多战略管理理论是以经济学为基础的。特别是占据主导地位的"基于资源的研究视角"（resource-based view）（Lippman and Rumelt，1982；Barney，1991；Peteraf，1993）是建立在新古典经济学的完全竞争模型和企业的生产函数之上的（Foss and Stieglitz，2011）。相比新古典经济学而言，潘罗斯（Penrose）的企业能力理论和企业成长理论与奥派经济学和演化经济学中企业与市场的概念有更多的相通之处（Foss et al，2008）。然而，"真正的"潘罗斯模型，而不是基于资源的研究方法对潘罗斯的解释（Barney，1991；Peteraf，1993）在主流的战略管理研究中仍是少数派。② 因此，要想在战略管理理论中为企业家定义一个角色是有困难的，我们不必对此感到惊讶。

与此相反，奥派经济学则始终强调企业家在经济体中的核心作用，这一点至少可以追溯到理查德·坎蒂隆（Richard Cantillon，1755）③ 对奥派经济学的初始贡献，在第五章中会有更为详细的讨论。也许正是这一点，我们本可以预期奥派经济学在现代企业家精神的研究中发挥显著的作用，但是，事实却并非如此。尽管柯兹纳关于企业家"警觉"的概念经常被各种研究企业家精神的文献，尤其是在管理学（如：Shane，2003）所援引，但是这些文献资料

---

① 对于将企业家精神融入新古典经济学模型中的尝试，可以参考比安奇（Bianchi）以及翰林克森（Henrekson）的精彩回顾和总结。

② 潘罗斯的思想和主流的战略管理理论之间的差异可以参考福斯（2000）。

③ 有关理查德·坎蒂隆在奥派经济学传统中的地位，可以参考1985年，《自由意志主义研究期刊》（*Journal of Libertarian Studies*）1985年秋季刊，哈耶克（Hayek，1913b）、罗斯巴德（Rothbard，1995；第12章）、桑顿（Thornton，1998）等人的著作。

其实都误解了柯兹纳的企业家发现之隐喻的本质和意图。更重要的是,对市场过程进行全面的"因果—现实主义"阐述这一独具奥派特色的分析范式对当代的企业家精神研究并没有产生多少影响,后者的经济学框架搭建在新古典经济学的生产和交换理论之上。

奥派对企业家精神的研究提供了不少思想,包括众所周知的分散的、隐含知识以及企业家发现等概念,更为重要的是奥派的资本理论。对资本理论的悉心关注,异质的、主观感知的资本品特征,是奥派的显著标志。它在奥派的商业周期理论中发挥着重要的作用,并在2008—2009年的经济危机以及之后的经济萧条时期重新进入人们的视野。学者、专家和政策制订者开始在主流的凯恩斯主义方法——一种完全忽视资本理论的方法——之外寻找替代性的方法。[1]

因为资本是异质的,资本品的属性也不能在事前就被完全认知。企业生产需要耗费时间,生产的结果也是不确定的,因此,整个经济的资本结构并不能自动地达到有条不紊的状态。相反,为了能够生产特定的消费品,资本品必须通过各种组合被配置与重新配置,并且需要某个人去做这件事。在坎蒂隆、奈特以及米塞斯的企业家精神理论中,担当这一重任的就是企业家,并且企业家最基本的作用便是在不确定性的条件下对生产资源的使用进行判断。尽管坎蒂隆和奈特在资本理论上与奥派并没有共同点——实际上,在资本理论这一命题上,奈特与哈耶克(Hayek)之间有过数次辩论——我们认为,判断的视角和奥派对资本异质性的主观解释,可以自然而然地在企业家精神理论和企业理论以及企业战略理论之间

---

[1] 我们会在第五章中详细讨论奥派的资本理论。如果想要了解有关奥派资本理论的概述,可以参考拉赫曼(1956)和勒温(1999)的著作。如果要了解奥派商业周期理论的复兴以及奥派和凯恩斯主义经济学之间的关系,可以参考加里森(2001)的著作。

建立起一座桥梁。

现在，我们开始回顾古典的和当代的企业家精神理论，试图讨论在每个企业家精神理论中，企业家是否以及如何需要企业。这个答案并不是显而易见的。有些企业家精神理论——例如，熊彼特的作为创新者的企业家概念——把企业家视为无因之因（uncaused cause），企业家是纯粹的天才，根本不受资源所有者和其他市场参与者施加的制约，因此也不会受到企业的影响；另一些研究将企业家看成技术娴熟的管理者，通过熟练地安排生产要素来发挥他们的企业家才能，从而构成企业运行中不可或缺的一部分。[①]

二　企业家精神和企业的概念

（一）企业家精神：职业的、结构的和功能的视角

我们可以从职业的、结构的和功能的三种不同的角度对企业家精神理论进行有效的划分（见 Klein，2008a）。

职业的角度是将企业家精神定义为自我雇佣，并把单个个体作为分析对象，试图描述创立自己的企业的个体所具备的特征，并且解释被雇佣和自我雇佣之间的选择（Kihlstrom and Laffont，1979；Shaver and Scott，1991；Parker，2004）。另外，有关职业选择的劳动经济学文献以及那些关注成为自我雇佣者性格的心理学文献也属于这种类型。例如，McGrath 和 MacMillan（2000）认为，某些特

[①] 要了解经济理论中企业家精神这个概念的历史，可以参考埃尔克耶尔（Elkjær，1991）、万·普拉格（Van Praag，1999）、易卜拉欣（Ibrahim，2003）以及亚卡南（Vyakarnam，2003）。

定的个体具有"企业家的思维倾向",这会促使和鼓励他们发现别人忽视的机会(这种思维倾向是在个人经历中逐渐发展起来的,而非通过正式的教育获得)。在这种理论中,成为企业家就意味着拥有一种特定的职业头衔。当然,大多数国家都会收集有关就业状态的数据,在经验研究的文献中,自我雇佣通常被用来衡量企业家精神,因为这样容易衡量。

结构的角度是将企业或者整个产业看成是分析的单位。它将"企业家企业"定义为新企业或小企业。有关产业动态、企业成长、集群以及网络的文献始终把企业家精神看作一个结构概念(Acs and Audretsch, 1990; Aldrich, 1990; Audretsch, Keilbach and Lehmann, 2005)。某个企业、某个产业或者某个经济体比其他的更加具有"企业家创造性"表明企业家精神与特定的市场结构(如:由众多小而年轻的企业形成的市场结构)是相互联系的。同从职业的角度定义的一样,"结构的"企业家精神概念因为数据的易获得性而在研究中得到广泛的运用。从通常的统计和服务机构中,可以得到初创企业、风险投资、上市招股等信息。从更细微的角度来看,还可以得到企业的规模和经营时间等相关信息。

相反,熊彼特、奈特、米塞斯、柯兹纳,以及其他对企业家精神的经济理论做出重要贡献的经济学家都将企业家精神理解为一种**功能**、活动或行为,而没有将其归为职业范畴或视为市场结构。它们所指的往往是过程背景下的行为。相反,职业和结构的概念往往关注结果,而忽视了过程。然而,在有关企业家精神的研究文献中最常使用的"结果"——自我雇佣与和初创企业——却不能很好地映射到这些较为宽泛的功能概念上。企业家思维的展现,与大企业还是小企业,老企业还是新企业,个体还是团队以及何种职业类型没有关系。当代的经济学研究狭隘地将视线集中在自我雇佣和初创企业上,很可能会使企业家精神在经济和商业组织中的重要意义黯然失色。

到底什么是企业家的功能呢?我们可以参考现有的一些有关企业家的功能的论述。诸多备选答案可供考虑:小企业管理,想象力或创造力,创新,对机会的警觉,做出调整的能力,极具魅力的领导力以及判断。接下来我们将依次解读以上每种观点。

(二) 作为"小企业管理"的企业家精神

许多商学院的企业家创业课程所考察的只不过是小企业的经营管理。企业家被刻画成小企业、家族企业或者是初创企业的管理者。企业家精神是由日常管理工作,和风险投资家以及其他外部融资机构建立关系,产品开发,市场营销等构成。从这个意义上来说,企业家精神理论就和企业理论——至少是部分企业理论——难解难分了。根据这一方法,企业家精神理论就是小企业所有者如何组织与管理他们资产的理论。与之相对应的,企业家创业课程和项目关注的就是如何撰写商业计划书,对潜在的资源供给者进行"电梯游说"以及领导小型的学生团队等。例如,赛扶(Students in Free Enterprise,SIFE)团队的成员经常会组织相关的比赛以培养学生的这类技能。

尽管这些都是非常重要的活动,但是将企业家精神的主要功能理解为小企业的管理,从某个层面上说会使企业家精神的概念变得太狭窄;从另外一个层面上说又太宽泛。它事实上将小企业或新企业各个方面的管理都纳入到"企业家精神"中,但将大企业或者成熟企业中同样的管理任务排除在外。尽管研究文献早在20多年前就抛弃了这个概念,但是它仍然主导着大学教育。从实用性的角度来看,这点并不难理解。因为学校有关企业家创业的课程是为那些想要创办企业或者已经创办了企业的学生开设的,他们需要理解企业成立之后所面临的各种管理问题。成熟企业的企业家行为通常是在一些没有"企业家创业"字样的课程中传授的,例如在"创新管理"（innovation management）或者"企业革新"（corporate renewal）等课程中。然而，如果企业家精神仅仅指的是一系列的管理活动，或发生在特定类型的企业中的任何一种管理活动，那么何必多此一举，给这些行为贴上"企业家的"这个标签呢？

（三）作为想象和创造力的企业家精神

许多管理学研究有时会将企业家精神同大胆、无畏、想象和创造等词语联系在一起（Begley and Boyd, 1987; Chandler and Jansen, 1992; Aldrich and Wiedenmayer, 1993; Hood and Young, 1993; Lumpkin and Dess, 1996）。这些研究强调企业家的个性与心理特征。根据这一理解，企业家精神并不是所有人类决策的一个必不可少的组成部分，而是某些有特别才能的个体擅长的一种专门活动。[1]

如果想象力、创造力等特点就是企业家精神的本质，那么企业家精神和企业理论之间就没有显著的关联了（至少，这两者之间的联系不需要再进一步阐述了）。重要的个人品质也许可以通过市场中的合约，如购买咨询服务、项目管理等来获得。这样，一个"非企业家的"（non-entrepreneurial）所有者或管理者可以根据需要从市场上购买"企业家精神"来进行日常的企业管理。更重要的是，这一理论并没有清楚地说明想象力和创造力是否是企业家精神的充分必要条件，或者说仅仅是偶然的条件。现实中，许多企业的创立者的确具有想象力和创造力。那么如果不具备这两个要素，难道他们就不是企业家了吗？

---

[1] 正如高德纳（Gartner, 1988: 21）20多年前就指出的那样，这一方法经常会使用大量不同的、相互矛盾的企业家精神概念。"企业家被贴上了数量惊人的特征标签。这些理论组装出来的企业家的'心理画像'有时将企业家视为比普通人更高大的人。但自相矛盾的是，这些充满个性特点的人最终也只不过是'普通人'而已。"

（四）作为创新的企业家精神

一提到企业家精神这个概念，最为人所熟知的也许要算约瑟夫·熊彼特的将企业家视为创新者的观点了。熊彼特所定义的企业家精神能够引入"新的组合"，包括生产新的产品，使用新的生产方式，发现新的市场，获得新的资源供应，形成新的产业组合等。这些新的组合会使市场摆脱原有的均衡状态，熊彼特将这一过程称之为"创造性破坏"。熊彼特最早在他的开创性著作《经济发展理论》（*Theory of Economic Development*）（1911）中介绍了具备创新能力的企业家，随后又在他的另一部两卷本著作《商业周期》（*Business Cycle*，1939）中进行了进一步的阐述。虽然熊彼特非常崇敬瓦尔拉斯（Walras），但是他同时也意识到，瓦尔拉斯的一般均衡体系中没有企业家的位置。熊彼特把企业家的角色界定为经济变动（这里所说的经济变动包括但不仅仅局限于创立新的企业）的动力和来源。

> 现实的资本主义世界和教科书中所构建的世界是有区别的，现实中的竞争并不纯粹是价格的竞争，还有新产品、新技术、新的资源供给以及新的组织形式之间的竞争……现实的竞争需要有决定性的成本或质量优势；同时，现实的竞争不仅仅冲击了现有企业的边际利润和商品产出，就连它们赖以生存的根基也会因此而被撼动。
>
> （Schumpeter，1942：84）

如今，特别是在技术管理和演化经济学领域，[①] 虽然存在大量

---

① 在1986年还成立了一个国际熊彼特学会。

使用"熊彼特范式"和"新熊彼特范式"的研究文献,但是这些文献受到演化经济学、复杂理论、发展经济学以及其他研究方法影响的程度不亚于受到熊彼特的影响(Hanusch and Pyka,2005)。与现代经济学尝试为小而连续的变化建立模型不同,熊彼特希望能够解释那些在技术以及市场方面急剧的、非连续的变化。熊彼特对于自然选择关注很少,他的分析单位是成功的创新。正如罗森博格(Rosenberg,1986:197)评论的那样:"熊彼特对经济和社会思想的众多贡献仍然被人们忽视——即使是那些贴着'新熊彼特范式'标签的人也不例外。"

熊彼特谨慎地区分了企业家和资本家这两个概念(同时,他也强烈批评那些将这两个概念混为一谈的新古典经济学家)。[①] 熊彼特认为企业家不需要拥有资本,其活动也根本不需要被限定在企业这一范围内。企业家可以是一个企业的管理者或所有者,他更有可能是一个独立的缔约人(contractor)或工匠。在熊彼特的企业家理论中,"只有当他们确实在建立新的组合的时候,他们才是在扮演企业家的角色。而一旦这个人创立了企业,并像其他人一样安定下来打理它,他就失去了企业家的特征"(Ekelund and Hébert,1990:569)。

然而这个理论意味着,企业家和他所拥有的,为之工作或者与之订立合约的企业之间的联系变得十分微弱。企业家精神在企业中

[①] 我们对熊彼特的企业家理论的描述可能过于简化了:熊彼特的企业家理论在他的整个研究生涯中是不断演变的。比如,在他最初的企业家理论中,他不仅强调企业家建立新组合这一非人格化的功能,也关注企业家个人的领导才能,即拥有一种超人般的充沛的意志力(Becker and Knudsen,2003:200)。此时,熊彼特所构建的企业家只是随意的一个"'有行动倾向'的主体,'即使没有卓越的才智,他也会让其他个体或资源屈从于他,为了自己的目的去利用、指挥和控制他们,并在市场上取得成功'"(Becker and Knudsen,2003:207)。但当他写《商业周期》(Business Cycle)的时候,他就不再强调企业家的个人特质了。

的体现,只能是在他引进新的产品、生产过程或者制订新的战略的时候,而不存在于其他情况下。日常的企业管理根本不需要企业家精神的参与,而且,熊彼特的企业家精神是自成一格的,它独立于其所处的环境,企业的性质和结构不影响企业家精神的水平。企业的研发预算以及能够激发管理者创新的组织架构(Hoskisson and Hitt,1994)对熊彼特所构想的企业家精神也影响甚小。①

(五)作为机会警觉的企业家精神

在过去的十年时间里,一种将企业家精神看作是对获利机会的警觉的研究视角在有关企业家精神的管理学文献中逐渐占据了主导地位(Shane and Venkataraman,2000;Shane,2003)。这个理论的关键在于对"机会"的理解,它被定义为一种可以通过资源的重新分配和利用,用多种方式进行套利以创造价值的情形。这个概念最早是由坎蒂隆和 J. B. 克拉克(Clark)提出的,之后被伊斯雷尔·柯兹纳(Israel Kirzner)挖掘并发展起来(1973a,1979a,1985,1992)(我们将会在第三章中对柯兹纳的这一理论展开更详细的讨论)。现代的管理学文献讨论机会的识别、评估和利用,但是对于柯兹纳而言,识别机会才是最根本的企业家行为,另外两个是属于管理学的内容。

柯兹纳对企业家精神的构想强调了竞争的性质,后者被哈耶克(1968)称为"发现的过程"。企业家能够获得利润是因为他具备了更胜一筹的前瞻性——发现未被其他市场参与者意识到的事物(新的产品,能够节约成本的技术等)。最简单的例子便是那些金

---

① 一部分受到熊彼特理论影响的经济学家,如鲍莫尔(Baumol,1994)就把公共和私人的研发投资,专利保护的规模和范围,基础科学教育等看成是企业家活动水平的重要决定因素。

融市场中的套利者或商品的套利者,他们能够预见不同现价之间的差距,并以此获利。或者再举一个更为典型的例子,一个企业家敏锐地发现了一种新的产品或者一种更加先进的生产工艺,于是他先于其他人采取行动,填补了这个市场的空缺。从这个角度来看,成功并不是如何在既定的条件下求最值的问题,而是来源于企业家具备了他人所不具备的知识和洞见,也就是源于既有的"手段—目的"框架无法表达的东西。①

　　柯兹纳构想的企业家是不需要拥有自有资本的,他们唯一需要具备的是对获利机会的警觉。正因为他们没有自有资本,所以他们不需要承担不确定性。这个观点饱受诟病,成为柯兹纳的企业家理论中的一个缺陷。批评者认为,仅仅对获利机会的警觉并不是获利的充分条件。为了获取财务收益,企业家必须投入资源,以实现被发现的获利机会。正如罗斯巴德(Rothbard,1985:283)所阐述的那样:"没有货币支持的企业家思想只是纸上谈兵,除非企业家能真正拥有货币,并把它们投入到这个项目中去。"除了极少数低买高卖(如货币电子交易和商品期货交易)几乎同时发生的情况外,甚至连套利交易都是需要耗费时间才能完成的。在套利者最终卖出商品之前,价格很可能已经下跌了。因此,即便是一个纯套利者有时也会面临损失。但是在柯兹纳的构想中,发生在企业家身上的最坏的情景也只不过是他未能发现一个已经存在的获利机会。所以,企业家要么获利,要么收支相抵,但是不清楚他们是如何蒙受损失的。

---

① 将柯兹纳"卓越的前瞻性"观点同斯蒂格勒(Stigler,1961,1962)的搜寻模型区别开来是非常有必要的。在斯蒂格勒的搜寻模型中,新知识的价值能被所有人事先了解,也能被愿意支付信息搜寻费用的任何人所获得。就如同"斯蒂格勒模型中的信息搜索者考虑的是花费多少时间去落满灰尘的货架以及杂乱的抽屉中寻找一幅画像是值得的,据家人回忆,伊妮德姑妈认为那是一幅洛特雷克的画。相反,柯兹纳型的企业家走进屋子,慵懒地环顾四周,看到墙上挂着一幅多年未动的画像,自问'这不是一幅洛特雷克的画吗'"(Ricketts,1987:58)。

正因为如此，柯兹纳的企业家精神理论和企业理论之间的联系也是微乎其微的。企业所有者、管理者、雇员或者是独立的缔约人都有可能对获利机会保持警觉。柯兹纳的企业家既不需要通过企业来发挥他在经济活动中的功能，也不需要考虑特定的制度环境。更一般地来说，柯兹纳的企业家精神理论与其他经济学分析的分支，如产业组织理论、创新理论以及企业理论等之间的关联是微弱的。所以，柯兹纳的概念并没有催生一大批直接应用层面的文献。[①]

克莱因（Klein，2008b）对"机会发现的视角"进行了更为一般性的评价。他认为，当存在不确定性的时，"机会"只能被事后定义。因此，是企业家的行动而不是获利机会才是企业家精神研究的分析单位。"机会"是隐喻意义而非字面意义上的，强调机会可能产生误导。正如微观经济学对个体主观偏好的处理：偏好不能从行动中观察，观察到的只是市场中的行为。偏好是从人的选择中**推断**出来的，而且我们也不需要从更深层次的本体论意义上解释这是一种什么样的偏好。对机会的理解也是如此。机会并不存在，它只能（事后）根据市场行为加以推断——只有企业家的某个行动产生了利润，我们才能知晓这一企业家的行动把握住了某一个机会。我们在下面（以及第四章）也会谈到，把投资而不是把机会视为企业家行动是解释这一现象的一种更为简洁的方式。[②]

[①] 柯兹纳的企业家精神理论对埃克隆德和萨尔曼（Ekelund and Saurman，1988）、霍尔库姆（Holcombe，1992）、哈珀（Harper，1995）、索泰（Sautet，2001）、邦加斯西（Pongracic，2009）以及韦尔塔·德索托（Huerta de Soto，2010）产生了巨大的影响。哈珀尝试着将发现的纯逻辑和分析功能与一个融入了个体心理特征的、更强调制度与认知的方法相结合。

[②] 正如韦尔塔·德索托（Huerta de Soto，2012：15）所说的那样，"西班牙单词'*empresa*'以及'*entrepreneur*'在法语和拉丁语中的表达在词源上都来自于拉丁语中 in prehendo – endi – ensum 这个动词，它的意思是去发现，去观察，去感知，去实现和去获得。拉丁语单词 in prehensa 则明确地有'行动'以及去拿，去获取以及去抓住的行动和方式之意。简而言之，*empresa* 与行动（action）是同义的。"

(六) 作为调节能力的企业家精神

诺贝尔经济学奖获得者西奥多·舒尔茨（Theodore Schultz, 1975, 1979, 1980）的企业家理论，尽管已经鲜为人知了，但也是值得一提的（Klein and Cook, 2006）。舒尔茨对企业家功能的理解在一些特定的关键方面和柯兹纳是类似的，尤其是将企业家的功能理解为向市场均衡状态的调整。从广义上讲，舒尔茨与熊彼特一样，也是在瓦尔拉斯传统下进行研究，但是舒尔茨意识到，经济在受到外生因素冲击之后，不可能自动并且立即调整到均衡状态。他说道："经济重新回到均衡状态需要耗费时间，并且人们在这段时间内如何调整不仅取决于他们对任何一个既定的不均衡状态做出反应的效率，也取决于他们所能采取的一系列调节行为的成本和收益。"（Schultz, 1975：829）

令人感到奇怪的是，这个问题并没有引起经济学家们太大的关心。也许是因为要将非均衡的调节过程——这时，交易可能发生在"虚假的"（非均衡的）价格上——模型化是极其困难的（Hicks, 1946；Fisher, 1983）。尽管熊彼特认为经济进步来源于对现有均衡状态的破坏；但他假定，在经历了均衡状态被破坏之后，新的均衡状态可以重新达到。与此不同的是，舒尔茨把创新看成是给定的，他的目标在于研究经济主体如何对外来的冲击进行调整。其中一个例子，便是发展中国家的农民必须采取一系列的措施应对经济变动，这些变动一般来说并非农民自己制造的，它们更多的是产生于除农民以外的其他群体的行为。正是这个原因，这些变动的大部分内容还远无法由熊彼特的经济发展理论进行解释（Schultz, 1975：832）。并且，农业的原子特性以及农业生产的独特方面会产生集体行动的困境以及连带的其他问题（Olson, 1965），这使得调整变得更加漫长。

在舒尔茨的研究中，企业家精神是调整或重新配置自己的资源以应对不断变化的环境的能力。这样一来，企业家精神是整个人类行为的一个方面，而不再是某个专业阶层施展的一项特殊功能。"无论你考察经济的哪个方面，我们都可以看到，所有人都能有意识地重新分配他们的资源以应对变换的经济环境"（Schultz, 1979: 2）。无论是商人、农民、家庭主妇、学生，还是大学的校长、主任以及研究人员都可以纳入到舒尔茨（1979）的企业家之列。

但矛盾的是，在一个社会中，企业家精神在多大程度上得到体现又取决于它本身的供给和需求。对企业家服务的需求来源于在面对不均衡状态时，从资源的调整中获得的预期收益，是不均衡状态的某些特征的函数；而企业家精神的供给来源于行为主体发觉并利用机会的能力。如同其他的经济品，企业家精神也是有价值的，稀缺的（Schultz, 1979: 6）。奈特和柯兹纳把企业家精神看成是"超经济的"，这意味着企业家精神是价格形成过程后的驱动力，但是它本身不能在市场上被交易或被定价；相反，舒尔茨（1979）坚信企业家精神是一种能力，和其他任何可以在市场上购买到的服务一样，是一种有市场价格和数量的资源，但是舒尔茨并没有充分地发展自己的洞见，使之成为一个完善的，有关企业家精神的供求理论。

舒尔茨将企业家精神设想为人力资本的一种形式。正如其他形式的人力资本一样，企业家精神可以通过教育、培训、经验以及医疗保健等措施得到提升。虽然教育以及其他形式的人力资本投资可以改善技术条件和分配效率，但舒尔茨认为效率的改进并不能解释教育对经济绩效所有的影响，处于现代化时期的农业社会则更是如此。因为至少有一部分教育回报是对变化做出调整的，能力改善之后所带来的回报，例如，使用新的技术或者组织惯例。并且，在整个经济体中，企业家才能的总存量也可以通过拥有特定的企业家经历和技能的群体的移民而得到提升（这或许是人们对增加的企业家获益机会的一种反应)。

(七) 作为卓越领导才能的企业家精神

另一种理论流派主要依托马克斯·韦伯(Max Weber)的理论,融合了经济学、心理学以及社会学的见解,将企业家精神同卓越的领导才能联系在一起。这一观点认为,企业家们都善于进行沟通和交流——清晰连贯地表达一项计划,一系列的规章制度或者一个独特的远见,并且能够将这些想法施加在其他人身上。卡森(Casson,2000)称这些计划为现实的"心智模式"。一个成功的企业家往往善于将这些模式传达给其他人,使得其他人赞同他的观点(并成为他的追随者)。这些企业家通常是积极乐观的、自信的,并且是充满激情的(尽管我们还不确定这些是否是必要条件)。

威特(Witt,1998a,1998b)将企业家才能简单地描述为"认知领袖"(cognitive leadership)。他构建了一个"企业家的企业理论"的框架,把认知心理学最新的研究成果与柯兹纳的警觉概念综合在了一起。他强调,企业家需要拥有互补性的生产要素,他们在企业内部相互协调。如果一个企业想要有所成就,那么企业家必须建立一个为全体所承认和共享的目标框架,用这个目标框架管理企业团队成员之间的关系。正如朗格卢瓦(Langlois,1998)指出的那样:通常,对于企业中的个体而言,服从于一个特定的个体或一个领导者比服从于一系列控制企业运行的复杂、抽象的规则会更加简单(成本更低)。因此,卓越领导能力的有效实施将会减少组织内部的协调成本。

在我们看来,这个理论也许有一个缺陷,那就是它强调的是人力资产而非企业所控制的不可让与的实物资产。一个有魅力的领导人必须要拥有实物资产吗?这位领导人可以是一位正式雇员或者是独立的缔约人吗？制订商业计划，传递企业文化等的确是企业领导能力的重要方面。但是这些难道就是成功的管理者或者成功的企业家的属性吗？即使高层的管理技能和企业家精神是相同的，也不能清楚地说明，为什么与构建激励机制，限制机会主义或者奖惩管理等普通的管理任务相比，卓越的领导才能就应该被看成是更加"企业家的"？

（八）作为判断的企业家精神

与之前所表述的都不同的一种观点认为，企业家精神是不确定性条件下的"判断性决策"（judgmental decision-making）。我们会在第四章详细讨论判断这个概念。现在我们只是简单地将"判断"定义为不能根据已知的可能性预测结果时，对经济资源进行配置的决策行为。在基于判断的研究方法中，承担不确定性——也就是在无法确知结果的情况下做出决策——才是企业家存在的意义。当然，所有人的行动［借用米塞斯（1949）所使用的术语］都包含了不确定性，也就是说，每个人的行动都包含有企业家精神这个要素，但是为了更好地理解市场背景下的资源配置，我们感兴趣的主要是承担不确定性的某类具体行为，即为了获得预期的经济收益，专门地配置生产性资源。

警觉具有被动的意味（它甚至和"幸运"难以区分，Demsetz，1983），而判断则是积极主动的。警觉是对**现有**的机会的反应，而判断则是指创造出**新**的机会。[①] 真正的企业家是"那些为了获得利润，积极主动根据变化做出调整的人。他们并不满足于被动

[①] 在柯兹纳的理论中，企业家精神的特征是"'做出响应'，我并不认为企业家是无中生有的创新理念的源泉，我把企业家看成是警觉已存在并等待被发现的获利机会的人"（Kirzner，1973：74）。

地对可预知的变化或是在他们所处的环境中已经发生了的变化调整其行为。相反，企业家将变化看成是改善自身现状的机会，他们大胆地预期并且利用它"(Salerno, 1993: 123)。不确定性条件下的决策体现了企业家精神，不论它是否包含想象力、创造力、领导能力或是其他相关的要素。

奈特引入了判断这一概念，将利润、企业同不确定性联系了起来。判断主要是指商人对未来事件——人们对其发生的概率没有一致意见或根本不清楚——形成自己的估计过程。它也许可以被定义为在非同寻常的，需要做出紧急决策的新情况下，有助于提高决策质量的服务；一种被习得的，含有大量隐含(tacit)因素的服务。企业家精神意味着判断，不能根据其边际产出进行评估并据此支付报酬。[1] 这是因为企业家精神作为判断，是与最具不确定性的事件相关的。如：成立新的企业，定义一个新市场等。正如我们将在下文（第七章）细致解释的一样，企业家所依赖的判断是没有市场的，因此企业家判断的利用就要求有判断力的个体成立企业。再者，判断本身就意味着资产所有权。"判断性决策"归根到底是关于资源利用的决策。从奈特的角度来看，一个不具备资本品的企业家根本称不上是企业家。[2]

这表明企业家理论和企业理论之间具有明显的关联，尤其是那些（交易成本理论和产权理论）将资产所有权看成是企业组织最

---

[1] "在某些特定的情况下，利润收入可以被看作是超凡的判断能力的结果。但这是对判断的判断能力，尤其是他自己的判断能力。在具体情况下，完全不能分辨好的判断与好的运气，如果一系列发生的时间足以评价判断或决定其可能的价值，这将会把利润转化为工资。……如果……这些能力是已知的，发挥才能所应得的补偿有竞争性的评估，那么这时的所得是'工资'概念，只有在企业家的判断力不可知或者说只为拥有者自己所知的情况下，那么这时出现的才是'利润'"(Knight, 1921: 311)。

[2] 奈特(1921: 267, 271)解释道："如果完全不存在任何不确定性，每个个体都能掌握完全的信息，那么负责任的经营管理或者对生产活动的控制等等都没有存在的必要。存在不确定性这一事实是它们存在的直接原因。"

关键的组成部分的企业理论（Hart, 1995; Williamson, 1996）。从这个意义上来说，企业是由企业家以及归企业家所有并最终由企业家控制的资产组成的。企业理论本质上是一个关于企业家如何实施他的"判断性决策"的理论——他需要拥有什么样的资产组合，把（大致）什么决策授权他的下属，他该如何提供激励机制以及如何实施监督等以确保资产的使用与他判断相一致等。

承担不确定性的企业家精神对米塞斯的盈亏理论也很重要，它是米塞斯众所周知的对计划经济进行批判的理论基石。米塞斯的盈亏理论受奥派先驱所提出的边际生产力分配理论的影响。在边际生产力理论中，劳动者获得工资，资本家获得利息，具体要素的所有者获得租金。如果企业所实现的收入超过（或少于）对这些要素的支付，那么就会形成企业的利润（或亏损）。因此，对于企业盈亏的分析，又回到了企业家精神的分析上。在一个假定的不存在不确定性的均衡状态［米塞斯将其称为"稳态循环经济"（evenly rotating economy）］中，资本家仍然能够获得利息以作为他贷出货币的回报，但这时既没有利润也没有亏损。

基于米塞斯对市场的理解，企业家根据生产要素的现有价格以及消费品的未来预期价格制订生产计划。米塞斯所说的"经济核算"是使用共同的货币单位，比较未来预期收益和现阶段支出的工具。然而在僵硬的计划经济社会，由于要素市场的缺失，相应地也缺少生产要素的价格，导致企业家的经济核算——以及理性的经济计划——无法实现。① 但显而易见的是，它永远无法雇佣企业家，因为那是一个没有货币利润或亏损的经济体。对于市场经济而言，最重要的构成要素并不是劳动力、企业管理或专业技术，而是企业家精神。正如米塞斯所说，计划经济企业中管理者可以"玩

---

① 米塞斯所谓的"社会主义"是指苏联斯大林时期的德化的计划经济制度的目标，以下本书所涉及的"社会主义"概念均以此解释为准，不再先赘注。——译者注

市场的游戏",他们可以表现得如同私人企业的管理者那样关心自己的利益,但是他们绝不可能让他们像企业家那样"玩投机与投资的游戏"(Mises,1949:705)。如果一个复杂而富有活力的经济体缺少了企业家精神,那么它永远无法对资源做最充分和最有价值的利用。①

三 结论:企业家判断是对企业理论的一个自然补充

前面对企业家功能的所有论述都是有趣的,也是重要的,但是,我们认为,判断的方法为企业家精神和企业理论之间建立了最自然,也是最有用的联系。在第六章中,我们将会回顾在组织经济学和战略管理中占主导的一些企业理论,并从这个角度寻找与企业家精神理论之间的关联。需要再次总结的是,判断视角和大部分的这些企业理论都有着最为自然的契合。理由非常简单:企业是资源束,"企业家的企业理论"必须是有关资源的理论。认知的心智过程、感知、愿景构建的心理过程,领导力的社会过程以及文化的形成都为资源配置提供了关键的**背景**(contexts)——我们也许可以

---

① 人们经常把米塞斯和柯兹纳放在一起,认为他们对奥派的企业家做了一致的论述。的确,柯兹纳作为现代奥派的领军人物,在纽约大学师从于米塞斯,并获得了经济学博士学位。他认为自己的作品来源于米塞斯理论体系的不同部分。但是我们也能看到,米塞斯的源于坎蒂隆—奈特的传统,这一传统将企业家精神看成对资源配置的判断,而不是柯兹纳强调的警觉。柯兹纳(1973:39-40)赞同资源所有者在充满不确定性的环境中需要通过发挥企业家的判断力将资源分配到特定的用途中。但是他进一步引入了"纯企业家精神"这一分析工具,纯企业家精神是指那些不控制任何资源的个体发现或警觉获利机会的行动。他声称,正是这一功能而非承担不确定性的功能才是市场经济的驱动力量。但是我们并没有发现纯企业家精神的概念或者是对获利机会的警觉这个比喻对我们理解市场系统的本质有什么帮助。关于这一点,我们可以参考克莱因(Klein,1999a:24-25)以及下面章节的内容。

把它们视为资源使用之决策的"前因"——但是它们却并不构成市场行为。就像米塞斯一样，我们最终感兴趣的是有目的的人类的行动。我们需要一个关注人的行动而不是语言以及思想的企业家理论。"判断"的方法呼吁我们去重视服务于企业家计划的决策，或至少是那些关于购买、销售以及使用生产性资产的意图（尽管两者不是完全等同的）。大多数有关企业家精神的研究文献都没有重视这些决策，尤其是"机会发现"这个研究分支。我们将会在接下面的章节中讨论这个分支的研究。

第三章　企业家精神：从机会发现到判断

在本章中，我们将会详细讨论两个在前一章已经提到过的企业家精神概念。它们分别是柯兹纳提出的作为"对获利机会的警觉"的企业家精神概念以及坎蒂隆、萨伊、奈特和米塞斯等提出的作为"判断"的企业家精神概念。因为这两个概念都承袭于奥派，所以在这一章中，我们也会讨论奥派方法论中的重要原理。

柯兹纳认为企业家精神在于警觉之前未被发现的获利机会，熊彼特认为企业家精神体现在革新，奈特则认为企业家精神是一种判断。三者都是当代企业家精神研究的主流。"熊彼特的"和"柯兹纳的"企业家之间的区别［尽管柯兹纳（2009）本人对这个区别持怀疑态度］在学术研究中也成为标准。在众多的奥派经济学家中，柯兹纳对市场的理解——"一个由企业家驱动的相互发现（mutual discovery）的过程"——已经成为研究生产、交换以及市场效率的重要视角。①

最近，柯兹纳的企业家精神概念已经在有关企业家精神的管理学研究中产生了很大的影响（如 Shane and Venkataraman，2000；Shane，2003）。"机会鉴别（Opportunity Identification）"或"机会识别（Opportunity Recognition）"这个研究分支试图通过实际运用

---

① 柯兹纳的著作，尤其是他在《竞争与企业家精神》（*Competition and Entrepreneurship*）（1973）中的原始论述引起了大量的批判性讨论。这些讨论主要（但并不是完全，如 Demsetz，1983）集中在奥派经济学家的范围内（Rothbard，1974；High，1982；Salerno，1993，2008）。

柯兹纳的警觉性和机会发现等概念以及准确描述它在认知、动机以及环境上的前提条件，建立起一个积极有效的研究计划。他们的研究目的在于理解特定的个体如何，以及为何具有警觉性。在某些案例中，还研究如何在组织或社会中增加警觉的程度（Cooper, Folta and Woo, 1995; Gaglio and Katz, 2001）。但柯兹纳怀疑自己构建的警觉概念和有关实际决策的研究之间是否存在联系，"我的研究并不能告诉人们成功的企业家精神的秘密"（柯兹纳，2009：145）。这些有关企业家精神的管理学研究把"企业家的发现"看成是源于柯兹纳的基础性概念（Klein, 2008b）。

尚恩和维卡塔拉曼（Shane and Venkataraman, 2000: 218）极具影响力的分析将企业家精神的研究定义为"对那些能创造出未来商品和服务的机会是怎样以及被谁发现、评估和开发利用的，并且会产生怎样的影响进行学术上的考察。"类似地，"在这个领域中，学术研究的对象往往包括获利机会的来源，发现、评估和开发利用机会的过程以及能够发现、评估和利用获利机会的个体集合。"尚恩在他的著作《企业家精神的一般理论》（*General Theory of Entrepreneurship*）中，对柯兹纳理论的引用频率仅次于对熊彼特理论的引用。更一般地，企业家的获利机会而不是企业家个人、初创企业或者新产品成为大多数有关企业家精神的学术研究的分析单位（Shane and Venkataraman, 2000; Gaglio and Katz, 2001; Shane, 2003）。

柯兹纳的理论框架建立在奥派经济学的一个独特分支之上，人们有时将其称为"市场过程"方法。柯兹纳认为他自己的主要贡献在于扩展了米塞斯和哈耶克的理论成果，使得米塞斯（1949）强调的企业家和哈耶克（1946, 1968）认为的市场竞争是一个发现

第三章　企业家精神：从机会发现到判断

和学习的延展过程能够联系起来。① 在主流经济学中，柯兹纳的理论在有关职业选择的研究文献中被引用。在经济学家们对一般均衡有着普遍兴趣的背景下（Fisher，1983），一部分经济学家尝试着将柯兹纳的市场过程理论转化为规范模型（Littlechild and Owen，1980；Yates，2000）。柯兹纳已经在极负盛名的《经济文献杂志》(*Journal of Economic Literature*) 中向他的读者们介绍了奥派的企业家市场过程模型（Kirzner，1997），但是他的著作在管理学中比在经济学中的影响更大，后者将均衡看作是一个二阶现象（second-order phenomenon）。在如今的经济学理论研究中（包括微观和宏观经济学），经济学家们关注的焦点仍然是根据存在性、唯一性与稳定性等确定和描述市场均衡的特征。

本章将要探寻企业家警觉这个概念的原初含义和发展的历程，以及它在企业家精神的"机会发现"方法中的核心地位。特别地，我们将会从一个更广阔的奥派经济学的背景下研究柯兹纳所做的贡献。我们认为，虽然经济学家们常常会把奥派的企业家概念和柯兹纳的理论等同起来（如 Van Praag，1999；Casson，2005；Landa，2006），但奥派有另外一个把企业家看成是承担不确定性以及拥有自有资产的个体的传统。这个传统比"机会发现"这一研究方法更具有优越性（不管是在柯兹纳自己的理论中还是在现代管理学的衍生品中）。另外，我们也要批判性地讨论柯兹纳的理论是如何

---

① 更确切地说："理解市场过程的关键在于理解市场竞争的动态特征。但是新古典经济学所关注的完全竞争是一种均衡的市场状态，它完全阻碍了人们对市场过程的理解。直到哈耶克开创性的，但并未引起人们充分重视的论文的出现——在这篇文章中，哈耶克将动态的竞争市场看作是一个彼此发现的过程——使得奥派能够明确地解决这个令人尴尬的理论断层问题。尤其是在路德维希·冯·米塞斯的著作中，在米塞斯式的企业家和动态竞争过程理论中，哈耶克发现了他所认为的（现在依然这样认为）真正的解决方法。我在 1973 年创作完成的著作就是为了将这个解决方法阐述清楚。"（Kirzner，2009：147）

被研究这种机会发现的前提条件和结果的理论文献、经验文献以及实验文献解释和运用的。正如我们所说的，这些文献已经大大超出了柯兹纳的理论，它们将机会发现及其决定因素看成是理论的关键特征，而柯兹纳的真正意图是想通过机会发现来解释一个更高层次的现象——市场均衡。

一　奥地利学派经济学

奥地利学派（Menger, 1871; Böhm‑Bawerk, 1884‑1912; Hayek, 1933, 1948, 1968; Mises, 1949; Lachmann, 1956; Rothbard, 1962; Kirzner, 1973）是19世纪70年代"边际革命"中的三个革命性学派之一，对市场理论、资本和利息理论、比较制度理论、商业周期理论、信息经济学，以及企业家才能理论做出了基础性的贡献。尽管奥派功勋卓著，但正如其他被视为"非正统"的经济学研究方法一样，奥派仍被当代的主流经济学家边缘化。虽然哈耶克的商业周期理论在世纪之交重新引起了人们对奥派的兴趣（如 Oppers, 2002），但这部分是由当前的经济萧条导致的。

除了奥派对计划经济的批判以及米塞斯—哈耶克的商业周期理论外，最广为人知（即在奥派之外）的奥派理论当属柯兹纳的企业家精神理论了。正因为柯兹纳对企业家精神理论的贡献以及他对经济活动补充了"市场过程"方面的论述，使他在管理学研究领域逐渐声名显赫（Jacobson, 1992; Hill and Deeds, 1996; Langlois, 2001; Chiles and Choi, 2000; Chiles, 2003; Roberts and Eisenhardt, 2003）。而奥派的其他代表性理论，如资本的时间结构（Hayek, 1941）和资本品的异质性理论（Lachmann, 1956）却鲜为人知（但可以参考 Chiles, Bluedorn, and Gupta, 2007）。

接下来，我们先以奥派的企业家理论为线索，简单勾画奥派的历史发展过程。正如我们之后会详细讨论的，不同于人们通常所认识的那样，奥派的理论传统是丰富多样的。例如，我们可以看到柯兹纳与门格尔，以及米塞斯的企业家精神理论之间有着重要的不同。20世纪初期，美国的奥派经济学家都浸染了门格尔的思想；而米塞斯则是柯兹纳的老师，同时也是现代最重要、最有影响力的奥派经济学家。

门格尔和早期的奥地利学派

奥派的传统发端于卡尔·门格尔（1871）。与19世纪晚期德国经济学界主流的归纳法和历史主义方法相反，门格尔试图建立一种因果的、现实主义的方法阐述价格的形成（以及其他的经济现象）。门格尔的方法论强调了经济价值的主观性、边际分析法、资源的异质性、知识的分散性以及生产的时间结构。企业家是门格尔的生产理论中的重要部分（Martin，1979），但其内涵并没有被柯兹纳所强调。企业家被门格尔（1871：68）描述成一个起协调作用的经济主体，他既是一个资本家，又是一个管理者：

> 企业家的活动包括：(a) 掌握经济形势的有关信息；(b) 进行经济计算——如果想让生产的过程变得有效率（假设其他方面都是经济的），就需要完成各种经济计算；(c) 把高级财货（也称为一般财货——在商业发展的条件下，任何经济财货都可以相互交换）分配到特定的生产过程中；以及 (d) 监督生产计划的实施过程，确保以尽可能经济的方式进行生产。

以上所列的条件不仅强调了不确定性和知识在生产过程中所起的举足轻重的作用，同时也强调了企业家按照其自身的意愿，深思熟虑以求合理组织生产性资源的决定性行为。和奈特（1921）一样，门格尔也认为企业家是一个资源的所有者。

通过对企业家承担不确定性的强调，门格尔重拾了一个由理查德·坎蒂隆——他常常被看成是奥派的先驱（Rothbard, 1995; Thornton, 1999）——引入的主题。坎蒂隆是第一位系统分析企业家的经济学家。在其著作《商业性质概论》（1975）中，他描述了三个阶层的经济主体：土地所有者、雇佣工人以及企业家。企业家的主要目的是从事套利交易，交易的动机源于"以现价买入并以不确定的未来价格卖出"而获利的可能性（Cantillon, 1755: 54）。

> 可以说，企业家活动的目的是获得不确定的工资，而其他人在能够得到工资的情况下便依靠固定工资为生，尽管他们发挥的功能和他们的社会地位是非常不相称的。那些获取确定性工资和津贴的**将军**、**朝臣**以及**家佣**都属于后一个阶层。[①] 其他人都是企业家，不论他们是用自有资本创立企业的企业家，还是没有自有资本，仅仅依靠自身劳动为生的企业家。可以说，他们都生活在不确定性之中，即使是乞丐和抢劫犯都可以归入企业家这一个阶层。

由此可见，坎蒂隆认为不确定性是理解利润的一个不可分割的部分。并且他强调了所有承担经济的不确定性的人都是企业家，而不只是局限在一部分特殊的群体之中。同时他也强调了高瞻远瞩的重要性——他认为一个企业家不一定需要拥有资本，这和柯兹纳的观点一致，我们之后将会对此进行详细讨论。

在19世纪八九十年代，奥派集结了大批经济学家，其中包括

[①] 原文中，在这段话之前还有一句："一个国家的居民都是不独立的，他们被分成了两个阶层：企业家和雇佣工人。"所以这里所说的"后一个阶层"指的是属于"雇佣工人"这个阶层。——译者注

门格尔以及他著名的门徒欧根·冯·庞巴维克和弗里德里希·维塞尔（Friedrich Wieser）。许多重要的英美经济学家，如菲利普·威克斯蒂德（Philip Wicksteed）、约翰·贝茨·克拉克（John Bates Clark）、赫伯特·J.达文波特（Herbert J. Davenport）和弗兰克·A·菲特（Frank A. Fetter）也在经济理论中采用并发展了门格尔的价格原理和他在建立经济学理论时所采用的"因果—现实主义"方法。例如，克拉克就以"静止状态"和"动态社会"的区别为基础建立了一套企业家理论（Salerno，2008：197）。在静止状态下，企业家的作用"完全是被动的……在需要进行买卖的场合，虽然企业家充当着买家或者卖家的身份，但是他们甚至不需要采取任何行动……购买和售卖是以企业家的名义进行的，但实际上根本不是企业家的行动促成了最终的买卖"（Clark，1918：122）。在静止状态下，实质上不需要有企业家的活动。因为在这一状态下，所有的生产要素都已经自动分配，并且也实现了最优的使用，因此也就不存在任何盈亏了。但在"动态社会"中，利润和亏损的存在都是不可避免的。因为在这一状态下，企业家的活动往往伴随着不确定性，所以他们"需要制定最优的决策，这会不断地导致商业环境的变化"（Clark，1918：124）。在克拉克看来，企业家是最终的决策制订者，同时也"承担了一部分商业管理的职能：制定一些意义重大且不能安全托付给受雇的监管人员或其他经理人的决策；并且如果有可能的话，必须以利润的形式获得回报"（克拉克，1918：157）。这就意味着，一个企业家必须是一个企业的所有者。

与克拉克同时代的经济学家——弗兰克·A.菲特最为人所熟知的贡献是他的资本和利息理论。他也认为企业家在资源分配的过程中起到了核心的作用（Fetter，1905，1915，1977）。在柯兹纳区分"风险"和"不确定性"，以及提出他的市场均衡概念之前，菲特就已经解释了短期利润和长期利润之间的差异。菲特认为，从长期看，生产的净收益是由利率决定的，而利率本身是由市场的"时间偏好"率，即现期消费和未来消费的相对评价决定的。在短期中，商业收益会围绕这个"正常"收益上下波动。因为有的企业家在预测未来商品价格的能力上比其他企业家更突出，所以他们能够以比资源对产出的最终贡献的贴现值更低的价格获得这些资源，从而在扣除利息以后能够获得额外的利润。这样做会导致企业家们竞相购买这些被"低估"的要素，最终达到长期均衡，这些额外的利润也就不复存在了。①

菲特（1905：286-287）在描述企业家（菲特使用的是"enterpriser"而非"entrepreneur"）时明确指出承担不确定性是企业家的核心功能。作为企业家，他必须（1）保证资本主义的贷款人能够获得固定的报酬；（2）放弃将自己的资本贷出以获得确定性收入的机会，并且以自有资本为担保向其他贷款者借贷资本；（3）向过一段时间才实现的目标而提供劳务的工人支付一定数量的工资；（4）承担他的服务所面临的风险，接受不确切的机会，而不是为自己的服务接受确切数量的回报。企业家同时也扮演着"组织者"和"指挥者"的角色，他们具备了"不同寻常的远见"以及"慧眼识人并和他们融洽相处的能力"（Fetter，1905：268）。简而言之，企业家就是"一个经济缓冲器；经济力量通过他传递"。

---

① 正如罗斯巴德（1977：16）所说的："如果企业家的贷款行为会将贷款利率抬高到反映时间偏好率的长期正常收益率（或用奥派的术语，即"自然利率"）水平上，那么为什么企业家还要去贷款呢？原因就在于，那些更具有远见的企业家可以在短期内获得利润，只要他们的一般贷款利率低于他们预期的收益率。这就会形成一个竞争性的过程，最终导致在长期时间市场上的自然利率和贷款利率相同。菲特写道：'这些拥有出众的知识和远见的企业家其实是一些在资本化的市场中低价买入并以高价卖出的商人，他们起到了平衡利率和价格的作用。'"

第三章 企业家精神：从机会发现到判断

作为一个专业的冒险家，企业家就像一个弹簧或者一个缓冲器，承担并分散了行业的压力。他能最先感知到情形变化所带来的影响。如果他的产品价格下降了，他最先受到损失。他会减少对原材料或者劳动力的支付以尽可能地减少损失。此时，那些雇佣工人常常认为他们的雇主是邪恶的，指责雇主们降低了工人的工资，可这些工人却从来不会降罪于那些如今不愿再以当初的高价购买他们产品的人。当价格上涨了，企业家就会从他以较低成本生产的产品中获利。如说雇主看上去是一个勤劳的人，那是因为他的性情是"自然选择"的结果。如果他们想要在激烈的、自私的竞争中生存下来，就必须具备警觉性、顽强的毅力和对主见的坚持。懦弱和慷慨好施都无法让他们在竞争中立足。

（Fetter, 1905: 287-288）

如奈特和柯兹纳所言，企业家的作用并不仅仅在于在创办新企业或者引进新的产品、服务、生产方式等，还在于他们处于日常生产与交换等活动的中心。

米塞斯（庞巴维克的学生）和他年轻的同仁哈耶克——与其说他是庞巴维克的学生，不如说是维塞尔的学生——在20世纪初期发扬和拓展了奥派的传统。之后米塞斯又与自己的两位学生柯兹纳和穆瑞·罗斯巴德以及哈耶克的学生路德维希·拉赫曼一道，在20世纪的五六十年代和70年代做出了决定性的贡献。近年来，学者们已经注意到了奥派理论内部的多样性，它的现代解读和阐释更是如此。萨勒诺（Salerno, 1993）认为，奥派存在截然不同的两支，它们的起源都可以追溯到门格尔。其中一支以维塞尔、柯兹纳和哈耶克为代表，他们关注非均衡状态、价格的信息功能，发现已存在的机会以及作为趋向均衡的力量的逐利行为；另一支以庞巴维克、米塞斯和罗斯巴德为代表，关注的不是发现获利机会，而是货币计算、前瞻性，对不确定性的承担，企业家的评估以及投资。[①]作为"对非均衡状态中产生的获利机会的警觉"的企业家精神概念就是从维塞尔——哈耶克——柯兹纳这一支中产生出来的。然而，这两个理论分支都有各自重要的先驱。

维塞尔和哈耶克：机会发现视角的开端

在《社会经济学》（*Social Economics*）（1914）一书中，维塞尔对企业家进行了一个折中的定义。他认为企业家扮演的是一个将资产所有者、管理者、领导者、创新者、组织者和监督者融于一身的角色。他认为企业家"必须具备随着事态的发展，在当前的交易中抓住新的发展机遇的敏锐洞察力"（Wieser，1914：324）。这部分内容首次暗示了企业家的警觉性。

虽然维塞尔的学生哈耶克本人并没有对企业家精神理论有直接的贡献，但是作为对完全竞争模型的批判，哈耶克从"发现"角度理解竞争——这体现在他从 20 世纪 40 年代中期（尤其是在 1945 年和 1946 年）开始发表的一系列文章中——为机会发现视角提供了重要的理论支持。哈耶克认为，竞争不应该被理解成事件的静止状态，而是一个相互争胜的过程。这一过程的本质是发现"**谁**能为我们提供最优质的服务：也就是我们可以预计，哪家食品商或者旅行社，哪家百货公司或者旅店，哪个医生或者律师在我们面对各种个人问题时，能够提供让我们最为满意的解决办法"（Hayek，1946：97）。这一思想的形成，其基础是奥派特别重视的知识的分散性特征——它由门格尔提出，并由哈耶克进一步详细地

[①] 人们经常把熊彼特看作是奥派的经济学家。尽管他受过庞巴维克的教导，但是他受到瓦尔拉斯的影响是如此之大，以至将他归为新古典均衡理论家更为妥当。另见克莱因（2008b）有关奥派两个理论分支的论述。

阐述。哈耶克认为竞争是一个让分散性的知识得到最充分利用的机制，这是一个帮助我们发现自己尚未知道是否可得，甚至根本不知道自己究竟是否需要知识的有效方式（Hayek，1968）。

遗憾的是，对于市场究竟是如何确切地实施这一发现功能的问题，哈耶克并没有讲太多。企业家的概念也只是顺便提及罢了。[①]我们的确可以想象市场发现过程中存在着不同的机制，这主要取决于我们赋予市场主体的意图、理性以及学习能力有多大。这个机制的一个极端方面是这样一种选择机制，它被假设为能够有效地在各种企业家创业项目——这些创业项目的构建本质上没有考虑到消费者的偏好——之间进行甄别和选择（Alchian，1950；Becker，1962）。这是一个极易犯错的过程，更重要地是，没有人能从过去所犯的过错中汲取教训。尽管哈耶克的作品有时可能也会描述这样的过程。在这一过程中，系统而非个体是"理性的"（Langlois，1985），大多数其他的奥派经济学家着重强调企业家在应对不确定性与无知上的意图，允许他们犯不同程度的错误。事实上，柯兹纳经常将市场过程理解为一个**系统性地**消除错误的过程。有趣地是，在柯兹纳最早的一篇文章中，他对贝克尔（1962）的演化视角——在构建基础的价格理论时可以完全不考虑市场参与者的理性——进行了强烈的批判（Kirzner，1962）。柯兹纳的企业家是非常理性的，或者更准确地说，是超理性的。他能够摆脱"手

[①] 哈耶克（1968：18）曾提到过，竞争"最重要之处在于它是一个能让企业家不断搜寻未被开发利用的机会的发现过程。同时，这些机会（如果未被自己发现）也能被其他人发现和利用"。他补充道："对特定市场情形进行侦查的能力……只有在市场告诉他们消费者需要什么样的商品和服务以及对他们的需求程度有大的时候才能有效地发挥出来，"（Hayek，1968：13）也就是取决于价格机制的运行效率如何。哈耶克在他早期有关计划经济计算和资本理论的著作中同样使用了"企业家（entrepreneur）"一词，但是他使用这个词仅仅是用来指代"商人（businessman）"。他对企业家、管理者、资本家以及其他的专业人员并没有进行严格的区分。

段——目的分析框架",在事先就能注意到未被发现的纯利润机会。柯兹纳又为维塞尔——哈耶克的发现视角提供了关键的机制（或者说是微观基础）：竞争性的市场是一个优越的装置，因为它让企业家能够利用自己的警觉性去发现机会。如柯兹纳（1973：14）所说："我们之所以对市场具有获取和利用源源不断的信息流以产生市场过程的能力有信心，主要是因为我们相信企业家要素的良性展现。"尽管企业家可能并没有刻意寻找获利的机会，但可以说，纯利润所带来的诱惑会引导他不断地在周围寻找机会。

庞巴维克、米塞斯和罗斯巴德

庞巴维克是奥地利最杰出的经济学家之一。他不仅仅是一个经济学的理论家，同时也三次出任奥地利财政部部长（他的肖像曾被印在 100 先令的纸币上）。他主要研究资本和利息理论（Böhm-Bawerk, 1884—1912），但是他的大部分研究方法都被主流的宏观经济学理论抛弃了［庞巴维克也是详尽透彻地批判马克思理论的第一人；(Böhm-Bawerk, 1898)］。也许正是这个原因，了解庞巴维克著作的同时代的管理学者可谓是寥寥无几。

庞巴维克最重要的两个学生是约瑟夫·熊彼特和路德维希·冯·米塞斯。米塞斯常常被视为 20 世纪最重要的奥派代表人物，他和哈耶克的著作极大地促进了 20 世纪 70 年代的 "奥地利学派的复兴"（Vaughn, 1994; Salerno, 1999）。米塞斯是一位举世闻名的货币理论家，并在 1912 年出版了《货币和信用理论》(*Theory of Money and Credit*)。在 1920 年和 1922 年，米塞斯又分别完成了有关计划经济理论的重要文章和著作（Mises, 1920, 1922）。米塞斯最负盛名的专著是《人的行动》(*Human Action*)。时至今日，它仍然是一部学习奥派理论的基础性作品。

柯兹纳一直将自己的工作看作是对米塞斯的市场过程理论的扩展。① 米塞斯是柯兹纳在纽约大学时遇到的良师益友。通常人们认为米塞斯和柯兹纳共同提供了统一的奥派企业家理论，但是正如我们之后将会澄清的那样，米塞斯的企业家理论更接近于坎蒂隆和奈特的观点，即企业家精神实质上是对资源配置的判断，而非对机会的警觉。虽然柯兹纳（1973：39-40）也承认，在一个充满不确定性的世界中，资源所有者必须依靠企业家的判断将资源分配到合理的用途上。但是他（1973：40-43）又进一步引入了"纯企业家"这一分析工具。纯企业家是挖掘获利机会而不需要承担资产风险的一类主体。柯兹纳断言，在市场中发现获利机会的功能，而不是在不确定条件下进行投资的功能才是市场经济的"驱动力"。我们认为这一观点，以及广义上说的维塞尔—哈耶克—柯兹纳这一支的观点，与坎蒂隆、奈特和米塞斯的观点是截然不同的。

米塞斯自己的立场有点模棱两可（Salerno，2008）。米塞斯认为，经济学家"要揭示那些希望从价格结构的差异中获利的企业家、促进者和投机者的行为是如何有助于消除这些差异，以及如何有助于抹除企业家利润和亏损的来源的。"描述这一逐渐均衡的过程"是经济理论的任务"（Mises，1949：352-353）。而米塞斯在其他著作中又将企业家看成是一个投资者，一个承担不确定性的经济参与者，而不是一个发现（确定的）获利机会的行动主体。"行动的结果通常是不确定的。人的行动往往伴随着猜测"（Mises，1949：253）。因此，"真正的企业家实际上是一个投机者，一个迫切想要运用自己对未来市场结构的看法以获取可观的商业利润的人。这种对不确定的未来情况的预先领悟，是不管什么规律与体系

---

① "我一直强调，我自己的贡献仅仅是将我的老师——路德维希·冯·米塞斯所阐述的见解予以扩展和深化"（Kirzner，2009：146）。有关柯兹纳的作品和米塞斯的作品之间的关系，可见柯兹纳（1982b）所做的详尽回忆。

化的"(Mises, 1949: 582)。

对不确定条件下的行动的强调,让我们想起了坎蒂隆(1755)对企业家精神的简要概述和奈特(1921)有关企业家判断的概念。判断是在一系列的未来以及个人结果的可能性都不可知(是指奈特说的不确定性,而不是指单纯的概率风险)的情况下做出商业决策。因此,企业家进行判断需要拿资源来投资(最重要地是,企业家需要以现价买入生产要素,并预期能从未来最终产品的销售中获取利润)。① 单单是对特定情形的警觉或意识,其本身并不包含判断,并且,在这种理解中,对资源配置也没有直接的影响。

与柯兹纳同时代的另一位有影响的奥派经济学家罗斯巴德是最早对柯兹纳的企业家"发现"和"所有权"功能的严格区分提出质疑的人(Rothbard, 1995)。罗斯巴德认为,除非买卖行为是瞬时发生的,否则即使是套利者也必须承担不确定性,因为在套利者采取了套利行为之后,商品和服务的售卖价格有可能发生相反的变化。更一般地说,市场经济的驱动力量并不是柯兹纳提出的"纯企业家",而是投入资源以期获取未来不确定性收益的资本家——企业家:

---

① 奈特(1921)引入判断概念,将商业收入分成了利息和利润两个方面。利息是对放弃现时消费的补偿,它由借贷双方相对的时间偏好决定。即使是在一个没有不确定性的世界里,利息还是会存在;相反,利润是对比其他人更精准地预期未来结果的报偿,它只存在于一个"真实的"充斥着不确定性的世界中。在这个世界里,考虑到生产需要耗费时间,企业家会从生产要素的购买价格和产品最终的销售价格之间的差异中获取利润或者蒙受损失。对企业家精神的这一理解是米塞斯论证在计划经济条件下理性的经济计划"不可行"的中心思想(Mises, 1920)。企业家会根据当前的生产要素价格以及预期的未来消费品价格制订生产计划。米塞斯所说的"经济核算"是指用共同的货币单位比较这些未来的预期收入和当前的支出。在僵硬的计划经济社会,由于要素市场的缺失,要素价格也随之消失,这导致经济核算——以及由此产生的理性的经济计划——变得不可行。米塞斯认为,计划经济社会也许能指派个体成为工人、管理者、技师或者发明家等。但是根据定义,在计划经济中永远不会出现企业家,因为那里不存在货币利润或亏损。

柯兹纳的企业家模型非常奇怪。在他看来，企业家显然不需要冒任何风险。他就如同自由飘荡的灵魂，脱离了自己原本的肉体。他没有也不需要拥有任何资产。他获取利润所必须的条件就是对获利机会保持警觉性。正因为他不需要在不确定性中让自有资产蒙受风险，所以他也不会遭受任何损失。但如果柯兹纳所说的企业家没有任何资产，那么在现实的世界中，他怎么才能获利呢？毕竟从另一个角度简单来说，利润就是用货币表示的他的资产价值的增加；损失就是指资产价值的下跌。投机者如果预期未来股价会上升，他就会现在购买股票。股价实际的波动会增加或减少他手中股票的价值。如果价格上升，利润也会同时随着资产价值的上升而增加。这个过程是相当复杂的，但是和购买或租用生产要素进行生产，并在市场上售卖最终产品的过程如出一辙。一个没有任何自有资产的企业家从哪种意义上来说才能够赚取利润呢？

（Rothbard，1985：282－283）

总结

简而言之，奥派传统由多种不同的成分构成。它们中有些是互补的，而另外一些则是截然不同的。我们对企业家理论中维塞尔—哈耶克—柯兹纳一支和庞巴维克—米塞斯—罗斯巴德一支进行了特别地区分——前者强调知识、机会发现和市场过程；后者强调在不确定条件下的货币核算和决策。管理学者——尤其是那些研究企业家的发现和机会鉴别的管理学者——不妨仔细研究这两个理论分支，认真考虑那些还未在现代管理学理论中出现的奥派见解。

二 柯兹纳和企业家的警觉性

人们传统上将柯兹纳的专著《竞争和企业家精神》视为现代奥派对企业家精神影响深远的论述的开端。在柯兹纳后来那些研究企业家精神的著作中,他的主要工作便是不断澄清这本书中的观点(Kirzner, 1979a, 1992, 1997, 2009),并和其他的企业家精神理论联系起来,把它们应用到诸如对管制(如 Kirzner, 1984, 1985)和伦理(Kirzner, 1989)的分析中。

柯兹纳的贡献

在柯兹纳的理论框架中,获利机会的产生是由于产品的价格、数量和质量偏离了它们的均衡状态。有一部分人会注意到,或者敏锐地感知到这些机会的存在,他们据此采取的行动又会引起价格、数量和质量的变化。警觉性的最简单例子便是那些投机者。他们发现可以通过利用现期价格和未来价格之间的差异获得经济收益。在一个更为典型的例子中,一个企业家将会警觉地感知到新产品或者更先进的生产方式,并且在其他人行动之前投入进去,填补这个市场的空缺。从这个角度上来讲,成功并不是对具体给定的问题求最优解,如搜索算法(search algorithm)(High, 1980),而是来源于其他人所没有的洞察和一个不能作为最优问题来进行模型化的过程(但这并不意味着忽略形式化的处理方式;见 Littlechild and Owen,

1980 以及 Yates，2000）。① 换句话说，企业家精神就是抓住并响应不完美世界中出现的获利机会。不同于现代经济学的其他研究方法，这里所讨论的不完美状态并不是指暂时性的，由产权定义不明、交易成本或信息不对称而产生的"摩擦"。尽管这些不完美状态可以被纳入到均衡模型之中——如现代的信息经济学，但柯兹纳考虑的是一个存在永恒的，不可根除的不均衡状态的市场。②

我们在第二章已经讨论过，和奈特、熊彼特以及其他对企业家精神理论有重要贡献的人的研究方法一样，柯兹纳也将企业家精神看作是一种经济功能，而不是一种职业类别（即自我雇佣）或是一种企业类型（即初创企业）。企业家功能的主要效应是市场的均衡：通过不断减少市场中的无知，企业家精神不断地激励着市场趋向于均衡（Selgin，1988）。柯兹纳的"纯企业家"只是一种理想化的类型——他只发挥促进市场均衡的功能，但本身并不提供劳动，也不拥有资本。但现实中的商人扮演的角色，一部分可能是柯兹纳意义上的纯企业家，但也可能包含劳动者或者资本家的成分。如我们在前面提到的，企业家发现和资本投资之间的关系使得柯兹纳的研究方法与奈特（可以说也包括柯兹纳的导师米塞斯）的研究方法大相径庭。因为柯兹纳的（纯）企业家只发挥机会发现的功能，却不发挥投资的功能。他们并不拥有资本。他们只需要对获利机会保持警觉。柯兹纳笔下的企业家不需要成为充满魅力的领导者，不需要创新，不需要富有创造性，也不需要拥有合理可靠的商业判断。他们不需要筹集资本或成立并管理自己的企业。除了发现获利机会以外，他们不需要做任何事情。

---

① 正如我们之前讨论过的，柯兹纳对警觉性和斯蒂格勒的系统性搜索（1961，9162）进行了仔细的区分。另见柯兹纳有关"完全无知（sheer ignorance）"与信息不对称的区别以及警觉对克服前者所起的作用的讨论（1997）。
② 柯兹纳对均衡的阐述，具体可见克莱因（2008b）。

柯兹纳的一个重要贡献在于他区分了"罗宾斯最大化"和"企业家警觉性"。前者遵循"经济人"的标准假说，完全机械地讨论如何运用给定的手段去满足给定的但相互冲突的目的（Robbins，1932）。因为一切都是事先给定的，人的行动变成了纯粹的计算问题。柯兹纳辩驳到，这种对行为的理解根本不能适用于发现新的手段和目的以及构建新的手段——目的—分析框架。因此，罗宾斯最大化模型不能体现市场的动态过程。想要实现这一目标，另一种行为品质，即企业家对先前未被开发利用的获利机会的警觉也是必不可少的。[①]

从在街上发现一张 10 美元的纸币到发现一种新的、高收益的药物都可以归于警觉的范围之内。因此，企业家都是发现者；他们发现新的资源使用方式，新的产品，新的市场以及新的套利机会——简而言之，即新的能够获利的贸易机会。警觉性和刻意的信息搜寻（Stigler，1961）并不相同；相反，企业家精神是一种发现行为，或者说是对未被他人觉察到的机会或者信息的警觉性。这不仅意味着，企业家活动弥补了我们关于需要哪些产品、生产过程和新的组织形式等知识的欠缺；更重要地是，企业家的活动减少了我们对自己所不知道的事物的无知性。柯兹纳所说的"完全无知"必然会"伴随着震惊——一个人迄今为止竟然都未发现自己的无

[①] 参考萨勒诺（2009b）反对柯兹纳并为罗宾斯辩护的相关资料。萨勒诺声称，罗宾斯同样重视新事物、学习和机会发现的作用，但是，他认为一旦主体确定了特定的目标，那么分析者就应该将它们视为给定的。"目的和手段对于经济理论家来说都是给定的数据，但对于经济的行动的个体（economizing agent）来说不是给定的，因为他们的选择就是研究的对象"（Salerno，2009b：99）。并且，"对于罗宾斯的'经济人'（economizer）而言，在任何时候，他对未来市场情形所做的企业家预测是构成他选择框架的'给定数据'的一部分。但是这些给定的数据对他而言不是确切已知的，因为在他的外部环境中时时刻刻会出现无法预料的改变。结果会产生一个动态的市场过程。在这个过程中，对于过去所犯的不可撤销的错误进行调整将会引起内生的变化。与此同时，'经济人'始终在努力预期并适应外部的变化"（Salerno，2009b：106）。

知"(Kirzner, 1997: 62)。

柯兹纳将自己的企业家行为概念同哈耶克的动态市场过程概念相结合,发展出了一个新的市场过程理论:市场过程就是一个持续性的过程,企业家们在这个过程中不断地发现之前未被察觉的,能获取纯利润的机会。在这一过程中,企业家所获得的利润是对他发现和利用获利机会的回报。因为如果没有企业家的活动,这些获利机会根本无法被挖掘。所以,企业家的功能是大有裨益的,它能消除知识分散性(Hayek,1945)引起的协调问题。柯兹纳从哈耶克那里借鉴了"计划协调"这一福利概念,而这个概念在奥派中引起了不少争论。①

柯兹纳引入假想的纯企业家概念是为了阐明企业家精神具有协调功能。克拉克和米塞斯也曾提出过类似的假设来强调企业家精神的某些方面,而柯兹纳则认为自己的理论构建抓住了企业家精神的精髓。柯兹纳一直坚称,他所说的纯企业家是没有任何自有资本的。他认为"关键在于,拥有资本和企业家精神是两个完全独立的功能。当我们遵循惯例,将企业家精神的所有要素都集中到纯企业家身上时,我们就自动地将资产所有者的身份从企业家的角色中排除了。根据定义,纯企业家决策只属于没有任何资产的决策者"。因此,企业家纯粹是一个决策者,而非别的什么人。由此可见,任何人都能成为一个纯企业家。

企业家精神背景下的"决策"概念引起了不少相关的质疑。比如,柯兹纳提出的"警觉性"和"发现"概念表明在发挥企业家才能的过程中,存在几个独立的阶段。同样地,柯兹纳经常提到

---

① 奥德里斯克(O'Driscoll)和里佐(Rizzo)(1985: 80-85)认为对计划协调——他们将其称为"哈耶克均衡"——这个概念的定义在奥派文献中并不是始终不变的。有关计划的协调,另见萨勒诺(1991)、勒温(Lewin, 1997)、克莱因(2008b)以及克莱因和布里基曼(Briggeman)(2009)等人的著作。

的"机会利用"也是一个可能的阶段(紧接着"机会发现"之后)。可以想象,这些阶段在一个相当长的时间段内是互相分离的。另外,它们可能具有截然不同的前提条件或决定因素。但是柯兹纳似乎只将警觉性、机会发现和机会利用当成一个格式塔(Gestalt)中的各个部分——一个整体中不可分割的部分——来看待,也没有进一步探寻它们之间的关系。正如我们接下来要阐述的,这大概是因为他要解释的是均衡现象而非企业家本身。

即使企业家精神实质上是一种用于理解一个更高层次的现象——均衡——的工具,企业家精神的前提条件仍然十分重要并值得进行学术研究。现代有关企业家精神的经济学文献和管理学研究已经提及了一些可能的前提条件,比如个人技能(Lazear, 2005)、认知偏差(Busenitz and Barney, 1997)、过去的经验(Shane, 2000)、母公司的特征(Gompers, Lerner and Scharfstein, 2005)、制度环境(Bjørnskov and Foss, 2008)以及其他的背景特征(Xue and Klein, 2010)。但是,正如其他的(尤其是熊彼特和奈特)企业家精神理论那样,柯兹纳对这些前提条件并不感兴趣,大概是因为他想要建立一个有关企业家精神的均衡功能的一般理论。不过他也承认政府对价格机制的干预会阻碍企业家的发现过程(如Kirzner, 1979b)。

> 政府对产品和生产要素价格、数量和质量的直接控制可能会在无意中阻碍那些还未被任何人察觉到的市场行为。尽管这些被阻碍的活动事后被证明是有企业家利润的(可能是由于数据不可预期的变化的结果),但它们被发现的可能性大大降低了。如果没能充分考虑这一点,那么从某种程度上来说,自由市场中自发的发现过程就会被扭曲和扼杀。
>
> (Kirzner, 1982a)

有关柯兹纳的机会发现方法的争论

柯兹纳的机会发现视角在奥派内外都引起了巨大的争论。在奥派内部,争论的焦点集中于才会发现具有内在的均衡作用上。柯兹纳试图将均衡(主流经济学家所理解的那种)作为一个有用且有意义的分析范畴。奥派与均衡经济学的争论在于,对这样一种观点,我们有资格要求它提供理论基础,这种观点,即"均衡过程会系统地按照与均衡模型所要求的条件一致的方向塑造市场变量"(Kirzner,1997:65)。但是主流的经济学家并没有提供这一"理论基础"。对均衡经济学的这一批评让我们想起哈耶克(1937)曾经说过,经济学家应将分析的重点放在理解使"主观数据"(即市场主体的感知)和"客观数据"(即真实的稀缺性和偏好)协调一致的那些学习过程上。但是在这一点上,柯兹纳并不赞同哈耶克"纯粹的逻辑选择"是毫无用处的观点,他认为企业家才能属于逻辑范畴,它能够提供一种"叙述(story)"以解释为什么经济学家对于需求和供给曲线相交点的特殊意义有信心(Kirzner,1997:66)。这也许能被理解为,企业家精神始终具有内在的均衡作用(Selgin,1988)。

然而,由于柯兹纳明确表示有关形成均衡过程的理论是非常有必要的,他的理论也被认为和主流经济学中考察市场如何趋向均衡的理论(见 Selgin,1988:44),尤其是与所谓的"稳定性理论"(stability theory)有着紧密联系(Scarf,1960),这种理论研究的主要是重建均衡的微扰因素和过程。另外,一些主流经济学家认为只有在理论上证明均衡趋势可能存在的情况下,使用均衡架构进行分析才是有意义的(Fisher,1983)。因此,柯兹纳可能被视为一位锻造了与主流经济学的重要贡献之连接的人物。但总体上,这一研究表明,要让这种收敛发生,必须做出强假设——但柯兹纳并没有在他的理论中明确做出这类假设（但可参考 Yates，2000）。

在柯兹纳自己的分析体系中，同样存在着使得企业家精神无法让市场达到均衡的因素。首先，如果假定机会是客观存在的，那么当企业家无法发现所有的机会时，市场的均衡就不可能产生（柯兹纳也考虑到了这一点）；其次，如果"均衡"在柯兹纳的头脑中有哈耶克"多期计划的协调"之意，那么他就已经引入了一个跨期的维度，而这会严重地打击他"企业家精神具有均衡作用"的观点。在柯兹纳早期的著作中（如 Kirzner，1973），企业家才能的发挥似乎并没有以不确定性为预设条件。如果企业家精神意味着通过发挥自身的警觉性以克服完全的无知，那么这在逻辑上是正确的推论。但是，不确定性显然是行动的一个基本要素（Mises，1949），很难想象一个剥离了不确定性的企业家精神理论是有意义的。然而，如果要引入不确定性这一概念，那么"企业家精神具有均衡作用"这一观点的根基就被破坏了。

尤其是路德维希·拉赫曼，他在 20 世纪 70 年代吸收了英国经济学家乔治·谢克尔（George Shackle）对极端不确定性，也就是万花筒般的（kaleidic）经济世界的研究，对均衡理论提出了强烈的质疑。[①] 如果未来是不可知的，并且是从极其多样的创造性活动中展现出来的，那么基于过去的行动所产生的当前的利润和亏损就不会对"未来—指向"的当前活动提供任何可靠的指导（Lachmann，1976）。只有整个跨期价格集合中的一个小子集（如未来市场）才会存在。换句话说，企业家形成有关未来消费者的需求和资源稀缺性的预期几乎没有什么理性基础。这些预期与其说是收敛

---

① 拉赫曼的方法在管理学者中产生的影响相对较小，一个例外是奇利斯（Chiles，2007）。

的，不如说是发散的。①

赛尔金（1988）认为这些争论误解了均衡过程的本质。被正确理解的"均衡"不是指哈耶克（1937）的"计划的协调"，也不是指主流的稳定性理论，即收敛于理性预期的均衡等；它指的是企业家利润或企业家亏损。这些严格意义上都属于主观的范畴，在企业家的心智之外不存在任何客观的基础。

> 有必要将企业家的获利机会看作是希望利用这些机会的行动者的评价和理解（Verstehen）的特定产物。当行动真正实施之后，这些"想象的"或者说是"被理解的"（而不是"被感知到的"）利润就在逻辑上暂时地消失了。因此，行动系统性地消除了企业家利润与亏损，这才是趋向均衡的真实含义。
>
> （Selgin, 1988: 39）

因此，在这种（米塞斯式的）研究方法中，均衡性同市场参与者的知识水平以及他们的计划是否协调一致毫不相干。事实上，在存在于获利机会不能被视为"客观存在"，也不能抛开人的行动讨论人的偏好等等的世界中的那个协调概念恰恰被塞尔金（1988）忽视了。同萨勒诺（1991）一样，克莱因（2008b：182）认为米塞斯心目中的协调概念只是指现实世界中的交换，而非价格与数量朝向假想的长期均衡价值移动。

> 从这个意义上说，在未受束缚的市场中是否存在均衡趋势——柯兹纳和拉赫曼在这个问题上产生了分歧。同时，它也

---

① 当然，拉赫曼（1986）允许市场暂时的出清，即允许存在马歇尔短期均衡或米塞斯（1949）所说的"平常的静止状态"（plain state of rest）。

是 20 世纪 80 年代奥派经济学家讨论最多的话题——相对来说并不重要。对米塞斯而言，具有重要意义的"市场过程"不是一个趋向均衡的过程，而是一个选择机制。在这个机制中，失败的企业家——那些相对于最终消费产品的需求而言，系统地以过高的价格购入生产要素的人——逐渐地被排除出市场。

(Klein，2008b：182)

其他经济学家在强调柯兹纳和熊彼特构想的企业家之间的差异性时，也在试图弄清楚柯兹纳的企业家是否也是创新性的、创造性的并承担风险的。柯兹纳强调，他的"纯企业家"只执行发现的功能，并不需要成为一个如熊彼特所说的创新者，即通过引入新的产品、服务、资源供给和生产方式等打破现有的资源均衡分配状态。柯兹纳并不否认商人、资源所有者、金融家、贸易商等经济参与者需要具备冒险精神、创造力和想象力，只不过他们不需要借助这些功能以保持对尚未被发现的获利机会的警觉。柯兹纳解释道："我所说的企业家从事的是套利活动。即使他们可能不被视为熊彼特所说的'创造者'，他们的活动依然具有企业家的性质。其他人如此关注我和熊彼特的企业家精神理论之间的差异，我却执着于我最初的科学目标，那就是要理解市场过程的本质——即使是在能想象得到的最简单的条件下也是如此。"（Kirzner，2009：147）

市场 VS "市场过程"

柯兹纳对市场过程的理解可能和奥派的价格理论传统背道而驰。克莱因（2008a）将这种传统称之为"世俗的奥派经济学"（mundane Austrian economics）。这种传统有时也被称为"因果—现实主义"分析法。它遵循门格尔对因果解释的强调，注重现实世界的日常价格变化。它出现于 20 世纪早期，但是在"二战"之后的经济学研究中，几乎被主流的马歇尔——瓦尔拉斯分析框架取代了（Salerno，1993，2002）。从哈耶克提出隐含知识（Hayek，1937，1945）以及竞争过程（Hayek，1948，1968）开始，奥派经济学家便开始挑战新古典经济学的"价格可以假定为与它们的'均衡'价值相等"这一假设（Machovec，1995）。对柯兹纳的企业家精神理论的一种解释认为，企业家创造的均衡过程为"标准"经济学（也即市场是配置稀缺资源的有效手段）得出的"福利"结论提供了合法性。① 但克莱因（2008a）认为，"因果—现实主义"分析方法与长期的马歇尔均衡价格以及瓦尔拉斯均衡价格无关，它只涉及真实的、经验的市场价格，也就是那些发生在米塞斯所说的"平常的静止状态"（plain state of rest）中的价格。如果这样理解市场，那么市场中是否存在均衡趋势——使柯兹纳和拉赫曼的观点产生分歧，同时也是20世纪80年代奥派经济学家讨论最多的话题——相对而言并不重要。对米塞斯来说，具有重要意义的"市场过程"不是趋向均衡的收敛过程，而是一个选择机制。在这个机制中，失败的企业家——相对于消费者的最终需求而言，他们系统性地高估要素价格——逐渐地被排除出市场（Mises，1951）。正是这个过程，让现实世界中的日常价格发挥了应有的作用——换句话说，始终保证了市场中的消费者主权。

在米塞斯的理论体系中，无论是消费品价格还是要素价格都不

---

① 正如波特克（Boettke）和普雷契特科（Prychitko）所描述的那样（1994：3），"均衡分析要求经济学家能够完成新古典主义的目标，即对价格体系的运行原理进行详细阐释。而柯兹纳的研究方法为这一均衡分析提供了非均衡基础"。波特克另外补充道（2005）："为什么这一点如此重要？正如富兰克林·费雪（Franklin Fisher）在他的重要著作《均衡经济的非均衡性基础》(*The Disequilibrium Foundations of Equilibrium Economics*，1983）中指出的那样，除非让我们相信经济能够系统地趋向于均衡，否则我们没有任何正当理由支持均衡经济学的福利特性。换句换说，如果没有柯兹纳的解释，新古典主义的整个均衡体系只不过是一种无知的信念而已。"

能实时地收敛于有效的、长期的均衡价值。因为逐利的企业家发动的调整过程时刻都有可能因为消费者的偏好、技术性知识以及资源可得性等外部因素的变化而受挫。① 对米塞斯而言，市场的效率仅仅源于这样一个事实：价格由买卖双方——根据他们对边际单位产品和服务的偏好——自发的互动作用所决定。②

如我们所阐述的，米塞斯的企业家和柯兹纳的企业家在市场中所扮演的角色是不同的。米塞斯的企业家是一个资源的配给者，而不是一个均衡器（equilibrator）。米塞斯以奥派先驱发展的边际生产力分配理论为分析的起点。在边际生产力理论中，劳动者获取工资，土地所有者获取地租，资本家获取利息。③ 企业实现的收入高于（低于）这些要素的报酬支付便形成了利润（亏损）。因此，利润和亏损是对企业家精神的回应。在一个没有不确定性的假想的均

---

① 现实市场中产生的价格不会实现"计划的协调"，因为最终的产品价格有可能超过也可能低于企业家们的预期（这就形成了利润和亏损）。

② 在他的《米塞斯和他对资本主义制度的理解》（*Mises and His Understanding of the Capitalist System*）一文中，柯兹纳（1999）既赞同又反驳了米塞斯对"平常的静止状态"下的价格的福利分析。"在米塞斯的整个理论体系中，最核心的原则便是消费者主权。一旦我们理解了这一点，我们一定能够感受到并赞赏米塞斯对生产性资源的实际市场价格的重视。的确，这些价格有的时候是'虚假的'，因为消费者未来对各种可能的潜在产品（假设这些产品可以被消费者获得）的评价是什么，企业家对此的估计必然是不完美的。但是这些价格以及产生这些价格的交易都是由消费者的偏好主导的"（Kirzner, 1999: 225）。然而柯兹纳（1999: 216）又写道："米塞斯完全意识到了，无论在哪一天，市场价格永远不可能是'正确的'价格。"（即它们并不是长期的均衡价格）。根据柯兹纳的理解，对米塞斯而言，"正是由逐利的企业家的竞争所驱动的市场过程在不断修正这些虚假的价格，确保它们能够被更加接近以及'更能真实地'反映潜在的消费者偏好的价格代替。激励市场过程的，正是企业家们意识到当前市场所确立的资源分配模式并不是最理想的。"（Kirzner, 1999: 216）。假设平常的静止状态下的价格由消费者的偏好"完全主导"，那么无论市场过程是否修正这些价格，它们都是有效率的。

③ 继菲特（1905）之后，罗斯巴德（1962, 1977）认为所有的要素报酬支付都是租金。并且强调在长期均衡中，只有"原初的"土地和劳动力要素能够获得净租金，而资本品的总租金可以归到当初用于生产这些资本品的要素中去。

衡状态（米塞斯将其称为"稳态循环经济"）中，资本家仍能通过放贷获取利息，但是不存在利润或亏损。然而，跳出稳态循环经济，要素的价格可能高于或者低于这些均衡价值，精明的企业家会以比边际收益产品的贴现值还要低的价格购买要素，从而产生了利润。技不如人的企业家不是以高于这个贴现值的价格购买要素，就是选择了低效率的要素组合，或者生产错误的产品，抑或犯了其他的错误，从而遭受亏损。对市场的这一理解是米塞斯"在社会主义（即一个没有要素市场的世界）条件下不可能有经济计算"的观点的核心。①

对于柯兹纳而言，企业家精神的主要作用就是使真实世界中的非均衡价格不断地趋向于它们的长期均衡价值。他感兴趣的并不是日常的、平常的静止状态下的价格的决定因素或福利性质，而是是否存在均衡趋势。但是在柯兹纳自己的分析体系中，企业家精神必然能使市场趋向均衡吗？正如我们提到过的，奥派经济学家提出了一些反对柯兹纳理论的观点（Lachmann，1986；Buchanan and Vanberg，1991；Vaughn，1992）。首先，如果机会是客观存在的，那么当企业家没有挖掘完所有的机会时，均衡是不可能发生的（柯

---

① 米塞斯解释道，企业家是根据生产要素的当前价格和消费产品的未来预期价格制定生产计划的。米塞斯所说的经济核算是指用共同的货币单位比较这些未来的预期收入和当前的支出。在计划经济社会，由于要素市场的缺失，要素价格也随之消失，这导致经济核算——也即理性的经济计划——变得不可能。米塞斯认为，计划经济社会也许能指派个体成为工人、管理者、技师或者发明家等。但是根据定义，计划经济社会永远不会出现企业家。因为在计划经济中没有货币利润或者亏损。企业家精神而非劳动、管理以及专业技术才是市场经济的关键要素。正如米塞斯所说的，计划经济可能允许企业的管理者"玩市场的游戏"——让他们制订投资的决策，他们的表现就好像在用一种经济的方式向各种活动分配稀缺的资源。但是绝不可能让企业家"玩投机与投资的游戏"（Mises，1949：705）。如果一个复杂而富有活力的经济体缺少了企业家精神，那么它永远无法将资源做最充分、最有价值的利用。

兹纳自身也认识到了这个问题);① 其次，如果柯兹纳头脑中的均衡是指哈耶克意义上的多期计划的协调，那么他就已经引入了一个跨期的维度，而这会严重地打击他"企业家精神具有均衡作用"的观点。在柯兹纳早期的著作中（如 Kirzner, 1978），企业家才能的发挥并没有以不确定性为预设条件。如果企业家精神意味着通过发挥自身的警觉性以克服完全的无知，那么这在逻辑上是正确的推论。但不确定性显然是行动的一个基本要素（Mises, 1949），很难想象一个剥离了不确定性的企业家精神理论是有意义的。然而，如果要引入不确定性这一概念，那么"企业家精神具有均衡作用"这一观点的根基就被破坏了。这构成了拉赫曼"均衡怀疑主义（equilibration skepticism）"的核心（Lachmann, 1986）：因为不确定性的普遍性，企业家形成有关未来消费者的需求和资源稀缺性的预期几乎是没有什么理性基础，也正因为如此，这些预期更有可能是发散的而不是收敛的。

拥有资本的企业家

柯兹纳的"纯企业家"理想模型是用来解释企业家精神的协调作用的。虽然克拉克和米塞斯也曾提出过类似的假设，用来强调企业家精神的某些特定方面（Salerno, 2008; 见第二章），但柯兹纳认为自己的理论抓住了企业家精神的**精髓**。柯兹纳并不否认商人、资源所有者、金融家、贸易商等需要进行判断，也不否认他们需要具备冒险精神、创造力和想象力，只不过他们不需要借助这些功能以保持对尚未被发现的获利机会的警觉。"我所说的企业家从事的是套利活动。即使他们可能不被视为熊彼特所说的'创造

---

① 有关"企业家机会"的客观性和主观性的论述，可参考阿尔瓦雷兹（Alvarez）和巴内（2007, 2010）以及克莱因（2008a）。

者',他们的活动依然具有企业家的性质。其他人如此关注我和熊彼特的企业家精神理论之间的差异,我却执着于我最初的科学目标,那就是要理解市场过程的本质——即使是在能想象得到的最简单的条件下也是如此"(Kirzner,2009:147)。

在阐述他的企业家市场过程概念时,柯兹纳始终强调他所使用的"企业家"一词是一种高度抽象的"比喻"(Kirzner,2009)。[①] 相反,许多研究企业家精神的管理学家和经济学家已经更为细致地阐述了企业家精神的功能。根据解释目的的需要,它们的详细程度也各不相同。例如,管理学中有关"机会发现"的研究关注的是成为特定的个体企业家的前提条件,因此对企业家本身的论述会更为详尽(如Shane,2003)。

如米塞斯所认为的,"判断"的方法关注的是更加"功能性的"(functional)(Klein,2008b)话题——在盈亏机制的背景下理解市场的选择过程,将利润理解为对企业家精神的回报。在阐述这些功能时,相比于柯兹纳幽灵般的"纯企业家",判断的方法为认识企业家提供了一个更丰富的视角。柯兹纳一直强调,"我自己的所有贡献只不过是对自己的老师米塞斯所提出的观点和见解进行扩展和深化"(Kirzner,2009,146)。具体而言,人们认为柯兹纳的研究试图"详述和发展"(Kirzner,2009:148)的是米塞斯的这一关键洞见:"利润产生的原因在于这一事实,即比其他人更准确地预判未来产品价格的人确实买入了部分或所有的生产要素,而他们买入的价格以未来的市场角度看实在是太低了。"(Mises,1951:190)柯兹纳认为,正如这一段话所描述的,他的(对价格差异

[①] 柯兹纳用"比喻"这个概念来说明他的企业家理论让人有些困惑:至少在通常的术语使用中,"比喻"是表达的一种方式,它可以用来指代一些难以用文字直接表达的事物,从而把潜在的相关含义揭示出来。难道柯兹纳不是在讨论真实世界中的企业家吗?对这个问题,我们稍后再作讨论。

的）警觉性概念抓住了米塞斯对企业家精神的认识的本质。因此，从事即时套利交易的简单的纯企业家模型也可以运用到"未来产品价格"和投入的"生产要素"价格之间有一个非常长的时间差的情况中去。

尽管在这一段中，柯兹纳和米塞斯的理论听上去有些相像，但我们认为米塞斯的观点更加接近于奈特。他强调的不单单是当前和未来价格之间的差异，而是与未来价格相伴而行的不确定性。（经济学）理论所使用的企业家这一术语指的是：专门从每一行为的不确定性这方面来看的行为人"（Mises，1949：254）。与此同时，米塞斯也描述了一种经济主体，他们具有柯兹纳意义上的"警觉性"。米塞斯认为，经济学家经常不从承担不确定性这个角度来使用"企业家"这个术语。"经济学常常把那些迫切希望能根据预期变化调整生产从而获益的人，那些更加具有首创精神、冒险精神，并且比普通人更加具有敏锐的目光的人，那些推动经济进步的开拓者也称为企业家"（Mises，1949：255）。米塞斯认为，相较于"承担不确定性"这一更为精确的功能性概念，这个企业家概念更狭义一些，同时也对经济学家们在如此不同的意义上使用同一个词感到失望。他建议应该将那些具有警觉性的特定个体称为"促进者"（promoter）。[①]

对于米塞斯而言，"促进者"这个词的定义是十分模糊的，需要依情况而定，而非一个形式化的逻辑概念。但可以确信的是，有些个体确实比其他人更加具有警觉性。

经济学不能抛弃促进者这个概念。因为它指涉的是人性的一般特征，它存在于所有的市场交易中，并给这些交易打上了

---

① 韦尔塔·德索托（2010：19）认为可以用西班牙语中的形容词 perspicaz（相当于英语中的 perceptive 和 shrewd）来表示米塞斯的"促进者"概念。

深深的印记。这就是为什么不同的人在应对情形的变化时会有不同的反应速度和反应方式。人由于与生俱来的品质,以及后天的生活经历所带来的不平等,也会以这种方式显现出来。

(Mises,1949:256)

但这基本上不是柯兹纳所说的抽象的"警觉"概念。事实上,紧跟上文所引的内容之后,米塞斯又在两句话中将创造性和领导才能看成是两种类似的品质:"市场中有先行者,也有只会模仿先行者敏捷行动的跟随者。领导力现象在市场中的真实性并不比在其他人类活动形式中少"(Mises,1949:256)。正是这些现实中有血有肉的企业家承担了不确定性,他们用自己的判断能力部署自己拥有和掌控的资源,并且具备了警觉性、创造性,也扮演着领导者的角色。他们不是抽象的、假想的机会发现者,而是"市场的驱动力量"。

机会发现的前提条件

对获利机会的警觉,对特定机会的发现,以及根据这些被发现的机会采取相应的行动,往往被视为市场中的一个行为人经历的几个不同阶段。可以想象,在较长的时间段中,这些阶段是可以被分离的,并且可以拥有不同的前提条件或决定因素。在管理学中,有关企业家精神的研究特别地区分了认识(发现)机会和利用机会(投资、企业创立),并投入大量精力研究使得机会能够被发现的认知和学习过程(Short et al, 2010:55–56)。

相反,米塞斯并没有把企业家精神区分为"机会发现"和"机会利用"这两个阶段。如上所述,米塞斯的分析单位是人的行动,而机会发现及其前提条件隐含在人的行动中。在我们的研究方法中,不确定性下的投资是企业家精神得以出现的充分必要条件。

投资作为一种人的行动已经包含了意图或目标,因此借用"发现"和"机会"等概念只不过是重新贴个标签而已。① 虽然柯兹纳区分了企业家过程中的"发现"和"投资"或者说利用阶段,但他明确否认研究机会发现的前提条件属于企业家精神分析的一部分。他坚持认为,他的研究"甚至根本没有打算去探寻个体企业家警觉性的根源和决定因素"(Kirzner,2009:148)。

当然,套利机会在完全竞争的一般模型中是不可能出现的,所以柯兹纳的理论框架假设竞争是不完全的。除了详细阐述非均衡的一般状态以外,柯兹纳并没有在理论上说明机会如何被识别,由谁来识别机会等问题。机会识别本身就成了一个"黑箱"。他只是简单地声明,在阿罗—德布罗模型——所有的知识都被有效地参数化了之外,非均衡状态中的获利机会天然存在并且等待被发现和利用。简单来说,柯兹纳所说的"企业家的机会发现"只不过是促使市场趋向均衡的因素。他关注的仅仅是被警觉所驱动的市场过程。"机会发现"本身就已经是柯兹纳分析的最前端。也就是说,

---

① 萨勒诺(Salerno,1993:119)这样描述米塞斯的观点:"在米塞斯看来,做出选择的时刻与价值等级(scale)的出现是一致的。这一价值等级既是之前的发现活动出现的原因,也是'发现'活动的最终完成,它也为有目的的行为提供了框架。只有在这一'给定状态'下,'选择'和'行动'的发生才是可以想象的。和柯兹纳后来对米塞斯的解读相反,在人类行为学体系中,'发现'不能在核心公理中占据中心位置。因为我们无法从'发现'中推断出'选择'的先决条件——即那些'给定状态'。一个总是在自己所处的状态中试图去'发现已发生的变化'的人永远不能在这些发现的基础上有所行动,因为他不具备构建选择框架的能力。在柯兹纳方法的最新解读中,米塞斯的主动行为人(Homo agens)变成了搜索者(homo quaerens)——一个不断地、漫无目的地搜寻新知识的个体。但他永远无法利用这些知识来增加自身的福利。他是(人类行为学的)时间中一个松散的阴影……根据米塞斯的理论,'发现'在逻辑上已经隐含在'选择'这个概念中,不需要被假设成人类目的性的一个独立方面……或者换句话说,从米塞斯的人类行为学视角看,企业家的信息收集和预测行为永远不可能是直接表现目的的自发性的、放任自流的活动;相反,它们总是受到在不确定性下做出选择这一迫切需要的严格掌控的决定。"

他根本没有讨论机会发现的前提条件和决定因素。

如果就分析的层次来说,柯兹纳关注的完全是个体警觉行为抽象的总效应(即从微观到宏观的关系)。然而,可以想象的是,一个更加充实的机会发现模型——包括那些将认知和激励的前提条件等因素融合在内的模型,思考这些因素是管理学的机会发现研究所特有的——可能会对总效应的分析产生额外的见解,如:调节的速度、可能的路径依赖、调节过程中的信息流(informational cascades)以及协调状态的性质等。虽然这类研究可以被视为对奥派经济学的某些贡献(尤其是对 Hayek,1937)的自然拓展,但是很明显,它们已经超出了柯兹纳的兴趣范围,也许也超出他所认为的构成其"纯理论"的那些因素的范围。

但是在这些问题上,柯兹纳又表现得模棱两可。首先,他考虑到了在市场的互动中会产生纠正错误的反馈效应(即从宏观到微观的关系)。它们不仅来源于企业家发现因其他企业家的错误而产生的新的获利机会,也来源于企业家认识到自己之前所犯的错误。我们并不能完全确定这个学习过程在逻辑上是不是已经隐含在了"发现"这个概念中。并且,柯兹纳有时候会将非均衡状态下的获利机会看成是企业家活动的外生决定因素。例如,他曾用交通信号灯(机会)调节人的行为(发现)作为比喻(Kirzner,1992:151)。有时候他又将机会看成是一种比喻,认为机会"在比喻意义上等待被发现",而不是在字面意义上等待被发现(Kirzner,1997)。

柯兹纳不断强调他的概念的隐喻性让人感到困惑。认为概念是一个隐喻会让概念试图弄清楚的现实和概念本身产生隔阂。概念和它所反映的现实是截然不同的(尽管用比喻来阐述这种差别可能具有启发性)。特别的是,使用比喻进行推理论证不同于为了捕捉真实现象的本质特征而使用模型、概念或者其他理想型(ideal types)(使用比喻则无须这样做)。也许柯兹纳的真正目的在于解释现象的本质特征,但在这种情况下,比喻性的术语似乎是误导性的。柯兹纳还坚信"政策制订者对市场经济的理解方式很可能会对企业家的创造性产生潜在的且重要的促进或阻碍作用"(Kirzner,2009:151),这表明政策制订者头脑中有关企业家精神的模式或对它的理想类型的认识会影响企业家的活动。

更一般地来说,柯兹纳清楚地论证了,如果政府干预价格运行机制(如管制、反垄断)或者制订其他影响商业决策的政策,那么获利机会的"出现"就会受影响,从而阻碍企业家的发现过程(Kirzner,1979b,1982)。

> 政府对产品和生产要素价格、数量和质量的直接控制可能会在无意中阻碍那些还未被任何人察觉到的市场行为。尽管这些被阻碍的活动事后被证明是有企业家利润的(可能是由于数据不可预期的变化的结果),但它们被发现的可能性大大降低了。如果没能充分考虑这一点,那么从某种程度上来说,自由市场中自发的发现过程就会被扭曲和扼杀。
> (Kirzner,1982:10)

因此,通过对"可被发现的"机会的影响(在这里是指阻碍了某些机会),政府干预似乎能够影响企业家活动的绝对数量。当然,政府的干预也可能创造出新的机会,如鲍莫尔(1994)讨论的破坏性的寻租机会。另外,可以从柯兹纳的著作中找到各种各样有关政府干预对机会发现所产生的直接影响的论述。例如,他认为"尽管我们对警觉性是如何被'开启'的缺乏系统性的认识,但毋庸置疑的是,警觉性会因为外界干预(完全或者部分地)阻碍个人对机会的留意而被'关闭'"(Kirzner,2009:151)。税收会将'开放'的状态变得'封闭',从而妨碍发现过程(Kirzner,1985:111)。而政府的监管限制则"很有可能完全阻止发现纯获利机会"

(Kirzner，1985：142，强调为原文所有)。这意味着，政府的干预即使不是完全消除了机会发现，至少也减少了它的数量和质量。他的这些论述让我们感到震惊，它们和柯兹纳的"获利机会是纯外生的"这一观点并不一致。况且，即使这些论述是正确的，其福利含义也是模糊不清的。当我们谈及机会发现的时候，难道一定是越"多"越好吗？

三 柯兹纳以及有关企业家精神的管理学研究

当代有关机会鉴别的研究文献尝试着通过将警觉概念变得"可操作化"，以建立一个切实的研究计划（Kaish and Gilad,1991；Cooper et al, 1995；Busenitz and Barney, 1997；Gaglio and Katz, 2001；Demmert and Klein, 2003；Kitzmann and Schiereck, 2005）。例如：警觉性是如何体现在人的行动中的？我们是如何通过经验认识它的？我们能否把"发现"与系统性的搜寻加以区分？特别警觉的个体有哪些心理特征？但是，正如克莱因（2008a）所认为的，这些实证研究计划很可能遗漏了一个关键的要点，即柯兹纳对企业家警觉所做的比喻：也就是说，它仅仅只是一个比喻。柯兹纳本身的目的并不是想论述企业家精神的特征，他只是想解释市场出清的趋势。在柯兹纳的理论体系中，机会指的就是（外生的）套利机会，仅此而已。企业家才能纯粹是一种分析工具，被柯兹纳用来解释市场出清。正如柯兹纳（2009：145-146，强调为原文所有）在回顾自己的主要成果以及批评他的反对者时所解释的：

> 我的研究与如何成功地发挥企业家精神这一点毫无关系。我的研究不是去探讨那些促使企业家成功的天赋的性质，不是企业家们的成功指南，而是由企业家决策（无论是成功的还

是不成功的!)所驱动的不断运行的市场过程的本质……这篇文章想要(a)更加细致地探讨成功的企业家精神的实质来源,这是我的企业家理论尚未弄清楚的;(b)说明许多(赞同我的)评论家事实上没有认识到我的研究边界(因此这些学者对我的理论体系中的某些方面产生了误解);(c)说明尽管存在以上这些不足,但是从一个重要的意义上来说,我对(企业家决策所推动的)市场过程的理解**能够**为有关企业家精神的公共政策提供理论支持。

研究企业家精神的当代学者们可能对柯兹纳所说的机会"就在那里"等待着被发现感到无法理解。这表明机会也许应该被视为主观的而不是客观的(McMullen and Shepherd, 2006; Companys and McMullen, 2007)。柯兹纳的确将机会看成是客观的,但是这并没有抓住重点。柯兹纳并不是想从本体论的角度论述获利机会的本质——换句话说,他并没有声称从本质上来说,机会是客观的——而只是使用了客观的、外生给定的以及还未被发现的机会这个概念作为解释市场出清趋势的工具。从某种程度上来说,这种混淆来源于分析的层次不同。柯兹纳在市场层面进行分析,而现代研究企业家精神的学者关注的是企业家本身。

但是,这可能是一个富有成效的"误解"。因为"机会发现"可以被视为分析单位的基本观念,以及在分析层面与经验层面关注这种发现的"前提条件",已经催生了有关"职业的"企业家和"功能的"企业家的有趣成果。例如,有的研究主要依托研究数据(Kaish and Gilad, 1991; Cooper et al, 1995; Busenitz, 1996),关注个体鉴别机会并对机会做出反应的手段。这些研究认为新企业的创立者(从实际操作角度定义的企业家)与既有企业的经理人相比,会耗费更多的时间去收集信息,他们对来自非传统渠道的信息的依赖更大。机会发现视角也为理论批判提供了一个有用的"陪衬"（foil）。

对机会发现视角的批判

警觉性或机会发现这一研究视角面临着诸多挑战。首先，对机会的认识仍然是模糊的。机会的范围非常广泛，没有一个精准的定义；尚恩和维卡塔拉曼（Venkataraman）极具影响力的文章将企业家机会定义为"那些能够引入新的商品、服务、原材料和组织方式，并且能够将它们以高于生产成本的价格卖出的情形"。这种观点不仅包括了如财务分析、市场研究等的技术性技能，也包括了创造性、团队组建、难题破解以及领导力等不那么可触摸的形式（Long and McMullan，1984，Hills，Lumpkin and Singh，1997；Hindle，2004）。这一定义可能过于宽泛以至于没有什么实用性可言。[1]

自 20 世纪初，人们就在争论机会到底是被"发现"的还是被"创造"的。阿尔瓦雷斯和巴内（2007）在有关企业家精神的应用性研究文献中区分了"发现路径"和"创造路径"。在"发现路径"中，企业家的行动被看成是对外部波动的反应；在"创造路径"中，企业家行动被看成是内生的。"发现型企业家"关注的是预测系统性风险，制订完整和稳定的战略，从外界获取资本；相反，"创造型企业家"偏爱迭代的（iterative）、诱导性的、递增的决策，倾向于新兴的、灵活的战略，更加依赖于内部融资。更一般

---

[1] 价值的创造不仅来源于新的行动，也来源于对原有行动方式的改进，机会鉴别方面的研究强调的是采取新的冒险行动（新企业、新产品或者新的服务）。正如尚恩（2003：4-5）所总结的，"企业家精神自身这个学术领域融合了对各种问题的解释：企业家的机会为什么会、何时会以及如何存在；这些机会的来源和所具有的形式；对机会的发现和评估过程；为利用这些机会而获取相应的资源；开发利用机会的行为；特定的个体为什么、何时以及如何能够出类拔萃，先于别人发现机会、评估机会、收集资源并利用机会；追逐机会所使用的战略；为利用机会而做出的组织上的努力。"

地说，如麦克马伦（McMullan）、普鲁玛（Plummer）以及阿克斯（Acs）所说的："有些研究者认为，机会本质上具有主观性和社会性，这就使得将机会和行动个体分离开来是不可能的；而另一些研究者坚持认为，机会是客观存在的，能够被知识丰富或协调能力强的企业家发现和创造。"

但从我们的角度看，认为机会是被"发现"的，或者是被"创造"的都不是对机会特性的最好理解，机会应该是被想象的。从逻辑上讲非常简单："创造"这个比喻意味着获利机会就像是一件艺术品，被企业家构想和建立之后便客观地形成了。创造本身就暗示着有些东西从无到有地产生了（created）。它的存在或特征不包含不确定性（尽管我们要在一段时间之后才能了解它的市场价值）；相反，机会想象这个概念强调的是在企业家的行动完成之前（即最终产品或者服务被生产出来并被卖掉），收益（与亏损）不会客观地形成。

另一个观点和企业家的机会以及获利机会有更为普遍的联系。尚恩和文卡塔拉曼（2000）将获利机会定义为通过提高现有产品、服务以及生产工艺的效率来创造价值的机会，保留了企业家机会——指通过"发现新的手段目的——分析框架"创造价值——这个术语，并且运用前文讨论过的柯兹纳对罗宾斯最大化理论和企业家警觉的区分。然而，他们也许在这点上对柯兹纳（更一般地说是对奥派）有所误解。在奈特描述的不确定性世界里，所有的获利机会都包含着"决策"，并且"决策"不是一个给定具体条件求解最大值的问题。柯兹纳并不认为一些经济决策真的就是罗宾斯最大化的产物，而另一些决策则是机会发现的体现。相反，柯兹纳仅仅是为了分析人的行动而在方法上对这两种观点做了对比。

其次，还有一种研究方法关注的不是机会"是"什么，而是机会有什么"作用"。从这个意义上来说，机会被视为一种在企业家的行动——投资、建立新的组织、将产品推向市场等——中展现出来的隐性因素。从实证角度上来说，这种方法在实际运用中会把企业家精神看作是一个隐性变量或者残差（Carnahan et al, 2010; Xue and Klein, 2010）。另外，将机会视为一个隐性因素就回避了机会是主观的还是客观的，是真实的还是想象的等问题。如果机会具有内在主观性，并且我们视其为一个"黑箱"，那么我们分析的对象不应该是机会，而是在预测了未来（不确定性）的收入之后在当前进行的资源组合。更一般地说，这个研究视角表明对企业家精神的研究应该关注商业计划的实施情况。我们会在下面的章节中讨论这一要点。

最后，有一些反对意见认为有必要完全抛弃机会这一概念，他们认为在真实世界中，企业家们不是根据机会来思考的，而是考虑现有活动的边际变化。例如，沙拉斯华迪（Sarasvathy, 2008）提出了"有效化（effectuation）"概念，这是一个有关企业家思维的模型，它强调的是在奈特提出的不确定性以及目标的模糊性和未来不可预知性的条件下，企业家对自己掌握的资源的控制。还有一个越来越流行的"拼装（bricolage）"概念（Garud and Karnøe, 2003）——在从事企业家活动的过程中，渐次增加地使用手头的任何资源，而不是为了特定的愿景获取资源——也和机会发现这一分析框架针锋相对。

四　结论

在企业家精神的研究中，企业家的警觉仍然是一个被广泛使用且具有潜在价值的概念。它和微观经济学中的均衡理论以及套利理论提供的思想完全吻合，并在决策制订、价值评估、环境认知等过程中有经验上可以识别的类比物（analogs）。从中也可以看到，为什么企业家警觉概念会成为整个企业家精神研究的基础。

但是，柯兹纳在他最近的文章中（2009）清楚地说道，警觉这一理论建构和机会识别的应用研究之间的关系是模糊的、复杂的。柯兹纳（2009）认为企业家市场过程这个概念不仅首先可以在管理学研究中得到应用，还可以运用到公共政策制订上。他认为从某种重要意义上来说，熊彼特所说的创造性（creativity）也可以被归入到警觉范畴，甚至连熊彼特所说的创新（innovation）也可以在事后被看作是一种等待被发现的改进方式。同时，柯兹纳（2009：151）认为"政策制定者对市场经济的理解方式很可能会对企业家的创造性产生潜在的且重要的促进或阻碍作用。"特别是，"尽管我们对警觉性是如何被'开启'的缺乏系统性的认识，但毋庸置疑的是，警觉性会因为外界干预（完全或者部分地）阻碍个人对机会的留意而被'关闭'。"

更一般地来说，这表明我们可以就竞争性、管制和技术环境对企业家行为的影响进行具体的分析，但是这个方法不太符合柯兹纳所构想的纯警觉性概念。本质上，柯兹纳将警觉性视为分析的初始条件，在他的著作中确实很少看到他提及警觉的前提条件。但是，正如上面的引文所示，柯兹纳——同研究企业家精神的当代管理学学者们一样——允许这些前提条件进入到他的分析中。柯兹纳同样也考虑到了管制、反垄断以及其他的政府政策对商业决策的影响。然而，类似的观点可能也适用于组织内部的"警觉"问题：一旦人们坚信，依靠发现或创造新活动或者依靠低级雇员合理利用资产而获得的租金流（rent streams）会被高级经理人挪用，那么企业内部的"企业家"活动就会被扼杀。

第四章　什么是判断

我们在前面的章节中谈到，将企业家精神和企业理论联系起来的关键概念是企业家判断。那么到底什么是判断呢？在迄今为止的讨论中，我们一直用形式化和抽象化的方式处理判断这一概念，将其视为产生利润和亏损的因素。在这里，我们和其他研究企业家功能的方法是一致的：熊彼特认为企业家精神引起经济增长，而柯兹纳则认为企业家精神使得市场趋向均衡。在所有这些研究中，企业家精神本身基本上只是一个黑箱，学者们只是把企业家精神当成解释特定现象的工具而已。

确切地说，判断是在为了配置资源以达到某些目标时做出的剩余的、控制性的决策。它会从每个企业家的行动中体现出来。它无法在市场上进行买卖交易，因此企业家需要拥有或者控制一家企业以实施自己的判断。简单来说，我们把这个概念分解成实现机会的若干行动：创造和评估机会，决定组合哪些资源，以及如何组合这些资源等。[1] 我们强调过，判断是一个有关决策制订的、有意义的概念。在通过可规范化的规则进行决策与纯粹依靠运气或随机行为之间，判断概念起到了媒介作用（见 Casson，1982）。这类决策是指独特的商业投资决策。在这些商业投资上，很难或几乎不可能对最终结果赋予有意义的概率值，甚至就连明确表示最终结果可能的

---

[1] 朗格卢瓦（Langlois，2007a）认为，可以参考柯兹纳有关机会发现的论述，熊彼特（1911）有关机会利用的论述以及奈特（1921）有关机会评估的论述。然而，奈特在使用"判断"这一概念的时候似乎也含有发现（或者创造）和利用机会的意思。

集合也是不可能的（Shackle，1972；Zeckhauser，2006）。在这些情形中，不同的个体即使面对相同的目标以及完全一致的数据，他们仍然会做出不同的决策。因为他们可以使用不同的信息，对数据进行不同的解读等（Lachmann，1977；Casson and Wadeson，2007）。用贝叶斯（Bayes）的话来说，先前的经验是分散的，而更新中的规则可能是各不相同的。

如果要解释企业为什么会存在，那么这种高度抽象化的处理是相当不错的，但是，在接下来的章节中我们会在更加广义的意义上使用判断这个概念：我们会将团队（team）作为"判断发生的场所"（loci）进行考察，试图说明判断可以被委托给其他人，这具有重要的意义。我们也会探寻如何用判断这一概念解释企业的边界以及企业的内部组织。如果要考察这些问题，我们就必须对企业家判断有一个更为明确的认识。同样地，如果想要梳理出企业的判断理论在管理学以及相关政策上的含义，我们必须打开判断这个"黑箱"。最后，将企业家行动明确拆分为想象（或发现）、评估和利用等不同的阶段对我们的研究也是大有帮助的。这些行动不仅可以暂时分离，而且也可以归属不同的行动人。因此，自熊彼特（1942）起，研究创新以及企业战略的学者们便假定大型企业具有"企业家的分工"（entrepreneurial division of labor）的特征——不同部门会有不同的企业家活动——并在这个假定上展开研究。构成这一分工的不同活动受不同的技能支撑，并且会展现判断的不同方面。

经济学家们经常会在一个被称为"不确定性"，有时也被称为"奈特不确定性"——以此向第一位系统讨论这个概念的经济学家（Knight，1921）致敬——的特定认知背景中讨论判断。不确定性是经济学中一个迷人而又复杂的概念。这个概念近来经常被研究企业家精神的管理学者们引用（如McMullen and Shepherd，2006）。我们会大致陈述不确定性这个概念的发展历程以及现代学者对它的处理方式。我们会像奈特那样，将判断和不确定性联系在一起，将判断视为发挥某种特定技能，即在不确定性条件下成功地对资源配置做出决策。

有些企业家或者投资者——这让我们想起了沃伦·巴菲特（Buffett and Clark，1997）——似乎在这种决策上保持着连胜的纪录。对于企业家为什么能够连续取得成功，阿尔钦（1950）和塔利布（Taleb，2007）给出的一个解释［吸收了埃米尔·博雷尔（Emile Borél）著名的有关掷硬币的思维实验］认为，这说明这些企业家总是与好运常伴。这种假说源于一些人认为奈特不确定性从根本上或认识论上来说是不显著的（inapparent），并且很可能带有随机性。许多经济学家都赞同这种观点。例如，舒尔茨（1980：437－438）坚称"仅仅将企业家看成是获取意外收入或者承担没有预料到的损失的经济主体是不够的。如果这就是他们的全部作用，那么我们引以为傲的自由企业运转体系只不过是以某种未经指定的方式分配意外所得与损失"。换句话说，未来世界要么是"可预期的"——舒尔茨的意思是"可以通过'预期效用理论'（expected utility theory）进行描述"——要么是纯粹意外的，即完全依赖运气。

但奈特（1921：298）明确表示，有些人比其他人更能系统地处理不确定性："就如同在商业生涯或整个人生生涯中遇到的大多数实际问题一样，选择以人的能力来应对不可预知的情形包含着悖论并且显然无法从理论上得到解决。但是，正如生活中充斥着的大量不可能的事情一样，人们始终在把这些不可能的事情变成可能。"同样地，米塞斯（1949：585）认为企业家的特征是：

> 这些对未来不确定的情形形成的确切的预期和见解，不是什么规律与体系可以说明得了的。这种能力既不能被传授也无法被习得，否则每个人都可以发挥企业家才能并有望取得同样

的成功。成功的企业家和促进者同其他人的不同之处，正是在于这些成功者不愿任由过去存在的或者现有的条件所摆布。他能够根据自己对未来的理解安排自己的事务。他看待过去和现在与别人并无二致，但是他能够以不同的方式判断未来。

那么企业家到底是如何"以不同的方式判断未来"的呢？它是能够被决策者本身或分析者进行系统性分析的东西吗？或者像卢卡斯（1986）总结的那样，经济学家无法处理奈特不确定性。

尽管传统的决策理论并没有太多地涉及奈特不确定性，但这并不会使决策者在认识论上产生混乱。我们认为企业家能够应对不确定性，并且假设判断根植于应对不确定性的技能之中，这是奈特思想的精髓。因此，尽管做出判断是一种功能（或者更确切地说是一组互补的功能），但它建立在感知、能力以及启发的基础上。当然，感知、能力、启发和判断之间的联系并不是一成不变的；如果它是不变的，那么我们也就不用讨论判断了，只需要讨论如何根据正式的规则进行决策就可以了。菲尔普斯（Phelps, 2006: 5）引用哈耶克的话："即便正规模型没有给他们充分暗示，这个世界中的行动者仍不得不做出他们的决策。"但我们将会看到，我们还是可以对判断这个"黑箱"窥视一二。

请注意，虽然我们建议对"判断"进行一个可能的"操作化"（operationalization）处理，但我们并不否认承担不确定性——作为唯一能够解释经济利润或损失的一种经济功能——这个纯粹形式化的逻辑概念是合理且有用的。实际上，一个正确的利润理论——不是标准的、自动的投资资本回报率[如李嘉图（Ricardo）的观点]，不是从劳动价值中提取出来的"剩余"[如马克思（Marx）的观点]，也不是一种垄断租金（如马歇尔的观点），而是成功地承担了不可保险的风险所获得的回报——的出现，的确是经济学在20世纪最重要的发展之一。然而，从管理的角度上来说，这一完全形式化的概念并没有提供多少洞见或指导。在这里，我们会说明形式化了的"判断"思想如何延伸、扩展和运用，以建立一个更有内涵、更具应用性的企业家组织理论。

一　奈特不确定性

> 有这样一个事实：有些事情是我们了解的，并且我们知道自己了解这些事情——这是已知的已知（known knowns）；有些事情是我们知道自己还不了解的——这是已知的未知（known unknowns）；还有些事情是未知的未知（unknown unknowns），我们不知道自己还不了解这些事情。
>
> ——唐纳德·拉姆斯菲尔德（Donald Rumsfeld）

前美国国防部部长也许并不是一个认识论者，但是从上面的引用——拉姆斯菲尔德的这句话被当时的评论家们嘲笑不已——中可以看到，他的论述概括了一些基本的洞见，直指与企业家精神理论相关的基础命题的核心：风险、不确定性、无知、决策以及社会组织等。因此，柯兹纳（1979a：181）认为"企业家精神能够向市场中的个体揭示，他们尚未意识到什么是可得的，或者确切地说，什么是他们需要的"。这实际上指出了应对拉姆斯菲尔德第三句话中的未知的未知的重要性。哈耶克（1945，1973）的社会思想——柯兹纳的理论基础——的全部内容就是探讨不断演变的制度是如何处理未知的未知的。我们将会看到，拉姆斯菲尔德的三个概念同奈特如何在其著作《风险、不确定性和利润》（*Risk, Uncertainty, and Profit*, 1921）中展开他对概率的重要论述很好地对应起来（和哈耶克一样，奈特也把他的社会思想同这些认识上的问题一致地联系起来）。

奈特的不确定性理论

我们已经指出，企业家精神的判断理论归根到底来源于坎蒂隆。根据埃贝特和林克（Link）对坎蒂隆的描述（1988：21），坎蒂隆将企业家定义为"一些从事交换以期获得利润的人。特别地是，他们在面对不确定性的时候能够运用自身的商业判断力。"；另一些值得注意的经济学家，如米塞斯，也提出过类似的观点。但是，在把企业家精神视为判断这个问题上，最常被引证的经典之作还数奈特的《风险、不确定性和利润》（Knight，1921）。

对奈特著作的解读。在数十年的时间内，经常会有学者著书，对奈特的著作进行解读（如 Barzel，1987；LeRoy and Singell，1987；Boudreaux and Holcombe，1989；Langlois and Cosgel，1993；Foss，1993b；Demsetz，1988b；Runde，1998；Emmett，1999，2009，2010；Brooke，2010）。这些解读奈特的著作和解读凯恩斯"到底传达了什么"的那类（如 Coddington，1983）作品极为相似。因此，有的学者认为奈特在认识论上彻底强调未来的不可知性是对现有经济学的一个突破（如 Boudreaux and Holcombe，1989；Langlois and Csontos，1993）；另有一些学者以主观概率论以及信息经济学为理论武器，认为奈特的利润和企业理论同主流经济学是完全一致的。例如，有一种观点认为奈特提出"风险"和"不确定性"仅仅是为了用来区分可投保的风险以及不可投保的风险（LeRoy and Singell，1987；Demsetz，1988b）。根据这种解读，奈特讨论的是一种商业试验，由于市场无法有效地评估概率（尽管企业家自身也许能够做到这一点），它只能存在于企业家的头脑中。

巴泽尔（Barzel，1987）是从一个标准的委托代理角度解读奈特有关企业家企业为何出现的理论的：企业家应该扮演经理人的角色并拥有剩余索取权,因为在所有互补性的投入品中,企业家的边际产品是最难衡量的。同样地,勒罗伊和辛格尔(LeRoy and Singell, 1987)认为奈特的主要贡献在于最先考虑了信息的不对称。凯尔斯特朗和拉丰特(Kihlstrom and Laffont, 1979)根据有差别的风险偏好重塑了奈特的理论,将奈特所讨论的企业组织理解为"自信而富有挑战的人'承担风险',而用固定工资去保障那些'胆小的风险规避者'"(Knight, 1921: 269)。

以上这些解释,都能从奈特的著作(1921)中找到大量相关的理论依据。但是我们赞同布罗德和霍尔库姆(Boudreaux and Holcombe, 1989)以及朗格卢瓦和科斯格(Cosgel)(1993)的观点,他们认为被勒罗伊和辛格尔(1987: 402)忽略了的"奈特在人类知识和人的行动等基础上扩展了具有奥派风格的研究"才是奈特思想的核心。① 他们为奈特的观点——对概率的理解来说,重要的是人的头脑对事件的分类(即在何种程度上,事件可以被有意义地归入到界定明确且重要的类别中)——提供了更为深厚的基础。奈特有关认知的思想为解释为什么许多事件是独特的,提供了一种理论依据。这些思想解释了(用现代的术语来说)许多期货市场不能运行是因为几乎不存在可用于资源跨期配置的跨期价格,同时也解释了为什么以商业试验的形式存在的判断是必不可

---

① 勒罗伊和辛格尔的原话是这样说的(1987: 402):"即使读者忽略了奈特在人类知识基础和人类行为基础方面那种具有奥派风格的延展论述——应该说大部分的读者都存在这个缺陷,他们也常常无法从奈特业已成熟的研究成果中得到任何核心的原初洞见。"但我们并不确定我们将会采用典型的新古典经济学家的写作风格来取代非奈特的风格。考虑这一点:"我们最先应该记住的第一个事实是,(经济)现实是真实存在的或者说就'在那里'。这个事实无需被证明、讨论或者'测试'。如果有人否认众人都有自己的利益,或者否认'我们'对他们有相当的了解,那么经济学及其研究成果对于一个个体来说就像是一个五彩斑斓的世界对于一个盲人那样毫无意义。但是这个类比还是有一点差别的:如果一个人仅仅是在生理上失明了,他仍然可以拥有正常的智力和头脑。"(Knight, 1940: 12)

少的。

奈特的概率理论。传统的观点认为奈特（1921）最主要的贡献在于区分了风险和不确定性，但是奈特对于这两者之间的区分只是一带而过的（1921：21，233）。在其著作（1921）的第七章中，奈特论述的基础是将概率分成了"先验概率"（apriori probability）、"统计概率"（statistical probability）和"估计概率"（estimated probability）。在认识论上对应前两种概率的情形被称为"风险"，与第三种概率相对应的情形被称为不确定性。"先验概率"是指能够依靠纯粹的推理获取事件的概率［如投掷一枚公平硬币（fair-coin），正面或反面朝上的概率］并且所有可能的结果都被定义清楚的情形［用奈特（1921：224）的话来说，即存在"对事件的绝对同质的分类"］。相反，在"统计概率"下，各种可能的结果并不是建立在同质的（并且是同等可能的）事件之上的。统计概率是通过对过去已发生的事件进行鉴别和归类得到的，将各种异质的事件按照事先选定的类别进行归总，将这些事件的重复率制成表格分别计算它们的概率。这和理查德·冯·米塞斯（Richard von Mises，1939）的频率概率（frequentist probability）一致。①

最后，估计概率指的是"对事件进行任何归类的可靠基础都不存在"的情形（Knight，1921：225）。正如朗格卢瓦和科斯格认为："奈特所理解的不确定性源于不可能对事件进行完备地归类。"在这一情形中，即使我们知道自己估计的各种可能的结果会和可能出现的结果有差异（Jarvis，2010：28），并且也知道我们估计的概率可能是极不精确的，但是我们也不得不做出一个"有关概率的判断"。人们这样做仅仅是因为理性的头脑想寻找一个秩序，并把

---

① 当然，这意味着存在不同程度的统计概率，这取决于这些事件在多大程度上是同质的（Runde，1998）。先验概率可能会被视为某些统计概率的极限值（当事件完全同质时），而"估计概率"则是其他一些统计概率的极限值（当事件高度异质时）。

它强加到这个不太有序的世界,这也和人类理性的本性相契合。

我们很快就能明白,为什么主观概率论者(如 LeRoy and Singell,1987)会把奈特当成他们天然的同盟军,甚至视其为他们的先驱。由萨维奇(Savage,1954)推导出来的,不考虑任何客观概率的预期效用理论在精神上也许和奈特所说的估计概率非常贴近。[①] 的确,我们认为奈特完全接受了主观概率的思想,并且他也不认为在不确定性下对可能的结果赋予概率是无意义的。[②] 不过我们也同意朗格卢瓦和科斯格(1993:460)的观点:在这里,奈特思想的核心是"类别"在多大程度上可以被"估计",并在人与人之间分享(而不是概率计算的问题)。正如朗格卢瓦和科斯格(1993:460)所说的那样:"如果知识本身的类别是不可知的,它们就无法形成人际约定和市场交换的基础。"因此,奈特不确定性的本质是清晰地表达、沟通或传递对未来的估计的能力,而不仅仅是个体自己做出这些评估的能力——正如哈耶克所认为的,特定的知识可以根据将信息从一个人传递到另一人的能力来进行描述(Jensen and Meckling,1992)。

这就是拉姆斯菲尔德所说的"未知的未知"。这时候,判断会成为企业家配置资源的行动。企业家拥有不同于其他任何人的知识类别,换句话说,企业家之所以创办企业,并不是因为他们对未来一无所知,而是因为想要和资源所有者清楚地阐释自己有关未来的信念并不是一件容易的事情。正如卡森(1982:14)所说的:"企业家认为他是正确的,而其他人都是错的。因此,企业家精神的本

[①] 这也许同样能够说明一种比较牵强的观点,即德布鲁(Debreu,1959)提出的,不考虑任何概率的状态偏好(state-preference)理论和奈特的估计概率或者不确定性概念是一致的。

[②] 不过,理查德·冯·米塞斯(1939:76)坚持认为:"主观主义方法论的奇特之处在于这一事实,即他们认为'我认为这些事件的发生是等可能的'和'这些事件的发生是等可能的'是相同的,因此对他们而言,概率只不过是一个主观的概念。"

质就是与众不同——变得与众不同是因为企业家对情形有不同的感知。"

比将奈特和主观概率理论联系在一起更为人所惊讶的是人们把奈特和凯恩斯联系在一起,认为他们都是"真实的""彻底的""深层次的"不确定性的支持者(如 Bewley,1989：2)。凯恩斯使用的不确定性概念指的是一种独特的、罕见的(投资者)情形①——也许就像是塔里布(2007)所说的黑天鹅——而奈特则认为不确定性是许多理性的世俗决策都具备的特征。为了说明这一点,他问道：当一个生产者决定扩大生产,那么"他做出这个判断出错的'概率'"是多少呢?他(Knight,1921：226)对此的回答是：

> 显然,先验地计算概率或者通过研究大量的事件,"经验地"确定其概率都是没有意义的……相关的"事件"完全是独一无二的,根本没有办法找到大量类似的事件为估计我们所感兴趣的这个事件的概率提供有用的依据。这一点不唯独适用于商业领域,对大多数的行为来说也是适用的。

但这并不表明信念的形成以及决策的制订是没有理性基础的。

志趣相投者：米塞斯、谢克尔和拉赫曼

米塞斯。我们已经说过,在一些关键的有关概率问题的研究方

---

① "让我来解释一下,说起'不确定性',我并不仅仅是把把'已确切为人所知的'与那些'只知道发生的概率的'加以区分。从这个意义上来说,俄罗斯转盘游戏并不属于不确定性问题……在欧洲是否会爆发战争,二十年后铜的价格或者利率是多少等事件上,我才会使用不确定性这个术语。对这些事件的概率计算没有任何的科学基础。简单来讲,我们对此根本是一无所知"(Keynes,1937：213-214)。

法上，米塞斯（1949）和奈特是保持一致的。[①] 米塞斯并没有使用奈特使用的术语，但是也类似地对"类概率"（class probability）和"事件概率"（case probability）进行了区分。前者是指，某个事件可以被归到一个同质的类别中，而这个类别的属性是已知的。例如，没有人可以预测在某个特定的社区里，某栋特定的房屋在一个给定的年份内是否会被烧毁，但是保险公司知道过去在类似的地点被烧毁的类似的房屋有多少，那么他们就能够据此估计特定的某栋房屋在特定的时间段内发生火灾的概率；相反，事件概率是指每个事件都是独一无二的，因此不存在一般的类概率。[②]

米塞斯在这一点上受到弟弟理查德·冯·米塞斯（1939）影响。他的弟弟的研究成果极大地推动了"频率学派"（frequentist）在概率研究上的方法论的发展。频率主义把特定事件的概率定义为一系列试验中它的相对频率的极限值。如果按照这种方式来理解，那么只有在可以进行重复试验，也就是说，每一个事件都能够和它所属的类别中的其他事件进行有意义的比较的情况下才能得到它的概率。并且，频率学派认为概率是从经验中得到的，因此它只能在事后被定义，而不能够先验地存在。所以，米塞斯从频率学派的角

[①] 霍普（Hoppe，2007）比较了米塞斯和奈特在概率问题上的观点。没有直接的证据证明奈特（1921）的思想对米塞斯产生了直接的影响。但是奈特曾在1930年的时候拜访过米塞斯在维也纳大学的研讨会（许尔斯曼 Hülsmann，2007：764），而且可以确定的是，米塞斯对奈特的著作非常熟悉。

[②] 奥德里斯克和里左（O'Driscoll and Rizzo，1985）采用"代表性事件"（typical events）和"独特事件"（unique events）这两个术语对这个问题进行区分。

度认为事件概率或者说不确定性下的概率是不存在的。① 这同奈特对"统计概率"和"估计概率"的区分是非常相似的。

但是，米塞斯的研究要比奈特更为深入：米塞斯认为，有目的的人的行动通常不能被视为同属于一个同质类别的。因此，只能使用事件概率来表示各种经济结果发生的可能性（奈特并没有阐述这一观点）。当然，正如霍普（Hoppe，2007）所说的，我们可以从技术层面定义这些类别——如我们撰写本章内容这件事情可以被视为"研究企业家精神的学者编写书本章节内容"这个类别中的一部分——但是对类别进行界定并不足以将类概率运用到某一事件中。在类中必然也存在着随机性，或者用理查德·冯·米塞斯（1939：24）的话说，就是一种"完全的无规律状态"（complete lawlessness）。此外，霍普（2007：11）也认为对于人的行动来说，这是不可能的。

> 正因为它同随机性紧密联系在一起，路德维希·冯·米塞斯（可能也包括奈特）认为将概率论运用到人的行动中几乎是不可能的。的确，从形式逻辑上来说，对于每一个单独的行动而言，都可以定义一个与之对应的集合。但是，从本体论上来说，人的行动（无论是个人的还是集体的）都无法被归纳到一个"真正的"（true）集合中去，而只能被看成是独一无二的事件。为什么呢？路德维希·冯·米塞斯认为，对于人的行动而言，不能假定一个个体对特定事件的了解仅限于知道它

---

① 因此，使用"事件概率"会像奈特的"对概率的判断"一样引起误会。事实上，米塞斯想要表达的是"无概率事件"（case non-probability）或"不存在概率的事件判断"（case judgments without probabilities）。但是让人感到困惑的是，米塞斯（1949：107）在其他地方也认为"过分强调数理方法会产生'概率总是意味着频率'这样的偏见。"相反，范·登·豪威（Van den Hauwe，2007）认为，米塞斯的观点从某种程度上来说与凯恩斯的观点更加接近。

归属于哪一个已知的类别；或者像理查德·冯·米塞斯说的那样，在人的行动这一点上，我们知道存在一种"选择律"（selection rule），这种选择律的运用会使我们所讨论的那种属性的相对频率（可能性）发生根本的变化（因此也就排除了概率计算的可能性）。

当然，鉴于奥派对主观主义尤为重视，将米塞斯描绘成一个频率学派的成员（frequentist）而不是一个主观主义者可能会有些奇怪。正如众所周知的那样，奥派经济学家不仅仅强调价值是主观的——新古典主义经济学家们也接受了这个观点——而且也强调知识甚至是人的预期也是主观的（Foss et al, 2008）。在这一点上，朗格卢瓦（1982）认为概率应该被理解为对信息结构所持有的看法，而不该被理解成客观的现象。"讨论对概率以及概率分布的'了解'是没有意义的。概率评估反映的是某个人掌握某一事件的信息的状况；在本体论上，它不是独立存在的，其价值也不是可以客观决定的"（Langlois, 1982: 8）。

朗格卢瓦认为，决策者掌握某一事件的信息的特征区分了事件概率和类概率。客观的概率（频率学派意义上）只不过是主观概率中的特殊情况，在这些情况下，决策者能够根据事件的类别构建问题。根据朗格卢瓦的解释，企业家精神可以被描述为一种将决策问题形式化的行动。用决策理论的语言来说，非企业家［用柯兹纳（1937: 32-37）的术语，就是一个罗宾斯式的求最值者］面对一棵决策树（decision tree），所有可能的结果及其各自的概率都给定了，他只需要通过逆向归纳法就能使问题得到解决。但对于企业家而言，他们可以通过观察到别的行为主体没有注意到的选择或是可能的结果而重新确定决策树。因此，朗格卢瓦认为，关键的区别不在于这棵决策树中各种可能的结果的概率是主观的还是客观的，而是在于这棵决策树本身是外生性的（奈特所说的风险）还是内生性的（奈特所说的不确定性）。

谢克尔。奈特（1921）为他"概率的无知理论"（ignorance theory of probability）和"真实概率学说"（doctrine of real probability）的区分提供了哲学基础，这种区分大致和"对概率的思考是以决定论的本体论为基础还是以非决定论的本体论为基础"相对应。对于奈特而言，这不仅仅是一个根据认识论所做的区分。根据真实概率（real probability）学说，未来不但是未知的，而且是"不可知的"（因此，严格来讲，未来事件是没有客观概率的），概率只不过是一种处理未来不确定性结果的认知工具。英国经济学家乔治·谢克尔（George Shackle，1972）将未来的未知（unknown）和不可知（unknowable）作为他思考不确定性的关键主题［另见（Loasby，1976）在这方面的相关论述］。但是，他刻意回避概率这个术语，因为他认为这个词只适合于可能结果的集合已经被良好定义的情况。谢克尔认为，人类强大的想象力和创造力及由此产生的开放式经济必然意味着根本上的无知状态：在这个世界中，一些具有重要意义的未来情势的本质和特征是未知的也是不可知的（Shackle，1979）。这会产生出乎意料的事件或塔里布（2007）所说的且已经家喻户晓的"黑天鹅"。为处理这一问题，谢克尔甚至设计了一套形式化的理论框架。① 重大的意外事件无规律地出现使得经济"瞬息万变"，也就是说，重要的、激烈的变化彻底颠覆了现有的资源分配模式。

拉赫曼。路德维希·拉赫曼（1976，1977）在认同谢克尔有关"想象"和"意外"的重要性的同时，也从奥派的角度补充了

---

① 即他的"潜在意外"（potential surprise）分析框架。然而，据说这一框架本质上是一种主观概率框架（Shackle，1949，1955）。正如朗格卢瓦（1986）观察到的，一个彻底的贝叶斯主义者可能会坚持认为存在一个关于结果的类别（category of outcomes），即意外的结果同样也会有一个对应的概率数值。这一观点的逻辑意义以及谢克尔所提出的潜在意外理论显然都值得进一步的讨论。

他自己的观点：未来之所以是未知的而且是不可知的，市场之所以瞬息万变，从根本上说和知识的进步有关。我们不能认为时间和个人知识的增长是相分离的，它们是如影随形的（另见 Loasby，1976）。未来的知识必定无法被预知；如果它是可知的，那它就不是未来的而是现在的知识了。

总而言之，以奈特为先导，一些经济学家已经指出，当经济变化受急剧的、不可预见的知识增长方式所驱动时，企业家使用我们所说的判断去解释经济数据，去预测或"评价"未来的市场状况。因此，企业家精神被看作是创造性地构想和解决新问题的人的行为。

现代主流经济学的观点

虽然奈特不确定性理论主要是在非主流经济学以及研究管理学的圈子中产生巨大的影响，但是部分主流经济学家也对这个问题饶有兴趣。比尤里（Bewley，1986，1989）通过调整贝叶斯的研究方法，构建了一个"奈特式的"决策理论，特别是他排除了赌博偏好的完整性假设，并引入产生"新的替代方案"——也就是决策者为整个决策树构建完整的、随情况而变化的方案时，还不存在的决策方案——的可能性。在比尤力的构想中，企业家在创建项目时，并不能精确地了解这个项目所能产生的所有结果的可能性。他强调的是概率估计的模糊性（ambiguity）。[1] 这种模糊性源于他假设个体会利用多个概率评价项目给定的（不确定的）结果。由于信念上的多样性——如对于一个既定的项目而言存在多个净现

---

[1] 但不能像海萨尼（Harsanyi，1967，1968a，1968b）那样将决策的问题模型化为一个大型的游戏。在这个游戏中，在决策者浑然不知的情况下，"自然"（nature）会首先选择运用哪一组概率。

值——这意味着可能出现决策者不能比较任何两个可能的结果（回报）的状态，从而不能计算预期的效用。

比尤力用模型阐述模糊性的巧妙方法（他最早在1986年和1989年的两篇论文中系统论述了这种方法，但是这两篇文章一直到2002年和2001年才分别出版）被许多学者引用。如里戈迪（Rigotti）、瑞恩（Ryan）和威斯纳森（Vaithianathan）（2011）建立了一个行动主体的乐观程度互不相同的经济模型。那些从概率分布或项目结果的顶部挑选概率的个体是乐观主义者，他们很可能会通过创立企业以实现自己的计划。这些学者根据这一特征建立了"创新—证明均衡"（innovation - proof equilibria）模型。在这一模型中，不存在任何有利可图的创新机会。

二 判断：不确定条件下的有目的的行动

> 我们生活的世界变化无常，充斥着不确定性。我们对未来的认识微乎其微；我们凭借对未来的有限知识而生活，但生命问题或至少是行动问题的出现，恰是源于我们知道得如此之少这一事实。
>
> （Knight，1921：199）

应对不确定性

正如我们所看到的，许多著名的经济学家都提到过彻底的或者是"深层次的"不确定性以及掩藏其中的知识状态。然而，他们所构建的理论千差万别，关于不确定性对经济协调和经济秩序的影响的阐述也大相径庭。米塞斯认为所有人的行动本质上都包含着不确定性。他在阿尔钦（1950）之前就认识到市场的竞争性甄别机制建立在盈亏机制上，而私有产权能够有效地把不同的企业家加以区分——根据他们在不确定性的情况下做出企业家"评估"的能力（Salerno，1993）。奈特之所以关注不确定性是因为他需要据此解释企业和利润为什么能够存在；但他并没有否认很多商业决策完全是惯例性的〔（从 Cyert and March，1963）以及（Nelson and Winter，1982 的角度来看）〕。在对凯恩斯的思想进行"原教旨主义"解读的基础上，谢克尔（1972）发展了他的"万花筒"经济理论，并被路德维希·拉赫曼效仿（Lachmann，1976）。伊瑟雷尔·柯兹纳（1973，1979a，1985，1997）则被认为是最没有脱离标准经济学模型所给出的那种知识语境的人。但他强调"纯粹无知"的重要性，超越了传统的信息不对称概念（Kirzner，1997）。这些经济学家们在行动主体如何应对不确定性上也得出了非常不同的结论。拉赫曼认为应该依靠建立社会制度减少不确定性（Lachmann，1970；Langlois，1986；Foss and Garzarelli，2007）。奈特把企业和企业家视为应对不确定性的机制。① 而柯兹纳认为企业家是扎紧市场中的"无知之袋"，并将市场不断地推向某种均衡状态的驱动力。

这些学者都认为不确定性给资源的分配带来了根本性的挑战。至少米塞斯和拉赫曼都求助于更高层面的制度和机制来解释一定程

---

① 正如艾米特（Emmett，2010：17）所解释的，对于奈特来说，"那些面对道德的挑战，在充满不确定性的环境中实施自己'负责的判断'（responsible judgment），以此利用资源的人是企业家。企业家接受行动的挑战，即便这些行动会有潜在的道德风险，并且很可能使他拥有的资源蒙受损失（Knight，1921：299）。企业家正是通过这种方式实施他负责的判断。奈特认为，企业家做出的关键判断是他决定和哪些供应商、工人或者客户进行合作。在一个具有不确定性的世界里，'我们的焦点和兴趣逐渐会从人们对事物的错误观点转移到他们对人的错误观点上去'（Knight，1921：292）。"

度的秩序是如何在存在不确定性的条件下得以维持的。① 柯兹纳和奈特都认为企业家是一个具有协调作用的行动主体。尽管柯兹纳故意避开讨论企业家决策的"内容",只是把这种决策与对之前未被注意到的获利机会的警觉联系起来而已。事实上,鉴于柯兹纳拒绝将这种警觉与任何的机会成本联系起来,我们很难把这种警觉说成是"决策"本身。从某种程度上来说,警觉是非常独特的,它介于运气和深思熟虑的决策之间。这种认识似乎和熊彼特的观点更加接近。他认为企业家精神包括"直觉,即一种能够以在事后被证明是正确的角度看待事物的能力,尽管我们无法在当时去证实它。直觉也是去伪存真,理解事物本质的能力,虽然没有人能说清楚怎样才能做到这一点"(1911:85)。本质上,柯兹纳和熊彼特根据警觉或者大胆的直觉来刻画企业家精神,事实上已经将企业家精神置于"黑箱"之中,并且就熊彼特而言,他显然将企业家精神看成了一个经济的外生因素。

相对于柯兹纳用"警觉"以及熊彼特用"直觉"来刻画企业家精神,奈特对"判断"特征的阐述更为深入。同上文,我们所提到的其他经济学家们不同的是,奈特直接从不确定性的心理学入手(尤其见 Knight,1921:241 - 242)。并且他认为所有个体都能依靠形成(隐含的)概率估计积极地、理性地应对不确定性——这是一种和"直觉""意外发现"以及"理解"等概念都不相同的观点。但讽刺的是,那些自称从心理学上研究企业家精神的前提条件的现代学者们,通常都是把柯兹纳而非奈特作为他们研究的起点的。不过,柯兹纳始终认为,我们"无法对有些人是如何先于其他人发现那些即将来临的事情的这一现象提供合理的解释"(Kirzner,1976:121)——尽管他也坦承,"不借助刻意的搜索而进行学习的能力是人类在不同程度上所享有的一种天赋"

---

① 有关奥派文献对各种均衡和协调概念的讨论,可参考克莱因(2008b)。

(1979a:148)。

判断的要素

这里我们需要重申一遍,我们将判断视为在不确定性条件下做出决策——利用现有的或者新的资源以满足未来偏好的一种极为重要的企业家要素。正如朗格卢瓦(2007c:1113)所说的,"判断"这一术语在奈特这里是指"解释与决策框架的创建过程"。因此,判断体现在与企业家创业活动有关的大量决策中(Casson, 1982)。这就引发了一个质疑,那就是能否委托他人代为判断(就像奈特论述的那样)。我们会在下面的章节中讨论这个话题,在这里我们仅仅讨论判断本身所具有的特征。

经济学家们通常避免直接对企业家决策进行理论化(相反,他们研究的是这些决策带来的影响)。大概是因为在传统上,经济学家们认为自己对这些决策制定没有什么可说的,[①] 抑或是他们认为对企业家的决策进行理论研究从根本上说是适得其反的,或者是无意义的。因为这些理论一旦进入到公共领域,不是立即变得毫无价值,就是被那些科学家兼企业家的人士挪为私用。不过,其他领域或学科的学者们数十年来始终致力于考察企业家决策的构成要素。为了对企业家判断有一个更为全面的阐释,我们会在接下来的内容中用到这些研究。但这并不表明我们即将形成一个有关判断的前瞻性理论。只不过在我们看来,将判断作为一个隐性(latent)概念来对待更有意义。这样处理之后,我们指出组成这个概念的几个显性变量,这些变量都有可识别的前提条件。在接下来的内容中,我们会在同一个小标题下讨论这些显性变量和前提条件。

---

① 即使是近来受人追捧的神经经济学和行为经济学,本质上也只不过是将其他领域或者学科中的发现融合到经济模型的微观基础上去罢了。

技能和经验。企业家的活动包含许多不同的特质，潜在的技能（underlying skills）便是其中之一（Casson, 1982: 25）。构建一个决策问题需要针对如何解决问题制订详细的可行性战略，需要具备想象力（Gartner, 2007）；得出决策的规则（即使从奈特的角度来看是个人的、特殊的规则）需要具备分析的技能；收集数据需要信息搜索的技能等。某些或某类企业可能特别善于培养他们的员工拥有这方面的技能（Klepper, 2002; Braguinsky, Klepper and Ohyama, 2009）。虽然这些技能对企业家创业可能是有必要的，但是它们并不必然构成判断，即使它们对判断起到重要的辅助作用。因此，有人认为判断是上述这些普通技能以外的一种要素，这一要素最终促成了企业家的创业活动。

针对这一观点还有好多可以论述。我们认为，判断是一种认知能力，这种能力应用于那些不存在明显或明确的决策规则的独特状态，判断的实施本身也被视为一项需要技能的活动。当然，话又说回来，技能又是从经验中学习到的。尚恩（2000）的理论明确解释了经验在企业家精神——或者用他的话来说即"机会鉴别"——中所扮演的重要角色。尚恩对企业家进行了一系列的案例研究：这些企业家中的每个人都必须尝试着利用一项麻省理工学院的发明，但他们拥有不同的经验知识储备。他的研究结果表明，这些个体会感知到不同的机会。阿德吉费里（Ardichvili）、卡多佐（Cardozo）和雷（Ray）（2003）特别指出个人有特殊兴趣的知识、一般产业的知识、特定市场的知识，有关消费者问题的知识以及营销知识对机会鉴别的作用。[1]

这些技能和知识的确在企业家判断中起到作用，但是它们是如何起作用的呢？如沙拉斯华迪和她的同事所指出的（Sarasvathy,

---

[1] 拉齐尔（Lazear, 2005）有一个非常著名的观点，他认为企业家是万能的，也就是说企业家们拥有非常广泛的技能，而非仅仅拥有个别非常专业的技能。

2008；Dew et al，2009），这些知识原则上可以被运用到现有的分析框架（即产业分析框架、制定商业计划的程序等）中，用以预测和分析。同时，沙拉斯华迪和她的同事（如 Dew et al，2009）也认为这纯粹是一种"新手级别的"（如工商管理硕士新生）研究方法，针对经验丰富的成功企业家需要用一套完全不同的解释方式，即"有效化"。有效化是一种渐进而灵活的研究方法，在这种方法中，在了解了利用现有资源可以做什么，以及从初生的企业家网络得到反馈之后，目标会不断地得到调整。

沙拉斯华迪的这些重要研究成果同我们的研究视角保持着显著的一致性。[①] 她充分认识到不确定性在企业家决策过程中的重要作用并且详细阐述了一种处理不确定性的独特方法。在我们看来，有效化这种研究方式能详细地说明判断的一些构成要素——尤其是经验（这一点我们已经在上文中指出），同时也包括创造性和模糊性。它对学习以及经验性的、局部知识的强调和奥派的研究视角（Hayek，1945）相契合。并且，它强调企业家行动发生的背景，这与研究企业家环境的方法，即我们将在第五章讨论的奥派的资本理论一致。

创造性。一些有影响力的研究（Csikszentmihalyi，1996）认为可以将创造性分为五个阶段：准备阶段、培养阶段、领悟阶段、评估阶段以及细化阶段。兰普金、希尔斯和施雷德（Shrader）（2004）认为个体先前的经验知识是形成准备阶段和培养阶段的基础，但这并不是决定性的；在领悟阶段，企业家会感受到"因了解某事物而带来的喜悦"（Corbett，2005：478）；最后两个阶段指的是企业家进行市场测试以及实际的机会利用行为。从本质上来

[①] 沙拉斯华迪（Sarasvathy）和里德（Read）（在出版中）对我们早期的著作一直持批评的态度。不过，我们更多地看到了两者之间的相似之处，而非差异。她的方法和我们的方法都强调一个基本的要点：机会只有体现在行动中的时候才得以存在。

说，企业家的创造性是在追求新的机会的时候，对问题空间（Problem Space）进行探索、定义和再定义，也就是熊彼特（1911）广为人知的"新的组合"的概念。反过来，这些探索又和经验息息相关："就专家和新手相比，前者不仅拥有大量可借鉴的实际经验，更重要的是他们更容易知道如何利用这些经验"（Dew et al, 2009: 291）。

对不确定性的偏好。人们经常认为企业家精神的一个关键特征是接受概率未知的冒险的意愿高于一般水平（Bhidè, 2000）。这和"低于正常的风险厌恶水平"（如 Kihlstrom and Laffont, 1979）不是同一个意思。这是一个与"模糊性"相关的问题。认为企业家与大多数普通人相比不那么厌恶风险的观点曾经红极一时，但现在似乎被抛弃了（Caliendo, Fossen and Kritikos, 2009）；相反，许多研究企业家精神的学者认为企业家只不过是在面对模棱两可的情形时，对自己所做的决策非常有信心的一类人而已（Bhidè, 2000; Rigotti et al, 2011）——即使这是一种盲目的自信（Busenitz and Barney, 1997; Bernardo and Welch, 2001; Forbes, 2005; Koellinger, Maria Minniti and Schade, 2007）。[①] 正如科斯（1937: 249）在总结奈特的观点时所说的那样："良好的判断经常伴随着对判断本身的自信。"

总结。因此，利润是对承担不确定性的回报，尤其是对那些面对模糊性表现得特别乐观，并且在自己的创业活动中取得成功的企业家的一种回报（当然，盲目的、不合理的乐观会招致亏损）。

[①] 本·大卫（Ben David）、格雷厄姆（Graham）和哈维（Harvey）认为企业经理也会有某种形式的过分自信——他们将其称为"校准失误"（miscalibration），意味着过度自信的问题并不仅仅局限在企业家们的身上。

应对不确定性的方法

当然，对于奈特而言，做出判断、企业家精神、企业以及委托他人制订相关决策等都是"应对不确定性"这一问题的不同方面。我们会在下面的章节中详细讨论企业的作用。在这里，我们集中从行为方面讨论应对不确定性，问题。

长久以来，有关企业家精神的文献资料根据运用可用资源和核算能力的程度，将企业家和经理人做了区分：经理人能够熟练运用可用资源并且具有精准的核算能力，而企业家则不具备这样的能力（如 Schumpeter，1911；Baumol，1968）。相反，企业家依靠的是一种"不需要通过刻意搜寻而获取信息"的"天赋"（Kirzner，1979a，148），同时也依靠他们的"直觉"，他们"无需利用明确的推理和分析来解决问题的倾向"（Mosakowski，1998：627）。阿尔瓦雷斯和巴内（2007）通过区分"发现型企业家"（他们能够发现"客观"存在的企业家机会）和"创造型企业家"（他们能够无中生有地创造机会），使得这个观点更加精炼：发现型企业家能够有效运用商学院传授的分析技术制订商业计划等，但是这些技术在创造型企业家那里也许完全行不通。

这些观点的问题在于，学者们似乎将企业家的决策放入了一个不可解释的"黑箱"之中。然而，许多学者都或含蓄或直白地表示，得出这个虚无缥缈的结论只不过是受到古典的理性决策模型影响的结果。在现实中，个体会通过各种各样的启发性决策来应对不确定性。因此格兰多利（Grandori，2010）通过吸收科学哲学的思想，认为科学家即使从事常规科学的研究，也始终要面对不确定性的决策状态（另见 Felin and Zenger，2009）。的确，许多业已确立的科学包含启发式方法与程序，它们实质上是一种应对不确定性的程序。格兰多利认为那些启发式不是科学界所独有的，企业家也利用相同或近似的启发式。① 格兰芬多提供了一些案例：有科学基础的企业家在面对新的挑战或需要激发他对潜在机遇的判断能力时，能直接运用他从科学研究中学到的程序来应对这些不确定性。她发现，在提出假设阶段，这些企业家主要的启发式是"使用那些对自己所在领域而言全新的'理论'，系统性地观察，质疑与重构问题。"（2010：484）。她又进一步论证了，诸如此类的启发式也可以运用于"以科学为基础的企业家精神"之外的领域。例如，詹德（Zander，2007）认为纽约的白炽灯替换气体照明工具的过程就是爱迪生的判断和细致的市场分析相结合的产物，即一个遵循初始的假设，并系统性地、训练有素地收集相关数据的过程。

里德和沙拉斯华迪（2005）认为，不确定性的存在会使个体洞察未来的尝试挫败，但"实现"（effectuation）的方法特别适合对它进行处理，这种方法具有渐进性和灵活性，它体现在具体的商业计划、市场预测等等活动。它允许熟练的企业家推迟决策以便减少自己面临的模糊性。灵活性是应对不确定性的关键所在。另外，也有学者提出类似的观点以解释企业的作用，他们把企业看作是一种为减少不确定性而存在的制度。

作为最终决策的判断

在后面的章节中（第七章和第八章），我们会将企业理论同判断以及面对不确定性与模糊性所需的灵活性做更为紧密的联系。由于受到奈特（1921）的启发，我们将企业看作是嵌套的判断层级（nested hierarchy of judgment）。在这个模型中，对资源分配有最终决策权——类似于格罗斯曼（Grossman）和哈特（1986）提出的剩余控制权——的所有者授权自己的下属，让他们代为决策。这些

---

① 布莱恩·罗斯比（Brian Loasby）也曾有过相似的观点（Loasby，1986）。

第四章　什么是判断

由下属制订的决策可能会对企业的生存和盈利产生至关重要的影响。但是这些并不是企业"最终的"决策。因为是企业所有者挑选出这些下属并保有他们的职位，所以下属拥有的代为决策的权力随时会被褫夺。因此，判断并不仅仅是在不确定性下做出决策，而是有关决策者拥有和控制的资源的决定。从这个意义上来说，判断代表着"最终的"决策（Rothbard，1962：602）。

柯兹纳（1973：68）在论及警觉时也有类似的观点：警觉是不能完全被授权的。"你也许能够雇佣到'警觉'，但是那个雇用了对新知识极为敏感的雇员的人本身就展现出了更高层级的警觉……因此，决定雇佣谁这一企业家决策才是最终的雇佣决策，它最终对所有为了实现计划而被直接或间接雇用的要素负责。"柯兹纳引用奈特的话说道："我们所说的'掌控'，主要是指挑选其他人去实施'控制'。"

值得注意的是，企业家精神是一种有关生产要素的最终决策，其本身并不是一种生产要素。法国经济学家让·马沙尔（Jean Marchal，1950：550–551）写的一段话清楚地表达了这一点。

> 企业家获得报酬的方式与劳动者或资本家获取薪酬的方式不同。劳动者和资本家会尽可能地以最高的价格向企业家出售生产要素。而企业家的活动与之不同；他并不是向企业出售什么东西，而是和企业融为一体。有些人肯定会说，企业家使企业运转，那么他会得到一份和经营结果相对应的报酬。但是这是对事物的一种曲解，是试图人为地与其他要素建立一种对称关系这一想法的产物。事实上，企业家和企业这两者是完全相同的。企业家的功能是以企业的名义，负责和两类人进行协商或者雇佣他人代替他进行协商：一类人是生产要素的供给者，企业家的任务是以尽可能低的价格获得这些生产要素；另一类人是最终产品的购买者，这时，企业家的任务是尽可能地从中

获取最大的收益。简单来说,尽管企业家的确提供了生产要素,但在资本主义制度中,也许他最重要的方面不是被视为要素提供者。

从这个意义上来说,企业家精神是包含在企业中的;"企业家的"决策并不是一种边际决策,即决定向企业多提供一单位还是少提供一单位的企业家服务。① 在写到计划经济、法西斯主义以及其他形式的政府干预型经济时,米塞斯(1949:291)对企业主在恶劣的政策环境中求得生存的现实进行了描写。尽管面临着政府没收的威胁和其他的风险,企业家们仍然坚持扮演着他们的角色。"在市场经济中,企业家会一直存在。对资本主义的敌视政策可能会从消费者那里剥夺大量他们原本能从不受干扰的企业家活动中获取的利益。但是,只要这些政策没有完全摧毁市场经济,那么它们就无法彻底消除企业家这一角色。"哪里存在私有产权、市场和价格,哪里就会产生企业家精神——不管初创企业、专利等的数量有多少。

有的经济学家之所以提出"企业家精神的供给"与"企业家精神的边际回报"等,部分原因在于他们把企业家精神设想为一种职业类别,如自我雇佣。不像雇员那样受别人雇佣并为他人工作,企业家是成立自己企业的人。只有从这个角度上看,认为企业家精神是一种生产要素,并且具有向上倾斜的供给曲线才是有意义的。随着获利机会的不断增多,相对于工资而言,更多的个体会选择自我雇佣而不是被雇佣。但是,如果研究者把企业家精神看成是一种功能——如判断,那么他就不能把企业家精神看作是生产要

---

① 门格尔(1987)对企业家也有类似的认识:"门格尔认为企业家的活动是非常特别的,不同于其他的高级财货,企业家活动不是用于交换的,因此也不存在一个相应的市场价格。"(Martin, 1979: 279-280)

素。企业家精神，正如我们引用米塞斯的话，即便是在最恶劣的市场条件下也是存在的。

三 判断力、互补性投资以及企业家精神研究的分析单位

需要重申的是，我们认为判断是在不确定性下对如何使用稀缺资源以满足未来消费者需求进行决策。这特别要求企业家进行投资，同他的构想形成互补。企业家至少对某些互补性资源拥有所有权，并且至少掌控部分与之互补的投资，我们会在第七章详细讨论其原因。因此，企业家的企业以企业家、企业家特有的判断，以及企业家拥有或控制的资产为特征。在接下来的内容中，我们将论述这对企业家精神研究的分析单位来说意味着什么。

第一个需要明确的是，企业家企业是围绕着一种无法估价的资源束组织起来的（Lippman and Rumelt，2003a）。因此，虽然企业家控制的很多资源有要素市场，但他自己的判断却不属于这些资源中的某一种。正如我们将在第七章讨论的，判断是无法在市场中交易的，并且，要素市场也无法弄清楚企业家的判断是如何与其他资源协调互补的。可以想象得到，如果市场能够通过某种方式评价企业家估计的概率，也就是说，对企业家的判断给出一个价格，那么对于企业家来说也许是一件好事。一般来说，控制没有价格的资源不会使一个人的财富最大化（Foss and Foss，2005）。不过，控制不可交易的判断的一个潜在优点是它能够在理解判断同其他资源相组合的价值方面提供信息优势（Denrell et al，2003）。在这种情况下，企业家会以低于净现值的价格购买资源（Rumelt，1987）。所以，要想完全理解对判断的回报，就必须先了解判断是如何同其他资源互补的。这要求考虑一束资产或投资。

第二个需要明确的是,判断与一系列相关的活动有关。企业家必须决定购买哪些投入品,实施什么样的投资以及雇佣哪一位经理人等。这些决策环境中,有很多都属于奈特意义上的不确定性环境。因此,理解企业家如何进行判断,要求我们在构成那些活动的资产或投资组合的背景下考虑它。

以上这两点对考察企业家精神研究的分析单位有蕴意。当代的研究通常将获利机会看作分析单位。尚恩和维卡塔拉曼(2000:220)认为企业家机会是"那些能够引入新的产品、服务、原材料和组织方式,并将产品以高于它们的生产成本的价格出售的情形。"这些机会被视为客观现象,尽管它们的存在不为所有的人所知。相反,奈特认为这些机会并不是客观存在,等着被人们发现(根据定义,机会发现之后是利用机会)。企业家们根据自己对未来消费需求和市场状况的预期进行资源的投资,这些投资有可能会产生正收益,也有可能产生亏损。奈特关注的并不是机会本身,而是投资和不确定性。在不确定性(而非风险)的情况下,对未来的预期总是主观的,这些预期构成了企业家的判断,它们本身是无法被模型化的。正如我们之前解释的,这意味着机会既不是被"发现"的,也不是被"创造"的(Alvarez and Barney, 2007),而是被想象出来的。从客观意义上说,它们可能存在,也可能不存在。从"企业家盈利之前它们并不存在"这个意义上说,企业家获利机会总是主观的。[1]

这意味着,将"机会"作为基本的分析单位并不是一个最佳

---

[1] 越来越多的人对机会的本质感到困惑。正如麦克马伦(McMullen, 2007: 273)等人所说的:"迄今为止大量的研究关注的是机会发现和机会利用,而对机会本身的本质和来源并没有太多的关注。一些研究者认为机会是一个主观的、社会化的概念,因此很难把机会同行动个体拆分开;而另一些学者则坚持认为机会是一个客观的概念,它能够被知识丰富、敏锐的企业家们发现和创造出来。不论持有哪一种观点,在这类文献中,在机会的本质以及来源的假设问题上,很多讨论都是站不住脚的。"

的选择，因为我们很难对这个概念进行操作和衡量。而从奈特的视角来看，分析单位应该是预期未来（不确定）的收入而在当前做出的资源配置。换句话说，就是"投资"。[①] 一个更好地理解奈特的企业家行动概念的方法是理解"项目"（projects）这个概念（Casson and Wadeson, 2007）。项目就是在一个特定的时期，将一定的存量资源运用到特定的活动中去。（机会被定义为潜在的，但在现阶段还未实施的项目。）关注点从机会转移到项目意味着奈特强调的不是机会的鉴别而是机会的开发利用。换句话说，这一研究视角暗示了关键的分析单位是商业计划的实施。

将投资视为分析单位表明它和公司的实物期权理论（Tong and Reuer, 2007）以及早期的一种将企业视为一种投资的研究理论（Garbor and Pearce, 1952, 1958; Vickers, 1970, 1987; Moroney, 1972）之间有关联。这些研究并不简单地把资本视为另一种企业家可以在市场上以一个代表其边际生产力的价格购买到的生产要素，而是把它视为一种最终决策或控制要素（controlling factor）。投资资源的分配，并不是为了使给定项目的利润水平最大化，而是使各个项目（预期的）投资回报率最大（就如同实行事业部制的企业在不同的利润中心之间分配资源）。如果某位企业家—投资者实施控制的能力有限，那么他只能实施他能够有效监控的项目，而不能实施所有具有正净现值的项目。因此，即使有人能够创造或者发现机会（无论对此怎样定义），如果不能和那些愿意为他的项目提供资金帮助的人建立紧密联系，他也无法实现这些机会（我们将在第九章中进行进一步的讨论。）

[①] 在这里，我们可以做一个有用的经济学类比：同微观经济学理论中的偏好进行类比能够清楚地说明问题——在消费理论中，分析单位不是偏好，而是消费。在新古典生产理论中，分析单位不是生产函数而是一些决策变量。

四 结论

毫不夸张地说，从20世纪80年代［如Bewley（1986）的文章以及由这篇文章中派生出来的各种研究文献］起，主流经济学家们就刻意地对奈特所讨论的不确定性避而不谈。对不确定性这个概念的研究变成了非主流经济学，尤其是后凯恩斯主义以及"激进的主观主义"的奥派（Shackle，1972；O'Driscoll and Rizzo，1985；Lachmann，1986）的一个标志。但这些经济学家使用不确定性这个概念的目的是为了对主流经济学的观点进行批判，而不是从肯定的方面构建理论。诚然，经济学家们相对地忽视不确定性，是因为他们认为在不确定条件下所有事情变得"皆有可能"，因此将不确定性理论化是徒劳的（这是传统的主流经济学家的观点）；或认为由于不确定性无处不在，因此传统的理性决策模型（即预期效用模型）是和它不相干的（这是非主流经济学的观点）。

相反，一些早期的经济学家——主要包括奈特和米塞斯——非常重视不确定性的作用。他们将不确定性视为解释利润的一个必要因素，以及构建有关社会组织的理论的重要部分。奈特认为要想理解企业为什么会存在，就必须考虑不确定性。奈特和米塞斯都坚持认为，尽管不确定性是普遍存在的，但是这并不表明人的行为没有理性的基础。所以，奈特强调的"判断"以及米塞斯强调的企业家的"评估"（appraisal）（Salerno，1990a）都是应对不确定性的认知能力。通过吸收现代有关企业家精神及其行为基础的研究成果，我们认为，虽然判断（和企业家的评估）中确实包含着"直觉"和"创造性"等重要因素，但从某种"技能性的行为"的角度去认识判断还是有意义的，这种技能通过经验学习，通过处理不确定性时的自信而得以发展。所以，判断这个概念并不是一个神秘的黑箱。在接下来的章节中，我们会在企业家的手段—目的架构中讨论一些与判断有关的重要手段。这些手段就是资本性资产。我们认为奥派研究资本的方法，经过现代产权理论和交易费用理论的更新之后，对"企业家精神的判断理论"（judgment theory of entrepreneurship）是一个有效的补充。

第五章 从什穆资本到异质资本

在前面的章节中，我们在强调企业家的功能的同时，也论述了对企业家精神的研究需要摆脱当前对机会发现和机会评估的沉迷，而是应该从资源的所有权和控制的角度更为全面地考虑这些机会的利用。基于判断的方法明确地强调企业家精神的这一方面。我们也指出，企业家的角色是投资者，即一个承担了风险的所有者。但到目前为止，我们还没有探讨过在什么样的背景中，判断性决策才能够产生。一些有关企业家精神的研究视角——尤其是网络视角（network perspectives）（Greve，2003；Hoang and Antoncic，2003；Sorenson and Stuart，2005）和"实现"的视角（Sarasvathy，2008）——从各个不同的角度强调了企业家精神的背景因素。

在前面的章节中，我们从奈特（1921）和米塞斯（1949）的角度讨论了判断的认识论和本体论背景，但是我们对于更为具体化的背景，投入品和产出品市场甚至投入品和产出品本身都谈得很少。在本章中，我们会指出判断视角和某种特定的资本理论是天然匹配的。通常，我们会把这种资本理论同奥派联系在一起，但事实上，它同现代管理学研究中的某些特定的关键性视角也有很强的相似性，尤其是基于资源的战略理论——某种程度上也包括交易成本理论。这些研究视角都强调资本的异质性特征，将这些资产进行互补性组合产生的竞争优势与带来的收益，以及为保持资产价值而投资于特定交换关系所产生的风险。

同土地和劳动力一样，资本是经济学家们熟知的一种生产的基本要素，但是"资本理论"在现代经济学中却逐渐被埋没。在20

第五章 从什穆资本到异质资本

世纪 30 年代，奥派和那些来自美国的反对者就资本应该被看成是异质性的资本资产储备还是应该被看成同质的金融资本这一问题展开了大论战。① 到了 20 世纪五六十年代，又产生了"剑桥资本之争"以及"转换投资"（reswitching）之争和其他有争议性的话题。② 在 20 世纪五六十年代产生的增长理论讨论了资本积累和技术创新的作用（Solow，1957）。在主流微观经济学，尤其是在 20 世纪三四十年代凯恩斯革命之后发展起来的宏观经济学中，不存在资本理论。也许现代经济学中包含了各种投资理论和利息理论，但从古典经济学和奥派经济学家的角度来看，现代经济学本质上没有真正的资本理论（Lewin，1999；Garrison，2001）。同样地，如我们接下来讨论的，现代管理学理论并不是建立在特定的资本理论之上的，它甚至和特定的资本理论完全没有联系。

不过在我们看来，大部分的经济学和管理学理论都默认资本是同质的。我们——联想到保罗·萨缪尔森（Paul Samuelson）以及经典的卡通漫画里尔·阿伯纳（Lil Abner）——把这种观点称为"什穆（Shmoo）理论"〔在这个连环漫画中，所有的什穆都是完全相同的，它们的外形就像是长了腿的保龄球瓶，什穆可以根据需要变成任意的形状。对于年轻的读者而言，如果我们换成詹姆斯·卡梅隆（James Cameron）拍摄的《终结者 2：审判日》（*Terminator 2: Judgment Day*）〕中由特殊液态金属构成的终结者，可能更有利于你们理解这个概念。这种观点认为，所有投入生产的资本都是同质的。正如我们下面所要解释的，在一个资本都是同质的世界里，所有的经济组织问题都会消失。企业家的作用也变得十分微弱，不再像我们之前讨论的那样对经济起到举足轻重的影响。为了更好地

---

① 具有讽刺意味的是，在这方面，奈特（1936）是奥派的一个最强劲的反对者。
② 参见帕西内蒂（Pasinetti）和斯卡切利（Scazzieri，1987），拉沃伊（Lavoie，2000）以及科恩（Cohen）和哈克特（Harcourt，2003）的有关著作。

阐明企业家的功能和企业家判断在市场经济中的作用，我们必须抛弃"什穆理论"。

正如门格尔（1871）、庞巴维克（1884—1912）、哈耶克（1941）、米塞斯（1949）、拉赫曼（1956）、柯兹纳（1967）、勒温（1999）以及其他奥派经济学家所展现的那样，独特的奥派资本理论（ACT）能够帮助我们打破这种"什穆理论"。然而对于许多经济学家而言，奥派资本理论毁誉参半。产生这一结果部分应当归咎于庞巴维克，他误导性地尝试着用"平均生产周期"衡量整个经济体中总的资本密集度（见 Blaug，1997，第十二章）。不过，大部分的奥派资本理论家都认为不该使用一个简单的度量标准来描述一个经济体的资本结构（如 Hayek，1941）。相反，他们关注的是构成资本存量的那些相互影响的精巧复杂的资源或资产，并且思考这些资源是如何同企业家的主观计划相协调的。

在开始我们的论述之前，我们首先要弄清楚，为什么超越新古典生产理论中的生产函数理论以及更加极端的"什穆理论"是非常有必要的。接着我们会论述奥派资本理论同企业理论以及企业家精神的判断理论都是天然契合的。

一　什穆资本世界中的企业家精神和组织

生产函数理论

现代（新古典）经济学使用一种高度程式化的模型来研究生产过程。企业是一个生产函数，一个将投入品（土地、劳动力、资本）转化成产成品（消费品）的"黑箱"。正如组织经济学家（Williamson，1985，1996）所说的那样，这个模型忽视了生产的组织细节，而这是至关重要的。它没有打开企业这个"黑箱"去探究企业的层级体系是如何架构的，激励是如何提供的，工人是如何被监督的，以及企业中的团队是如何被组织起来的等。而另一个同样严重的弊病在于它对生产本身的描述是不切实际的。企业能力理论的研究者很早就注意到了这一点。例如，理查森（Richardson，1972：888）就批评生产函数理论忽略了"组织、知识、经验和技能的作用"。而这个理论的后继者也回应了理查森的质疑（如 Nelson and Winter，1982；Demsetz，1988a）。再比如，朗格卢瓦和福斯（1999）认为生产函数理论的困境与其说在于它的函数表达（如：道格拉斯生产函数），不如说在于它假设生产所需的知识都是明确给定的，容易传递并且是可以模仿的——换句话说，是一种"蓝图知识"（blueprint knowledge）。这就使它难以解释企业的异质性。

从某种程度上来说，上述的这些批评都可以被归结为本章所要论述的一个主题，即生产所需的资源是异质的还是同质的：如果这些资源在企业内部和企业之间都是同质的，那么组织问题，以及由此而来的企业理论都是微不足道的。我们也无法对影响企业绩效的系统性差异进行解释——若如此，几乎所有的战略管理理论以及大部分一般意义上的管理理论都变得无关紧要了。同样地，一些更为基础的经济学论题——如米塞斯（1920）、哈耶克（1945）、赫维茨（Hurwicz，1972）以及很多其他人分析的中央计划经济是否可行问题——也都变得没有争论的必要了。

奥派的商业周期理论对生产函数理论有一个更为具体的批判。生产是需要耗费时间的，这个过程包含着一系列独特的、随机联系的阶段，生产过程中的投入品和中间产品之间有一个极其复杂的、相互影响的关系网络（latticework）——这同传统的生产函数理论所持有的将投入品转变成最终产品只需要一个单一的阶段就能完成的观点是截然相反的。在奥派看来，异质性是资本的一个重要特征，在最终构成一个经济体的资本结构的不同生产阶段中（或者在同一个阶段内），资本品都是各不相同的。这也可以转化成一个组织问题：涉及各种互补资本品的独立决策必须得到协调。在资本异质的真实世界里，各项计划的协调问题显得尤为重要，而在一个资本同质的虚拟世界里是不会出现这一问题的。[①] 在一个什穆资本世界，也就是在那个特别简单的生产函数理论中，所有这些问题都是不存在的。

什穆资本及其含义

索罗（1957）之后的经济增长模型都将资本视为一种什穆资本——一种具有高度弹性，具有完全的可塑性的生产要素。它能够在生产过程的转换中被毫无代价地替代。"资本"被看成是一种同质的要素，在生产函数中，用字母"K"代表资本，用字母"L"代表劳动力。

在一个什穆资本世界中，经济组织就显得不那么重要了。一切资本都具有相同的属性，因此耗费成本对这些生产性资产的属性进行检验、衡量和监督就变得毫无必要了。在要素市场上交换资本品也将不会产生交易成本。只有极少数的合约问题——特别是在劳动服务供给问题上出现的委托代理冲突问题——会保留下来。所有的工人使用的是完全相同的资本资产，并且这可以大大减少衡量工人的生产效率所需要的成本。因此，什穆资本世界可以近似地看成一个零交易成本的世界。

但在什穆资本世界中，交易成本并不会彻底消失，只不过在这个状态下资产的所有权相对而言变得不再重要。由于对某种资产所

[①] 福斯（1996b）认为，哈耶克对这些跨期协调问题的认识是促使他"转型"（Caldwell, 1988），即从瓦尔拉斯主义观转向过程视角（Hayek, 1937）的真正驱动力。

有可能的使用方式都了如指掌,使得资源所有者和企业家在确定相关资源的使用时,不再需要为拟定完整的、依情况随时变动的合同而耗费大量的成本。[①] 合同能在很大程度上替代资产的所有权,并使得企业之间的界限变得难以确定(Hart, 1995)。

同样地,在一个什穆资本世界里,企业家的作用不再重要。也许企业家仍然会像柯兹纳所说的,起到使消费品市场达到均衡的作用,但是,如果资本只是一种有着单一价格的"商品",那么企业家只能在资本密集型和劳动密集型生产方式(或者是各种类型的劳动)之间进行抉择。在这个世界中,只存在简单的"经济核算问题"(Mises, 1949)以及"企业家评估"问题(Salerno, 1999)。在什穆资本世界里,所有的资本品都具有相同的属性,决策问题就不那么重要了。同样地,耗费成本对这些生产性资产的属性进行检验、衡量和监督也不是那么有必要了(Barzel, 1997)。最后,资本同质性假设会让事情变得简单,决策者不会受到有限理性的制约(Simon, 1955)。相反,奥派资本理论认为企业家的基础功能就是根据现期的要素价格以及未来预期的产品价格之间的差异,对那些可以用来生产特定产品(并且需要确定是否应该生产这些产品),并且能够相互替代、相互补充的投入品的各种可能的组合进行选择。它描绘了一个复杂的、充满不确定性的世界。正如我们所说的,基于奈特(1921)的思想,这是一个需要"判断"发挥作用的世界。

[①] 此时缔结的合约仍然是不完整的。因为缔约方对能够影响(同质的)资本价值的各种不可预见的情况发生的可能性有不同的主观期望。不同的代理人对资本品各种可能的使用方式的了解能力也是千差万别的。换句话说,奈特不确定性以及有限理性会导致合同不完全,即便是在一个没有资本异质性的世界中也是如此。然而,新古典经济学的什穆资本世界的特点是用参数表示不确定性、共同的前提(common priors)以及极端理性(hyperrationality)。

企业理论中的异质性资本

现有的企业理论往往暗含了上述的观点。因此,所有现代企业理论都(通常是含蓄地)假设至少有些资本资产是异质的。因此,资产在使用过程中并不具有相同的价值。接下来我们会简要地回顾一下,资本异质性如何产生不容忽视的合约问题的,而解决这一问题需要创立企业。

资产专用性理论。 交易成本经济学(TCE)(Williamson, 1975, 1985, 1996)以及"新"产权理论(Grossman and Hart, 1986; Hart and Moore, 1990)认为某些资产对于特定的使用者来说具有专用性。在现实世界中,如果不能缔造一份完整的、能够依据情况随时变动,并对各种可能的条件下该种资产最有价值的使用进行详细描述的合同,那么资产的所有者就会面临一定的风险。如果环境条件发生变化,那么当初拟定的治理协定就不再是有效的。为了让合约能够适应不能预见的变化,必然产生缔约成本。如果合约无法适应新的变化,就会产生威廉姆森(1991a)所说的"失调成本"(maladaptation cost),最为人所熟知的就是与关系专用型投资相关的"套牢"问题。

很明显,如果资产在所有的使用方式中都有相同的价值,那么失调成本这个问题很大程度上就不复存在了。对于关系专用型人力资本和原材料的所有者来说,仍然需要考虑潜在的套牢问题,但是合约双方对于如何最有效地利用资本品所产生的分歧已经变得无关紧要了。[1] 企业家的活动范围也会大大缩小,因为他们不需要再对

---

[1] 那些最初是同质的资源也会随着时间的推移,通过干中学或者人力资本和物质资本的协同专业化(co‑specialization)而变成异质的。这里我们指的是永久同质的情景。

资本资产的特定组合做出安排。

基于资源和知识视角的理论。有一部分学者认为,资源、企业和产业之间是千差万别的。资本和劳动力是专门用于特定生产项目和活动的资源,人(人力资本)是独特而异质的。这些观点在管理学的理论和实践中随处可见。其中最具代表性的就是基于资源视角的理论(Barney,1991;Lippman and Rumelt,2003a;Wernerfelt,1984)和基于知识视角的理论(Grant,1996;Penrose,1959)。这两种理论都强调资本异质性。在战略与组织理论中,关注资源的异质性,包括知识与管理能力的异质性,源于异质性已成为竞争优势的一个关键性的决定因素(Barney,1991)。卓越的盈利能力来源于资源集合,不同的资源集合与不同的效率联系在一起,因此,管理学者把企业看成是异质的资源、资产和活动组合在一起的"集合"。这些资产各自具有不同的(经济)预期寿命。这些独特而具有专用性的资产,如工人的专有知识或企业专有的能力等都是无形的(Barney,1986;Dierickx and Cool,1989)。这些资产可能是某些企业特有的,当这些资产与其他资产"协作专业化"(co-specialized),就能生产这种特定的组合才能生产的价值(Teece,2009)。更进一步来说,基于资源和知识视角的研究者通常并不认为异质性资产本身就能产生竞争优势。之所以能够获得竞争优势是因为企业以特定的方式对这些异质的资产进行组合,使它们相互作用,进行专业化的合作生产(如 Teece,1986;Dierickx and Cool,1989;Barney,1991;Black and Boal,1994)。这些资产的相互作用,加上过去对异质性资源的战略投资所产生的具有路径依赖性的结果(Nelson and Winter,1982),表明了异质性而非同质性才是资源以及这些资源所构成的企业组织的典型特征。

"旧"产权理论。我们可以从科斯(1960)、德姆塞茨(1964,1967)、阿尔钦(1965),尤其是巴泽尔(1997)等人的产权理论中找到更加复杂的有关资本异质性的理论。这些经济学家关注的并不是单个的资产本身，而是资产的集合，"产权"正是对这一资产集合的属性来说的（Foss and Foss, 2001）。

尽管从物理差异的角度来研究资本异质性是十分普遍的——就像啤酒桶和鼓风炉在物理上的区别，但旧产权理论强调，资本品异质性来源于它们"有价值的属性"具有不同的等级和种类［用巴泽尔所使用的术语（1997）来说］[1]。所谓的属性就是企业家感知到的财产的特点、功能以及可能的使用方式。例如，一台复印机有多种不同的属性，因为它能在不同时间被不同的个体使用，完成不同类型的复印工作；不同的复印机也有不同的颜色和大小等。[2] 从对属性的所有权可以被定义和交易的角度来看，机器的产权可以根据交易成本来进行分割（Foss and Foss, 2001）。我们稍后会更加详细地论述这种理论，以便对资本异质性有更深刻的理解。

总结。尽管资本异质性在企业的交易成本理论、基于资源视角的理论以及产权理论中扮演着重要的角色，但所有这些理论都不是建立在统一的、系统性的资本理论之上的。相反，上述的每一种理论都根据自己的需要，临时性地援引资本的某种专有性对特定交易问题的合理化进行说明。例如，交易成本经济学引用的是资产专用性；能力理论（capabilities theories）引用的是隐含知识等。一些学者（Demsetz, 1988c；Langlois and Foss, 1999；Winter, 1988）认为，组织经济学表明了一种重视生产与交换的含蓄区分的趋势（尽管它还并不完善）。因此，朗格卢瓦和福斯（1999）认为，经济学家们似乎默认了生产函数理论及其相应的假设条件（如蓝图

---

[1] 福斯和福斯（2005）将产权理论和以资源为基础的理论联系在了一起，论述了产权理论这一更加"微观的"的方法是如何为资源价值问题提供额外洞见的。另见金姆（Kim）和马奥尼（Mahoney, 2002, 2005）在这个问题上的类似观点。

[2] 显然，这种资本资产的"主观感知的属性"理论同潘罗斯（1959）"物理属性相同的资本资产可以产生不同的**服务**，比如这些资本资产嵌于其中的管理框架的性质就是一个决定因素"的观点有联系。

知识）已经告诉我们的，对于生产而言，我们应该了解哪些方面，因而企业理论可以关注交易，以及交易的风险如何通过组织得以缓解的问题。生产问题，包括资本理论绝不会真正地成为核心问题。假如生产本身揭示了那些可能影响经济组织的交易问题，那么这就有问题了（problematic）。

二 奥派资本理论：一个回顾

时间和异质性

奥派的确拥有系统的、完备的资本理论，尽管它并未被广泛地运用到企业理论中去。[①] 相反，大多数有关奥派资本理论的重要研究关注的是经济整体的资本结构，以及货币和信贷市场是如何影响资源在生产过程的不同阶段上的分配的。[②]

奥派经济学很早就有了资本异质性这个概念，并且它在奥派经济学中一直有着重要的地位。[③] 早期的奥派经济学家认为资本不仅有价值维度，也有时间维度。奥派创立者卡尔·门格尔将财货分为不同的"等级"：用于直接消费的是最低等级的财货；用来生产这

[①] 在众多有关奥派经济学和企业理论的论文［包括收录于福斯和克莱因（2002）中的论文］中，只有一小部分是在研究奥派的资本理论［参考（Yu, 1999）、（Chiles et al, 2004）（Lewin, 2005）等］以及本书作者的几篇论文。

[②] 哈耶克在1974年获得诺贝尔经济学奖是因为他在商业周期理论方面的技术性研究，而并非人们通常所认为的那样，是为了表彰他后期在知识以及"自发秩序"方面的研究。可以参考加里森（2001）对奥派商业周期理论的一个现代版的重述。

[③] 如果要纵览这个概念的发展过程，可以参考斯特里格尔（Strigl, 1934）、柯兹纳（1966）以及勒温（Lewin, 1999）的相关著作。

些消费财货的工具和机器是高一级的财货；而用来生产这些工具和机器的资本品则是更加高级的财货。基于他所有财货的价值都取决于它们满足消费者需求的能力的理论（即财货的边际效用），门格尔认为高级财货的价值是由它们生产的低级财货的价值给出或"归于的"（impute）。并且，由于某些资本品本身也是由其他更加高级的资本品生产出来的，这意味着资本品不是相同的，至少在它们被用于生产过程之前都是如此。但这并不表明资本品是不可替代的，而是说这种替代性是有限的。正如拉赫曼（1956）认为，资本品的特点是具有"多重专用性"（multiple specificity）。有些替代是可能的，但是必须付出相应的成本。从根本上说，在奥派的世界中，资本不是"什穆的"，而是存在（跨期的）专用性与互补关系，这种资本形成了奥派视角下的结构。

哈耶克在他的著作《价格与生产》（*Prices and Production*, 1931a）中提出了著名的"哈耶克三角"理论，并用这个理论来说明资本品的价值和它在生产的时间序列中所处的位置之间的关系。由于生产需要耗费时间，生产要素必须在现阶段就被投入到最终产品的生产中去，而最终产品只有在未来被售卖之后才有价值。但是资本是异质的。当资本被投入到生产中时，它们就从通用材料和组件转变成只能用于生产特定最终产品的中间品。所以，当消费者对最终产品的需求改变的时候，生产者很难将这些资产进行重新部署，另作他用。在现代资本经济中，宏观经济面临的核心问题就是跨期协调：如何使资源在资本和最终消费品之间的分配同消费者的当前与未来之间的消费偏好相协调？在其著作《纯资本理论》（*The Pure Theory of Capital*, 1941）中，哈耶克阐述了资本品的特征——耐久性、互补性、可替代性以及专用性等——如何决定一个经济体的生产结构。这一结构可以通过投入品不同的"投资期"进行描述，这也是对庞巴维克提出的"生产的迂回性"——随着时间的推移，生产耗费资源的程度的一个扩展。

奥派资本理论的发展已经被贴上努力建立一致的分析范畴，以及对某一类本质上异质的财货进行总体衡量的标签。总的来说，奥派经济学家已经抛弃了庞巴维克（1884—1912）强调的那些总量特征较为明显的概念，更多地关注那些与奥派个人主义和主观主义方法论更加契合的非总量概念（Lewin，1999）。庞巴维克尝试着用资本的物理属性来描述经济的资本结构的特征。他试图用一个单一的数字，即"平均生产周期"来阐述生产结构的时间"长度"。这种方法受到了约翰·贝茨·克拉克（1893）以及门格尔本人（他认为庞巴维克的资本理论是他"犯下的最严重的错误"（Schumpeter，1954：847 n8）的严厉批评。后来的奥派经济学家（如Kirzner，1966）从主观的、个人的生产计划——寻找获利机会的企业家制定并不断修改这些计划——的角度定义资本，避开了由庞巴维克造成的这个难题。应该根据资本品在企业家构想的生产结构中的位置对它进行描述，而不是根据它本身的物理性质进行描述。任何资本品在生产序列中的实际位置是由资本品市场决定的。在资本市场中，企业家根据他们对未来消费者需求的预测，出价竞买生产要素。这种主观主义的、从企业家角度来研究资本资产的方法同关注企业家精神以及资产所有权的企业理论特别契合。

勒温（2005）恰如其分地指出，庞巴维克之后的奥派经济学家，包括哈耶克（1941）、拉赫曼（1956）和柯兹纳（1966）在资本理论方面做出的一个最重要的贡献就是强调资本存量的结构维度，而不是强调价值总量维度或者类似迂回性这样的概念。勒温认为，在经济学学说史中，对资本理论有两种截然不同的研究方法：一种是结构主义（structuralist）方法（与斯密、门格尔、哈耶克和拉赫曼相关联）；另一种是数量论（quantitative）方法（与李嘉图、庞巴维克和索罗的增长理论相关联）。后一种研究方法虽然并没有假设资本品是同质的，但它声称资本品的价值是可比的、可加总的，并且认为这一总量结果具有重要的经济意义。这种方法并没有特别强调资本品之间的关系。①

将资本看成一个复杂结构构成了奥派商业周期理论的基础（Mises，1912；Hayek，1931a）。增加货币供给会将实际利率降到低于"自然利率"的位置，从而扭曲经济的跨期生产结构。信贷扩张使得利率降低，并引导资源流向资本密集型产业以及生产的早期阶段（在这一阶段中，投资需求的利率弹性更大），从而"延长"了生产时期。在某些生产阶段所做的投资，如果无助于生产结构和消费者的跨期偏好之间的协调，那么这些投资就属于"不当投资"（malinvestment）。不当投资创造的只是虚假的繁荣。最终，市场的参与者会意识到根本没有充足的储蓄支持他们完成所有的新建项目。当这些不当投资被发现和清算的时候，虚假的繁荣破碎了。这里所说的"不当投资"这个概念同新古典主义经济学的生产理论（以及主流的宏观经济学）毫无关系，后者通常只关注投资**水平**（level）。现代生产理论聚焦于单一的生产阶段，在这个阶段中，"资本"以及其他的投入品被转换成最终产品。正如我们接下来所要论述的，这会限制以这样的资本概念为基础的理论——如现代宏观经济学的解释力。

三 资本异质性：基于属性的方法

理解资本异质性

奥派的资本理论在奥派内部以及奥派和其他经济学派之间产生

---

① 在长期均衡或者完全跨期均衡（Debreu，1959）中，结构主义方法和数量论方法的经济含义是完全相同的。

了巨大地争议。尽管学者们对如何衡量异质的资本存量有很大的兴趣，但是让人感到惊奇地是，他们对分析异质性这个概念本身却鲜有兴趣。资本异质性这个概念不仅对奥派资本理论有重要意义，它在整个（奥派）经济学中也很重要。例如，在20世纪30年代的计划经济计算大论战中（Hayek，1933；Mises，1920），奥派的立场就是建立在企业家的市场过程概念之上的。在这个市场过程中，企业家的一个关键功能是在各种要素组合中选出适合生产特定产品（并且需要决定是否应该生产这些产品）的恰当组合，企业家做出这种选择的基础是现期的要素价格和未来预期的产成品价格之间的差额。如果资本是只有一种价格的什穆资本，那么企业家精神就沦为只需要在什穆资本密集型和劳动密集型生产方式（或者各种类型的劳动）之间做出选择，而这是中央计划者有可能解决的问题。米塞斯（1920）认为，僵硬的计划经济的失败正是在于经济的资本结构的复杂性以及由此产生的对企业家评估的需求。正如拉赫曼（1956：16）认为，真实世界中的企业家精神主要体现在对各种资本资产组合进行选择。

> 企业家的功能……就是要弄清楚资本资源应该具有的具体形式，并进行决策。他具体确定他的工厂的布局并进行调整……如果我们忽视了资本异质性，那么企业家的真正功能也就被掩盖了。

不幸地是，在奥派的研究中，资本异质性对企业家精神的意义并没有得到足够的重视和关注。庞巴维克的资本理论关注的是资本存量的总量特征，把给定水平的总体生产结构内部各种资本品之间的异质性特征掩盖了。哈耶克（1941）更为复杂的（微观经济学）研究，相对而言同样是模糊不清的。不过，柯兹纳认为资本品的异质性并不取决于它们的客观特征，而是取决于它们在企业家的整个生产计划中扮演的特定角色。他的这一观点进一步扩展了企业家精神和资本异质性之间的联系。

正如我们在上文讨论的，概括地讲，柯兹纳认为可以通过资本品的属性对它们进行区分。企业家对资本属性的察觉和评估是他们主观生产计划的一部分。[①] 产权理论家（Coase, 1960; Cheung, 1970; Barzel, 1997）始终强调大部分的财产都具有多重属性，其中包括资源能够提供不同的功能、服务和用途（Penrose, 1959）。例如，从某种程度上来说，一台复印机是一种具有多重属性的资源。因为它能够在不同的时间段内，被不同的人用于不同的复印工作，并且在购买复印机的时候还能够选择不同的颜色和尺寸等等。[②] 专用性和互补性——都是奥派资本理论和现代经济组织理论（Wiliamson, 1985, 1996; Hart, 1995）中的关键概念——是资源属性的两个更为抽象的例子。用我们的术语来说，资本异质性在于它们具有不同的价值属性，并且它们的价值属性的层次也是千差万别的（相反，无论你考虑哪种特定的什穆资产，它们都有相同的属性）。即使是某种特殊的资产，它的属性也会随着时间的推移而发生变化。在一个具有"真正的"不确定性的世界中，企业家在制订生产决策的时候，不可能了解所有资产的相关属性；也没有人能够在现期对正在使用的某种资产的未来属性做出准确的预测。资产未来的属性只能在耗费时间的生产过程中被"发现"。正如阿尔钦和德姆塞茨（1972：793，强调为原文所有）所说的那样，"能

---

① 换句话说，它们超越了"兰开斯特式"（Lancasterian）的那些特征，后者的特点是比较客观化。

② 福斯·K. 和福斯·N.（2005）认为如果将资本资产或者资源理解为一系列属性的集合，并且可以根据这些属性界定、执行与交换产权，那么对资产价值的理解就会改善。这种观点是建立在有价值的不是资源本身，而是资源的属性之上的。理解资源的属性以及在何种程度上产权能够被界定、执行和交换为我们提供了有关资源价值和价值占有方面的额外洞见。

够用异质的资源进行有效的生产并不是因为拥有的资源更为优质，而是因为对这些资源的相关生产效果有一个更为准确的认识"。并不像基础的新古典主义经济学的生产函数所假设的那样，这些知识都是事先给定的。相反，它们需要被创造和发现。换句话说，资本异质性是企业家活动的一个内生性的结果。

内生的异质性

为了更好地阐明这些概念，我们需要回顾一下经济学史中的一些范例（见 Foss and Foss, 2008）。1874 年 11 月 24 日，来自伊利诺伊州迪卡尔布县（DeKalb）的约瑟夫·格利登（Joseph Glidden）因为发明了刺铁丝围栏被授予专利。从迈克尔·凯利（Michael Kelly）（1868 年 11 月凯利因改进铁丝围栏被授予专利）至格利登，先后共有九名发明者因改良铁丝围栏而被美国国家专利局授予专利。而格利登的发明达到了铁丝围栏发明狂潮的顶点（McCallum and McCallum, 1965），很快占据了主导地位。毫无疑问，铁丝围栏在很长时间内都被广泛地使用。但是单纯的铁丝围栏不能安全地保护围栏内的牲畜。许多大型的牲畜会弄坏铁丝网从而使物主的财产蒙受损失。但是这个问题在使用刺铁丝围栏之后就不会再产生了。因此，物主用于保护牲畜、减少他的财产损失的费用就急剧下降了（Dennen, 1976; Anderson and Hill, 2004）。

围栏的发明在整个北美大草原上快速开启了制度上、组织上的以及技术创新上的路径依赖过程。确实，有人认为刺铁丝围栏像来复枪、电报机以及火车车头等发明一样，极大地改变了生活在北美大草原上的人们的生活（Webb, 1931）。刺铁丝围栏是促使牧场经营逐渐向农场经营转变的一个重要因素。这些新型的铁丝网能够将农作物保护起来不受牲畜的破坏，而收割以后的农田又可以当作牲畜的牧场。刺铁丝网的使用，让人们不再需要赶牛（cattle drives）

或者给它们打上烙印。牛群能够被限制在一个固定的区域内,大大增加了这一资源对农产品企业(即农场)所具有的价值(Webb,1931)。人们可以尝试着用更有价值的牛种——特别是短角牛、安格斯牛以及赫勒福德牛——来代替更加粗暴但是价值更低的长角牛,对土地的使用效率也得到了提高。

通过这个例子,我们可以看到资本(如土地)有多种可能的用途、特征,等等,只不过其中有些属性还未被人们发现罢了。

异质性资本和所有权

对属性的关注不仅能够帮助你更好地理解异质性资本这一概念,同时也能清楚地理解大量有关产权和所有权的研究文献。巴泽尔(1997)强调产权建立在属性的基础上。[①] 对资产"已知属性"的所有权是他研究的分析单位。相反,他否定资产所有权概念,认为那本质上是一个法律和超经济的概念。类似地,德姆塞茨认为资产"完全的私有所有权"这个概念是"模糊不清的"。这种模糊不清的状况"必定会一直存在",因为"可以拥有的、潜在的行动权利是无穷无尽的……把这些潜在的、可拥有的'权利集'完整地描述出来,那是不可能的"(Demsetz,1988b:19)。所以,大部分的资产都具有尚未明确的、还未被发现的属性。

我们需要补充的是,企业家精神的一个重要作用就是创造和发现这些属性。事实上,企业家精神在资产所有权方面有一个独特的作用(与德姆塞茨相反),那就是对一系列现有的以及未来的属性

[①] 巴泽尔(1994:394;强调为原文所有)将产权定义为"个体对他直接消费资产的服务,或间接通过交换消费它的能力的净值评估,这种评估是从'预期'意义上说的。这里的关键词是能力:这个定义关注的不是法律允许人们去做什么,而是他们凭什么认为他们能么做。"因此,产权本质上是从主观主义的角度定义的,即根据预期以及自我感知的能力去定义。

拥有所有权（omnership）。确切地说，所有权是一种以较低的成本将权利分配给资产属性的手段，这些属性是企业家——所有者创造或发现的。这些创造或发现使新知识的个体有足够的动力直接使用它，因为将这些知识转移给其他人需要耗费巨大的成本。在一个运行良好的法律体系中，资产所有权的含义是当企业家——所有者创造或发现了他所拥有的资产的新属性，并获取了这种新属性带来的价值时，法院不会对此进行阻挠和干涉。因而，企业家—所有者不需要花费巨额成本同那些会受他的新创造或新发现影响的人谈判。这就避免了价值耗散。当然，资产所有权本身也对创造和发现新的属性提供了强有力的动力，因为所有权本身包含了"从资产中获得收入，以及从新的属性中获得收入的权利"的法律认可（并且至少在一定程度上是强制性的）（Littlechild，1986）。此外，所有权允许企业家在同一次交易中对一组属性（即特定的资产）享有权利，这让企业家的套利过程变得更加便捷（Kirzner，1973，1997），从而有助于减少人们在市场中的未知领域。这意味着多个当事人不需要耗费高额成本为单一属性的诸多权利进行谈判，价值耗散的可能性也被降到最低。

因此，资本异质性是对奥派企业家精神理论的一个天然补充。企业家要想创造或发现新的资产属性就必须对相关资产拥有所有权。这不仅是为了方便投机行为，也是为了降低交易成本。这些观点为企业家精神的研究创造了发展的空间。企业家精神将不再仅仅是对具有"给定"属性的资本资产做出最优组合的部署，获取相关的资产，利用这些资产为市场生产产品。企业家精神可能同时包含了对资本资产的试验活动——即尝试着去发现资产新的、有价值的属性。这种试验活动很可能是企业在收购或兼并另一家企业，实现新组合的过程中产生的；也可能是在企业家对目前已由他控制的资源进行重新组合时产生的。企业家以这种方式对资产进行试验能否成功，取决于他的判断能否被事实证明，同时也取决于一些次级因素——如企业控制权市场中的交易成本、内部交易成本、企业家对相关资产的控制、他希望从他的试验活动中获得多大的预期回报等。现代企业理论将这些次级因素视为经济组织的关键性决定因素。正如我们会在后面的章节中详细阐述的，这意味着经济组织理论——本质上是一种有关如何安排财产所有权从而有效地利用资本资产的理论——和奥派的资本异质性理论以及企业家精神理论之间的互补将会产生重要的结果。

四　复杂资本结构背景下的企业家判断

资本是一种复杂的结构

如勒温（2005）所说的那样，资本品结构之所以是一种结构而不是单纯的异质资本品的罗列，是因为我们能够根据对少数（可能是典型的）资本品的考察以及对组合原理的了解，对整个资本品结构有所认识。这就表明资本结构很可能具有系统性的特征。在我们看来，与奥派资本结构理论天然互补的是西蒙（1962）以及考夫曼（Kauffman，1993）的复杂系统理论（要了解该理论在社会科学中更多地运用，参考 Levinthal，1997；Fleming，2001；Langlois，2003；Nickerson and Zenger，2004 的相关著作）。

西蒙（1962）认为"复杂性"是指大量的部件（parts）以一种"不同寻常的方式相互影响和作用"而产生的状态（1962：468）。这种复杂性经常以等级结构（hierarchy）形式呈现出来，作为一个系统，其中又包含各种相互关联的（互补的）次级系统。反过来，每一个次级系统又天然地呈现出等级结构，直到一些基本的次级系统达到最低层级状态。西蒙解释道，"在这一等级结构的系统中，我们可以区分不同次级系统之间的相互作用以及次级系统内部的相互作用——即次级系统中各个部分之间的相互作用"（1962：437，强调为原文所有）。这构成了区分常被人提到的可解构系统（decomposable systems）、不可解构系统（non-decomposable systems）以及近可解构系统（nearly decomposable systems）之基础。可解构系统是指各个次级系统之间的相互作用是可忽略的；不可解构系统是指各次级系统之间的相互作用非常关键；而近可解构系统指的是内部各个次级系统之间的相互作用是微弱的，但并不是可以被忽略的（1962：474，强调为原文所有）。[①]

上述区分与奥派资本理论的关联性体现在对奥派资本理论的重新解读中——比如说，哈耶克（1941）和拉赫曼（1956）对庞巴维克的生产迂回性概念做了重新解释，他们把生产迂回性的增加理解为越来越多的资本品产生了越来越复杂的相互作用（尤其是互补性和专用性关系的增加）。所以，用西蒙使用的术语来说，生产迂回性的增强意味着整个资本结构变得更加"不可解构"。西蒙（1962）提出这一观点的主要目的是为了解释社会以及自然界在本体论上的一个重要方面。不过，在他的讨论中也包含了认识论的要素。西蒙认为，社会和自然界之所以能够被理解，一个重要的原因是它们往往包含可用近可解构的等级结构来表示的现象。例如，"分属于不同部分的子部以整体的形式发生作用——相互作用的具体细节是可以忽略的"（1962：477）。正是因为我们忽略了这些"细节"，我们才能够理解整个系统；如果我们被要求去理解这些细节的话，它将"超出我们的记忆力和计算能力"（1962：477）。换句话说，如果一个复杂系统是可解构的或者是近可解构的，那么在认识论上，理解复杂系统的问题将变得容易。

[①] 广义的、具有奥派特征的思想在企业理论中的运用，可参考朗格卢瓦（2002）的相关著作。

这也说明，如果一个系统——例如资本结构——靠近这个"光谱（spectrum）"中不可解构的那端，它是很难被理解的。根据之后的复杂性研究（如 Kauffman，1993），不同元素组合产生的"景观图"（landscape）可能会出现多个峰值。一般而言，景观图是一种依照特定的度量单位绘制成的映射图，用以展现特定对象的组合所具有的表现。例如，理论生物学家通过适应度景观图，将不同的基因组合绘制成适应值。也许会有人会依葫芦画瓢，借助景观图把资本品组合绘制成（专门的）货币价值。在这个景观图中找到最理想的（最高的）峰值可能显得尤为重要。一般而言，对复杂系统中搜寻（search）的研究（Levinthal，1997；Fleming，2001）表明，搜寻的整体效果如何高度地依赖于系统本身的特征。确切地说，就是该系统是可解构的、不可解构的还是近可解构的。特别地，靠近光谱中"不可解构"一端的系统，其搜寻工作是非常艰巨的，尤其当研究的方法又比较粗陋［如梯度搜寻法（gradient search）］时更是如此。这是因为在该系统中，一方面，要素组合的观景图会出现多个峰值［在极端的情况下，会出现考夫曼（1993）所说的"复杂性灾难（complexity catastrophe）"］[①]。这同企业常常发现自己很难理解"体系"（architectural）知识——即有关产品构件之间多重联系的知识（Henderson and Clark，1990）——这一现象相一致；另一方面，在可解构性强的系统中，景观图很可能具有单峰值的特性。因此，即使简单的学习模式，也会迅速地达到峰值。

还有一种相关的理解是认为，各种资源或资本品之间复杂的互补性关系是竞争性模仿的一个独立障碍，即便所有单个的资源都是完全可模仿的（Rivkin，2000）。第三个含义是一个全知全能的观察者所看到的某个系统或结构中的各种要素、资本品之间的相互依

[①] 在这里，峰的高度可以视为对给定资本品组合蕴含的盈利能力的一个测度。

赖，同那些能够被某个行为主体——例如现实世界中的企业家——看到或者想象到的相互依赖是有区别的。

异质资本和企业家判断

在什穆资本世界中，由于任何什穆资本的组合没有差异，所以绘制出来的景观图是一个平面。这就大大降低了企业家精神的作用。然而，虽然我们在前面的章节中已经论述过异质资本是企业家的功能得以存在的必要条件，但是它并非充分条件。正如熊彼特（1911）、奈特（1921）和米塞斯（1949）所说的那样，在一般均衡状态下，企业家没有什么可做的。的确，在完全跨期均衡（Hayek，1928；Debreu，1959）中，资本是什穆的还是异质的与理解企业家精神无关。理由是，在这种情况下，资本品任一可能的组合方式在市场中都有价格，并且所有的价格都完美地反映了稀缺性（Denrell et al, 2003）。"归因"（imputation）将是完美的。在这种状态下，不再需要企业家依靠他们投机性的评估，在市场上对各种可能的资本品组合进行测试（Mises，1949；Salerno，1999）。[①] 企业家不需要再通过景观图中的搜寻来决定资本品的组合，因为最高的峰值对于企业家来说是显而易见的。这就是利普曼和鲁米尔特（1982；2003a）所说的"全战略均衡"（full strategic equilibrium）。它能够使任何可能的资源，在任何可能的任务中的任何可能的分配都能产生最大的剩余。[②]

---

① 在这种情况下"竞争优势"也不起作用。因此，利普曼和鲁米尔特（2003a：1085）认为："商业管理和战略规划的核心是对**没有价格**（unpriced）的专用性资源组合进行创造、评估、操控、管理和部署。"

② 利普曼和鲁米尔特（2003a：1982）顺带也提道："在现实世界中，有多少种这样的组合方式是难以计量的。因此，认为在真实世界中企业能够在这个空间内以最大化的方式运行的观点是不可靠的。"

但在现实社会中，由于分散性知识（Hayek，1948）、真实的不确定性（Knight，1921；Mises，1949）、有限理性（Simon，1955）以及完全无知（Kirzner，1973）的存在，当前的价格不能完全反映资本品所有的互补性组合——即所有的"多重专用性"，有些组合甚至还没有被任何人想象到（Shackle，1972）。许多远期交易市场会因为分散性知识、有限理性和无知引起的交易成本而被迫关闭（Bewley，1986；Makowski and Ostroy，2001）。

从广义上讲，在这样的环境条件下，企业家的活动包含了一种"搜寻功能"。当资本存在异质性的时候，资本资产的组合能够在景观图上形成峰值。当资本结构变得越来越复杂的时候，景观图上也会出现多个峰值。当然，如果存在完备知识和完美的预见能力，那么所有的企业家对那个"客观"存在的、健全的景观图都会有清晰的认识。但是，对于各种资本品组合的盈利能力如何，企业家实际上拥有的只是一个不完全的模型和理论（Choi，1993；Harper，1995）。当然，这就与企业家的评估和判断等概念有关了。正如拉赫曼（1956：3）所说的那样，"对企业家来说，'最优'的互补模式……并不是'给定'的'数据'。它们绝不是'给定的'。相反，这通常需要企业家花费大量的时间和精力去弄清楚它到底是什么"。

因此，企业家就必须在资本资产的可能组合中进行搜寻。搜寻所付出的努力可能会使有价值的资本组合被创造或被发现，但也有可能不会。研究复杂系统的文献通常认为搜寻的结果（如找到有价值的资本组合）取决于搜寻的模式（Levinthal，1997）——比如说，是否通过渐进的试错搜寻法（梯度搜寻法）；是否以明确的因果理论［"启发式搜寻法"（heuristic search）］为基础以及如前文指出的，是否以搜寻发生于其中的景观图为基础。奥派对大部分复杂性研究的一个可能的批评就是这些研究经常"贬低"市场参与人的作用。例如，这些研究假设他们几乎没有任何远见，只会进行反复的试错试验。这一批评是相当正确的,但是这些研究得出了一个更为宽泛的结论:通常而言,搜寻模式应该和反映知识要素组合的景观图的特征进行有区别的匹配。正如我们已经指出的,简单的搜寻方式并不能在多峰景观图上发现最有价值的知识要素组合。"简单的搜寻模式"可被定义为这样一种模式,即它并不能对搜寻空间中存在什么样的知识要素,这些知识要素是如何被连接的,以及从可占有的价值(appropriable value)角度看它们具有的含义有一个先验的假设。在这个模式中,搜寻最初是从任意地方开始的,并且通过反复试错不断地进行下去。当决策者对哪些要素是相关的,要素之间是如何连接的做出明确的假设时,搜寻和学习就会变得越来越复杂。

经验的作用

企业家采用什么样的搜寻模式以及他们会形成什么样的判断取决于他们对自己面临的复杂性问题有什么样的理论(即资本组合的景观图的构造)(Choi,1993),而这又取决于企业家过去的经验。尚恩(2000)坚信并从经验角度说明,企业家的判断会受到经验的影响,因为经验会影响企业家对"现实"(facts)的理解。类似地,拉赫曼认为经验是"所有的预期得以形成的原料"(Lachmann,1956:21)。

在有关企业家精神的管理学研究文献中,经验知识包括"有关市场的先验知识""如何服务市场的先验知识"以及"有关顾客问题的先验知识"等方面(如 Shane,2000)。另一个流派则强调企业层面的经验知识如何产生创新(如 Helfat,1997;Mosakowski,1998;Helfat and Raubitschek,2000;Matsusaka,2001;Mitchell et al,2002;Lumpkin and Lichtenstein,2005)。在他们的研究中,经验知识涉及对企业资源的用途、功能、服务以及特征等的理解——

即有关企业资源属性的知识（Foss and Foss，2005）。这些知识是在"资源学习"（resource learning）（Penrose，1959；Mahoney，1995）——也就是关于"服务其他（人力的和非人力的）资源"的人力资源学习中产生的。经验知识形成了类别和描述的框架，从而帮助企业家进行决策（Nisbett and Rose，1980；Abelson and Black，1986；Day and Lord，1992；Gaglio and Katz，2001）。在某个信息领域内掌握深层次的专业知识可以帮助人们更快地将那些结构不良的问题进行分类。并且，深度知识（deep knowledge）也能让企业家更加细致地了解和描述他（她）所拥有的资源（Hodgkinson and Johnson，1994；Rensch et al，1994），从而能够帮助企业家创造或者发现新的资源属性。因此，在成熟企业中，从"资源学习"中获得的经验知识也许支撑了企业的创新活动，这一活动的轨迹具有路径依赖的性质（Helfat，1994；Helfat and Raubitschek，2000），同时这种经验知识也是让这些企业保持竞争优势的一个原因（Dierickx and Cool，1989；Mahoney，1995）。

交易成本和企业家精神研究的方向

正如我们之前谈到的，单个资源可能有多个未被发现的属性，而有些属性可能具有一定的价值（Demsetz，1988a；Denrell et al，2003）。从新发现的资源属性中获得可占有的价值，一个决定因素是发现者必须能够对他新的发现有一个可界定和可执行的产权，反过来，这又取决于界定和执行产权所带来的交易成本。

产权经济学的一个关键认识是交易本质上不是商品的交换而是产权的交换（Coase，1960，1988）。从这一视角来看，分析的单位应该是个人拥有的产权。产权包括消费的权利，从中获得收入的权利以及让渡资源属性的权利（Alchian，1965）。经济学上的产权概念和法律意义上的产权概念并不相同，（经济学上的）产权更多的是表示行为主体消费、获取收入以及让渡资源属性的实际**能力**，而不是法律上被赋予那样做的权利。也就是说，它涉及的是有效控制的问题（见 Barzel，1997）（但是，产权在法律上有多大的可执行性显然会影响这一能力）。从这个角度来看，交易成本就是界定、执行以及交换产权所带来的成本（Coase，1960；Barzel，1997）。产权可以由国家强制执行，也可以借助私人的方式执行（Barzel，1997）。如前文提到的刺铁丝围栏这一案例。如果能够完美地执行产权，那么所有者可以完全排除那些未付款者对资源属性的占有、模仿或消费。也就是说，产权以及产权的执行状况会影响企业家从探索不同的资源属性中获得的价值（Bjørnskov and Foss，2010）。

鉴于机会的创造、发现以及评估是一个相互交织的过程，交易成本会影响哪种资源属性将被创造或发现。因此，人们感知到的"界定和执行新发现的资源属性的产权"的成本，很可能会影响人们在可预见的方向上为创造和发现付出的努力。通常，"……企业家的精力和创新会明显地偏向于那些创新的剩余能够被创新者占有的领域"（Lippman and Rumelt，2003b：924，强调为本文作者所加；另见 Shepherd and DeTienne，2005）。

为了更好地说明问题，考虑一下 1980 年最高法院在"查克拉巴蒂案"（Diamond V. Chakrabarty）中的判决。该判决打开了基因技术可被授予专利的大门，消除了相关的法律不确定性。这极大地改变了一些产业遇到的"独占机制"（appropriability regime）（Pisano，1990），并使基因工程研究以及它在相关产业领域内的运用变得更加具有吸引力。由于生物工程研究结果的所有权可以被界定和执行，潜在的企业家机会的空间被极大地扩展了。资源属性（或一组属性）的产权很少会被完美地执行，因为资源所有者在界定和保护这些属性的所有权时会面临高昂的交易成本。换句话说，界定产权以获取企业家机会的交易成本决定了企业家机会的空间。但是，交易成本也以不同的方式影响企业家机会。

目前很多有关企业家精神的研究特别强调经验知识，但要获取这些知识需要付出高额的成本。资源学习意味着需要对资源进行试验、组合以及再组合，并需要在这个过程中对资源的属性有所了解（Penrose, 1959; Orr, 1996）。因此，资源学习会在企业合并、收购（Matsusaka, 2001）、提高或者调整产量（K. 福斯，2001; Stieglitz and Heine, 2007），雇员和管理者的互动以及其他能够创造或发现新的资源属性的过程中产生。这些过程都会产生高昂的成本，其中一部分是交易成本，如并购谈判、战略联盟中制订或重新制定有关资源使用的合约、企业内部有关企业决策权的界定、建立能够显示相关人力资本信息的信息披露机制等产生的成本。尽管对资源学习过程中的交易成本没有一个直接的估计，但是有理由相信这项成本是非常巨大的。只需要想想企业并购时聘请律师的费用或者雇佣新员工的招募费用就能够体会到。总的来说，交易成本直接影响了资源学习的过程，因为预期的收益都会被资源学习过程中的（交易或者其他的）成本抵消掉。

五　结　论

　　在本章中，我们将奥派资本理论和企业家精神理论以及所有权理论做了联系。一开始，我们设想了一个和事实相反的世界——什穆世界，并讨论了什穆世界对企业家精神以及经济组织的影响。这帮助我们理解为什么说奥派的资本异质性思想是企业家精神理论的天然补充，[①] 并且它能够自然而然地与产权经济学中的异质性资产

[①]　我们顺便提一下，如从资本资产的异质性以及其所包含的协调的必要性出发，那么我们对管理学的理解会更加深刻。根据以资源为基础的理论，马奥尼（1995）认为管理学的一个重要功能就是协调这些资产。

联系起来。那些试图创造或发现资本资产新属性的企业家都希望自己能够获得相关资产的所有权。这不仅是从投机方面考虑,同时也为了能更好地降低交易成本。

这些观点拓展了对企业家精神的理解。企业家不再仅仅是对具有"给定"属性的资本资产做出最优组合的部署,获取相关的资产,利用这些资产为市场生产产品。我们认为企业家精神的问题也是用资本资产进行**试验**的问题——即尝试着去发现资本资产新的有价值的属性。由于企业家对资产的相关属性并不具备完备的知识,因此在资本市场中进行交易的通常是资产本身,而不是资产所拥有的特定属性。资产所有权为企业家提供了(剩余索取的)权利,以使他们开发这些资产未来的、尚未被发现的属性,并且企业家获得这些资产正是因为他们想开发这些未来的属性。

这种试验活动很可能是企业在收购或兼并另一家企业,实现新组合的过程中产生的;也可能是在企业家对目前已由他控制的资源进行重新组合时产生的。企业家以这种方式对资产进行试验能否成功,取决于他的判断能否被事实证明,同时也取决于一些次级因素——如企业控制权市场中的交易成本、内部交易成本、企业家对相关资产的控制、他希望从他的试验活动中获得多大的预期回报等。

正如我们之后要论述的,后面所列的那些因素对现代企业理论中的经济组织起到了关键性的决定作用。这表明经济组织理论和奥派资本异质性理论以及企业家精神理论之间的结合将是富有成效的。特别地,资本异质性对于经济组织理论来说有两个重要的含义。首先,**事前**对某种资产的所有相关属性有一个明确的认识是非常困难的,或者说是不可能的。因此,企业家享有的是对资产的所有权,而不是资产的属性的所有权。当所有权被授予后,所有者能够开发这些资产在其所有权被授予之前都还不为人知的属性。因为企业是根据资产所有权来定义的,这一企业家视角有助于解释企业的边界；其次，因为测定资产属性的成本非常高昂，通常情况下就连资产所有者都不清楚他的资产有哪些属性，因此企业家必须经常利用不同的资本品组合进行试验。

第六章 企业家精神和企业理论

奈特（1921）认为，企业、利润和损失、企业家精神三者之间密不可分。这些现象的产生分别是商业试验的具体表现、结果和原因。这种观点建立在一个特定的本体论基础之上，即世界本质上是开放性的，而非事先确定的（1921：第七章）。很少有经济学家遵循奈特的传统，尤其是未能从他的这一哲学起点出发，建立起企业、利润和损失、企业家精神之间的联系。[①] 然而，正如我们在本书开始就指出的，有必要把企业家精神理论和企业理论相结合。这样的结合有助于揭示经济学、商业战略和公共政策中许多根本性的问题：当我们不考虑企业家精神发生于其中的"组织"时，我们是否能够对企业家精神进行有意义的分析；企业的结构如何影响企业家的行为；企业的组织（如剩余收入和控制权的分配）如何影响企业家创意的数量和质量等问题。为了回答这些问题，企业理论和企业家精神理论之间应该发生碰撞。然而，学者们很大程度上忽视了这两大学术分支之间的重要关联。在这一章和接下来的两章中，我们希望能够明确识别并建立起一些联系。

通过建立企业家精神和企业理论之间的联系，本书希望使这两个领域的学者们确信：他们能够从这种知识交流中获得巨大的好处。本章首先回顾现有的企业理论，并提出为什么这种好处尚未被认识，被评估和被利用的问题。在整个 20 世纪，经济学和企业理

---

① 巴泽尔（1987）、鲍莫尔（1994）、卡森（1997）和吉福德（Gifford，1999）是杰出的例外。

论的发展有一个鲜明的特点，那就是事实上将企业家从组织和市场中排除了——之所以这么说，并不是因为熊彼特、奈特、米塞斯和其他思想家关于企业家精神的研究不重要，也不是因为他们对理论的阐述和发展不清楚、不精确、不系统，而是因为经济学家对经济现象越来越多地进行形式化和程式化的处理，使得判断与创造性、有限理性和无法预见的意外等无法被融入理论中。

需要补充的一点是，本章的目的并不是对现代经济学展开全方位的批评，也不是为了对经济学进行某种更加宏伟的重构，以实现我们重新建立企业家在经济学中作用的期望。恰恰相反，直至20世纪后半叶，企业家在"主流经济学"中一直扮演着非常重要的角色，因而企业家的企业理论和市场理论本身并不是激进的或非正统的。[1] 我们认为，尽管现代经济学本质上考虑到了一个强有力的企业家角色，但形式化模型这种"经济学语言"却造成了障碍。更加形式化的博弈论和信息理论框架下的企业理论——广义上，还包括组织经济学的基本假设和建模方法实际上都把企业家排除在外。相比而言，采用一个更加重视企业家的研究视角，让我们有机会提出新的理论洞见，更好地解释企业理论中诸多重要的现象。[2]

同样，对企业家精神的组织背景及其含义做更为仔细和系统的思考，也会使企业家精神的研究受益。虽然现代经济学的思维逻辑是约束条件下寻求最优解，但这并不意味着它得出的见解对有关企业家精神的研究不会有启发。特别地，产权、交易成本和关系专用

---

[1] 萨勒诺（2009a：xxvii–xxxiii）指出，穆瑞·罗斯巴德认为他的《人、经济与国家》（*Man, Economy, and State*, 1962）（这是一部现代奥地利学派的奠基之作）的意义在于复兴了更古老的主流传统，而不是对经济学理论进行一个"非正统"的重建。这个主流传统以威克斯蒂德（1910）、菲特（1910）和陶西格（Taussig, 1911）的新古典经济学为代表。本书目的与罗斯巴德有异曲同工之处。

[2] 在这里，我们不同意巴列图（Barreto, 1989）的观点，他认为企业家精神和企业理论本质上并不相容。

性资产等类似的思想对企业家精神的研究会非常有用——虽然我们对这些思想的表述会与主流经济学处理它们的方式不同。进而，我们将这些概念和理论扩展到企业家精神的研究中。换句话说，本章的目的是鼓励学科间的交叉，使各自都能受益，而非单向的影响。

关于企业理论的研究，一直围绕着科斯（1937）提出的"经典"问题——企业的出现、边界和内部组织来开展，因此，经济组织就是研究交易在各种治理结构和治理机制中的分布。分析经济组织也就意味着说明特定治理结构存在的原因，它与其他治理结构之间的边界，以及（企业和混合型组织的）内部组织结构。本书接下来的三章会按照这个逻辑依次展开。

一 企业家精神和企业理论：为什么缺乏彼此的交流？

被企业理论的学者忽视了的企业家

如第一章所述，在过去几十年中，企业理论是微观经济学中发展最迅速的领域之一。它对管理学研究的影响越来越大，虽然这些理论基本上不会出现在有关企业家精神的文献中（除了 Jones and Butler, 1992；Mosakowski, 1998；Alvarez and Barney, 2005 这些文章之外）。当企业家从微观经济分析中消失时，恰恰是企业理论产生和形成的时候。最早发生在 20 世纪 30 年代，那时企业被纳入到新古典价格理论中（O'Brien, 1984）。然后，到了 80 年代，企业理论被博弈论和信息经济学的语言重新表述（如 Holmström, 1979；Grossman and Hart, 1986）。新古典经济学方法，也包括主流的企业理论变得越来越"硬"（见 Leijonhufvud, 1968），这样给企业家精神留下的空间就很小了。鲍莫尔（1994：

17）称企业家为"困扰经济模型的幽灵"。事实上，就连组织经济学和管理学知名教材——如布里克利等（2008）或贝克赞等（2010）的索引中都没有收录"企业家"和"企业家精神"两个词条。①

类似地，一些现代企业理论的作品（Williamson，1975，1985，1996；Milgrom and Roberts，1992；Hart，1995）最多顺带提一下企业家精神。[施普尔伯（Spulber，2009）是一个明显的例外。] 正如我们在前文提到的，我们并不认为企业理论得出的真知灼见不重要，或者不能与企业家精神的观点相结合——我们的观点恰恰相反。只不过企业理论研究的形式越来越模式化，使得企业家很难回归企业理论。例如，大部分合约理论假设合约是"完整的"，这就意味着它具体给定了任何可能情况下的行动或者补救措施，排除了合约关系中存在的不可预料的情形和根本的不确定性。完全合约理论或许可以有效地分析企业家精神的某些方面（如 kihlstrom and Laffont，1979；Barzel，1987；Lazear，2005），但是它完全没有考虑到我们在前几章已经阐述的——企业家精神的本质是在不确定性环境下对本质上**新的**资源的使用做出判断（也可参考 Boudreaux and Holcombe，1989；Langlois and Cosgel，1993）。

约束条件下寻求最优解的启发式（heuristics）

企业理论忽视了企业家精神，与本质上服务于形式化建模的启发式有很大关系。与主流经济学中大多数建模方法类似，研究企业

---

① 在英国，对经济学原理教科书（Kent，1989；Kent and Rushing，1999）的两个调查证实了这一概念的类似缺失。对瑞典使用的研究生教科书（与在美国或其他地方使用的教科书大致上是一样的）的一个评论（Johansson，2004）也证实了企业家概念的缺失。

理论的学者们也一贯地沿用"非此即彼"（on-off）的方法。例如，对于一些变量，行为主体要么完全了解，要么根本不了解；对于财产权利，要么完全执行，要么根本不执行；对于事后行为，要么完全可证实，要么完全不可证实，等等。这些研究中的细微之处都是人为制造的，因为在贝叶斯模型中，"行为主体知道真实值 p 的概率为？"由于（通常没有详细说明的）信息成本或交易成本的存在，行为主体不能做出某些选择，因此诸多行为选择变量被设置为极端值成为建模的惯例。当然，理论学者们这样做是为了把特定机制的运作剥离出来单独加以说明。例如，如果完全无法制订有关投资的合约，所有权的配置将会如何影响投资激励。理论学者们认为，极端条件下得出的结论，可能对非极端条件下的投资激励有一定启发。

然而，这种方法常常使人误入歧途。"隔离性的"（isolatiing）特定机制意味着消除了其他的行动空间（margins），从而忽视了那些在特定的行动空间中努力的企业家精神。正如菲吕博顿（Furubotn，2001：136）指出，有限理性——一些现代企业理论中的一个核心要素——对构建企业理论有重要影响。

> 由于认知局限约束了每个个体，并且获得信息需要付出代价，决策者对于整个社会已知的选择只能了解一部分。因此，他不再被假定为知道所有的技术方案，所有生产要素的特性和可得性，经济体中每种商品的存在和真实性能等。

换句话说，我们不能把相关的决策问题简化为——以一种交易成本最小化的方式——已知的投入结合成已知的产出的问题（柯兹纳称之为罗宾斯最大化）。如果决策者只知道众多要素组合中的一小部分，同时不能完美地预见未来的偏好，"制订企业政策的人就需要像一个真正的企业家而非经理人（常规地按照清晰的边际原则进行分配）那样行动"（Furubotn，2001：139）。因此，菲吕博顿认为，交易成本不应该是决定治理和合约选择的唯一因素；整体的营利性也必然构成解释的一部分。

本着这个精神，本章接下来的内容将综述一些主流的企业理论，更详细地展示现有理论在处理企业家精神方面遇到的困难，从中找到那些有利于在企业家精神与经济组织之间建立起关联的真知灼见。后续的章节也将对这些洞见做更加详细的阐述。

二 现有的企业理论

新古典企业理论

通常被称为"新古典的"企业理论出现于 20 世纪二三十年代之间，以庇古（Pigou，1928）、威纳（Viner，1931）和罗宾森（Robinson，1933，1934）的作品为代表。它的形成与消费者理论（Hicks and Allen，1934；Loasby，1976）的形式化是同步的。（正如消费者效用最大化受到预算约束，企业利润最大化受到给定生产函数和要素价格的约束。）这些学者也试图使马歇尔的价格理论体系——尤其是他的"代表型企业"——概念更为精细，但真正的结果却与马歇尔的意图相去甚远（Foss，1994）。实际上，一个不幸的结果是马歇尔式的企业家从价格理论中被剔除了出去（Loasby，1982）。新的企业理论的基础是新古典生产理论，与之伴随的假设是所有的知识都是外生给定的蓝图知识，且能够立刻被用于生产，这使得企业家顶多充当一个解围作用的人物（Deus ex Machina）。在微观经济学的教科书中，由庇古、威纳和罗宾森提供的理论以众所周知的成本工具（cost apparatus）的形式存在，甚至以一种更为抽象的竞争性一般均衡模型去塑造生产者（Debreu，1959）。

在当今的经济学教科书中，"企业"是一个生产函数或生产可能性集合，一个将投入转化为产出的"黑箱"。企业被模型化为单一的行动者，面对一系列被刻画得并不那么复杂的决策，诸如生产多少产品，每种要素的投入量等问题。当然，这些"决策"并不是真正的决策，它们只是简单的数学计算而已，答案已经隐含在给定的数据中了。从长远来看，企业可以选择最优的规模和产出组合，但即使是这些选择也都由生产函数的特征（经济的规模、范围和序列）决定。简而言之，企业是一组成本曲线，同时"企业理论"是一个数学问题，而企业家什么都不需要做。

虽然内容上空洞无物，生产函数理论的魅力在于它完全类似于新古典消费理论，并且有利于分析上的处理（利润最大化类似于效用最大化，等产量曲线类似无差异曲线等）。当然，许多经济学家和大多数管理学家对"生产函数视角"（Williamson，1985）越来越不满，因为它无法解释真实世界中多样化的商业实践，如垂直和水平一体化、兼并、区域和产品线多元化、特许经营、长期的商业外包、转让定价、合资研发等。当然，企业理论本来也不是为了解释这些现象的；它只是解释市场价格的一个中间步骤（见 Machlup，1967）。然而，传统的企业理论对比较经济组织（comparative economic organization）问题闭口不谈，这很大程度上解释了近年来委托代理理论、交易成本经济学、产权视角以及其他方法的兴起。它们都起源于科斯 1937 年里程碑式的文章——《企业的性质》。

科斯

科斯（1937）提出了一种颠覆性的思考企业的方法。他认为在新古典价格理论中，企业是没有理由存在的。他推断，如果企业诞生于市场经济，那么必然存在"利用价格机制的成本"（Coase，1937：390）。市场交易需要特定的成本，如寻找交易伙伴，谈判交易条款，制订和执行合约。"根据价格机制'组织'生产活动，最明显的是发现相关价格的成本"（Coase，1937：390）。复杂的生产活动需要借助各种市场交易来协调，而每一种交易都需要独立的合约，第二类成本则来源于合约的执行。在企业内组织这些经济活动能够避免第二类成本。在企业内部，企业家可以通过自己协调这些活动从而降低"交易成本"。然而，内部组织带来了其他类型的交易成本，如信息流动、激励、监督和绩效评估等过程中产生其他类型的易成本。因此，企业的边界是由相对的外部交易成本和内部交易成本在边际上的均衡决定的。

在一篇短文中，科斯指出对企业理论的**希求**在于，用比较制度的方法解释交易活动如何分布在不同的治理结构中。或许，科斯这篇文章最突出的特征在于它的纲领性：科斯提出了一个能够把不完全合约和交易成本（"利用价格机制的成本"）结合起来的研究范式。他将企业理解为一种基本的合约概念，同时也运用了效率分析法（efficiency approach）。最重要的是他定义了企业理论研究的主要任务，即"找到为什么会在专业化交易的经济中出现企业的原因"（即企业的存在），"研究决定企业规模的力量"（即企业的**边界**），并且探究"管理报酬递减"现象（即企业的内部组织）。科斯认为，如果将"利用价格机制的成本"引入到通常意义上的经济学（ordinary economics），则可以完成上述的三个研究。对于大多数现代企业理论而言，尽管具体的术语和观点可能不同，但从它们都遵循这个研究范式来说，它们都是"科斯式"（Coasean）的。然而，在科斯的思想中，企业家又是什么样的呢？

科斯,奈特和企业家

科斯对企业家的论述有些含糊。当他使用这个词的时候,一方面,他把企业家定义为"在竞争性的系统中,替代价格机制引导资源的人"(Coase,1937:388 n2)。但他的"企业家"的主要功能是在给定的治理结构中,对各种特定交易的组织成本进行比较,而非在不确定性下形成判断、运用柯兹纳所说的警觉性,或者熊彼特强调的创新性;[①] 另一方面,科斯又强调经济组织的某些方面最好放置在企业家活动的背景下来理解。值得注意的是,他对雇佣合约的讨论指涉不确定性条件下的不可预测性和定性协调(qualitative coordination)的必要性(Langlois and Foss,1999)。这为企业家的投机和协调行动提供了充足的空间。但正如我们看到的,这个观点无论是在科斯本人的思想中,还是在科斯的后继者对企业理论的贡献中都未能得到充分的完善。

科斯摒弃了奈特(1921)从企业家的视角来解释企业的做法。也可以说,科斯误解了奈特(Foss,1996b)。科斯批评奈特把"支付模式(mode of payment)作为企业的显著标志"——企业家索取剩余而保证风险厌恶的员工获得稳定的工资。对于科斯而言,这不是企业的定义,因为一个"企业家可以通过向别人出售自己的服务换取一笔货币收入,而支付给员工的工资可能占利润份额的大部分或者全部"(Coase,1937:392)。这里,科斯似乎忽略了奈特分析的主旨:"企业家的服务"代表着不可保险的风险或真正的不

[①] 这与后马歇尔(post-Marshallian)传统把"经理人"和"企业家"看成同义词(如 Kaldor,1934;Robinson,1934)是一致的。马歇尔传统之外的学者,如菲特(1905)和达文波特(1914)使用诸如"企业家"(enterpriser)"冒险家"(adventurer)和"(源于意大利语的)企业家"(imprenditor)等将企业家从经理人概念中分离出来。

确定性。由于成本太高，这些服务不能被交易。（我们将在下一章继续讨论这个话题）。

然而，这并不意味着科斯的分析与奈特的分析是对立的。在某些维度上，这两种方法是互补的。科斯从相关交易成本的角度对企业存在性做出了解释，他关注的是企业的雇佣边界。换句话说，对于科斯而言，关键区别在于企业家是与独立的供应商和分销商签订合约，还是选择雇佣员工。朗格卢瓦（2007c）指出，奈特并没有对企业家——所有者为什么必须雇用员工给出令人信服的理由，因此奈特的方法并不能形成一个科斯意义上的企业理论。这可能是对的，但对于奈特而言，企业是通过资产所有权而非通过雇佣员工来界定的。奈特的理论——类似于20世纪八九十年代出现的不完全合约理论或产权理论——侧重于企业的**所有权**边界，而非雇佣边界。① 尽管如此，朗格卢瓦正确地指出，为了解释企业家为何把雇员而非独立的缔约人作为合伙人，奈特的研究方法也需要结合科斯的交易成本理论。

现代组织经济学

由于缺少恰当的"分析技术"，主流经济学家无法接受科斯的思想，导致他开创性的分析被忽视了30多年。（详细讨论见 Foss and Klein, 2011）。正如科斯（1972）后来指出，其他学者熟知并

---

① 施普尔伯（2009）从费雪（1930）的"分离公理（separation theorem）"这一术语的角度出发定义了企业。他认为新古典企业的最优投资决定与所有者的偏好无关（也与融资决策无关）。施普尔伯（2009：63）指出，企业"是一种交易制度，它的目标与它的那些所有者的目标不同。这种分离是企业和消费者之间的直接交易的一个重要不同。"如同产权理论那样，在本书所采取的奈特式框架中，也是用资产所有权而不是独立的偏好来定义企业的——事实上，所有者的偏好代表了对企业活动的最终约束，即使是对上市公司来说也是如此。另见哈特（2011）对此的进一步讨论。

且认同他的理论，但就是不使用它。然而正当科斯抱憾之时，大量有关企业理论的研究迅速展开。这得益于界定了现代企业理论主流研究方法的四个开创性贡献：交易成本经济学（Williamson，1971）、合约连结视角的企业理论（Alchian and Demsetz，1972）、委托代理理论（Ross，1973）和团队理论（Marschak and Radner，1972）。

综合起来，科斯之后的企业理论遵循科斯把企业理解为合约实体的思想，认为它的存在、边界和内部组织可以从节约（各类）交易成本的角度来理解。这并不是说现代组织经济学中的每一个理论，都在包含相同类型的交易成本的统一框架下解释上述三个关键问题。相反，这些理论之间似乎存在分工：委托代理模型（Holmström and Milgrom，1991）和团队理论（Marschak and Radner，1972）主要关注内部组织；交易成本经济学（Williamson，1985）和产权理论（Hart，1995；Hart and Moore 1990）关注企业的边界。同样的，这些方法强调不同类型的交易成本。其中，委托代理模型强调监督成本；产权理论强调制订（完全）合约的成本；交易成本经济学关注签约后的执行和讨价还价成本。[①]

在这些方法中，传统上只有交易成本经济学和产权理论的方法被认为是企业理论本身（Hart，1995）。委托代理理论和团队理论关注生产型关系，但不强调资产所有权。也就是说，他们不考虑企业的边界。解释企业的边界的前提是假定合约不完全，否则一切都可以用合约来规定而不需要所有权。所有权被理解为制订决策的"剩余权利"，这些决策无法被详尽地表现在合约中。团队理论和委托代理模型都假定合约是完全的，而交易成本经济学和产权理论

[①] 这是我们所做的一个合理重构；研究正式合约理论的学者，如委托代理理论或者产权理论学者，一般不那么接受"交易成本"这一概念。进一步的讨论，参见吉本斯（Gibbons，2005）。

以不完全合约为基础。因此我们将主要强调后两种方法。

虽然现代组织经济学的各个分支包含许多理论、方法和重点，但是他们在一个观点上是具有共识的（有时是隐含地表达这一点），即要想解释企业**存在的原因**必须超越德布鲁（1959）的完全竞争模型。这就明确地把所有的企业经济理论——从奈特（1921）（他的观点阐述的非常清楚）到科斯（1937）和他的交易成本理论继承人（Williamson，1996），再到现代合约理论（Salanié，1997；Laffont and Martimort，2002）——联合在一起。虽然存在各种形式的"摩擦"，如（真正的）不确定性（Knight，1921）、不完美预见或有限理性（Coase，1937；Kreps，1996；MacLeod，2002）、少数人谈判问题（Williamson，1996）、讨价还价成本（Coase，1937）、私人信息（Holmström，1979）、处理信息的成本（Marschak and Radner，1972；Bolton and Dewatripont，1994）、质量检测成本（Barzel，1982，1997）或者不完美的法律执行（Hart，1995；Williamson，1996）。所有这些方法都截然不同于完全竞争的一般均衡理论给出的完全的、视情况而定的合约模型（Debreu，1959）。

不完全合约的一个结果是创造的价值（"福利""财富"和"剩余"等）不能达到假定的最大化水平。然而，这种"最优"的状况还是被视为基准，尽管科斯（1964）和德姆塞茨（1969）都从方法论上批评了这种"涅槃谬误（Nirvana approach）"。通常情况下，现代企业理论将以下概念作为基准——行动人本可以在上述各种摩擦都不存在的情况下创造的价值。这样的假设可以用构成科斯定理（Coase，1960）或新古典经济学第一福利定理（Debreu，1959）的条件来表示。在这些条件下获得的价值将达到最大值，因而不可能通过重新安排资源的使用或组合以产生更多的经济价值。值得注意的是，这些条件很大程度上是制度中性和组织中性的，这就意味着基于私有财产权的不受约束的市场竞争将实现最优的资源配置。同样地，严格来说，由企业还是由市场充当主要的资源配置角色就变得不再重要了。①

当然,这种最优效率在现实中绝不会存在。制度和组织安排——通过使用不同的机制来调节投入——会影响资源的配置。这也取决于对交易、产权和信息等做了什么样的假设。事实上,所有企业理论都建立在这一关键的启发式之上:相关的分析单位(交易、经济活动、要素投入)需要与特定的治理结构(如垂直一体化或合约等)相匹配以满足一定的效率标准(Williamson,1985,称之为"区别性配对")。假设决策者是理性最大化者,如果存在帕累托改进(或潜在的帕累托改进)的可能,就会调整交易和治理结构之间的匹配关系(如 Milgrom and Roberts,1992)。这一方法的特点是往往使用"如果……就"的推理。如果行为人不愿意或未能做出相应的调整,竞争选择的力量就会淘汰低效率的组织安排(Williamson,1985,1988;Lien and Klein,2009)。[如果交易成本阻碍了调整,那么可能无法"补救"这类低效率(Williamson,1996,第八章),因此,之前的匹配未必是真正的低效率。]

常有这样的论述:企业之所以出现,是因为用市场来治理某些交易或活动是"失败"的,因而对这些交易或活动的治理来说,组织优于市场。然而,这个论述本身并没有告诉我们具体涉及的机制。当不能具体说明涉及哪些机制时,这样的论述不过是同义反复。继而,学者们开始投入大量精力确定相关的机制,并对其进行理论化。过去 30 年的主要工作就是研究从诸如囚徒困境等情境中

---

① 但通常认为,在完美和无成本缔约的情况下,任何类型的组织都不会存在。在这种情况下,甚至不存在一个人的企业,因为消费者可以直接与提供服务的要素所有者缔约,而不需要诸如企业之类的中介组织服务(如 Cheung,1983)。

涌现出的激励冲突。[①] 为了理解市场中或者更准确地说是少数人谈判背景中的激励冲突以及治理机制如何修正特定的激励冲突,让我们来看一个简单的例子。

例子

这个例子(借鉴了 Wernerfelt, 1994)给出了"不完全合约"理论的基本逻辑,是目前的组织经济学的主导理论之一。它的具体内容与其他的研究方法有差异,但基本推理和基本假设非常相似。图6—1用于说明这个策略式博弈的例子。

沿用赫维茨(1972)的方法,经济主体的交易过程是以博弈的方式选择最终的均衡解。虽然这个例子仅仅强调两个主体(参与人),但是我们可以把"B"视为诸多希望与 A 合作的潜在主体(如公司)中的一个代表性主体。也就是说,这个情况满足"大数原则",至少我们可以设想这一状态在开始的时候是发生在市场背景下的。

假设经济主体最初在各自保持独立(即他们是不同的法人)的情况下展开这种交易。效率目标要求主体选择能够产生最大收益的博弈模式和均衡。两个参与人开始于面对面对抗的博弈模型1。在这个博弈中,帕累托标准太弱因而无法得到唯一的均衡解。因为(上,左)和(下,右)都可能是此标准下的均衡点。然而,由于(下,右)均衡点的利润大于(上,左)这个均衡点的利润。因此,贿赂 B 使他选择(右),将符合 A 的利益。加总利润最大化表

[①] 有些研究借鉴团队理论(Marschak and Radner, 1972; Aoki, 1986; Radner, 1986; Bolton and Dewatripont, 1994)或者将纯粹的共同利益博弈模型作为研究的起点(Camerer and Knez, 1996),但不重视激励问题。然而,虽然这种方法增进了对内部组织中那些与信息处理相关的问题的理解,但它不能解释组织的存在和边界问题(Williamson, 1985; Hart, 1995; Foss, 1996a)。

明参与人偏爱这种均衡。那么问题就在于如何设计一个合约,使得经济主体选择产生上述均衡解的策略。注意,这个问题与专用性投资研究的本质相符(Klein et al, 1978; Williamson, 1985; Hart, 1995)。在这种研究中,一个经济主体(也可能两个经济主体)不得不选择一个策略[在这个例子中是(右)],虽然该策略产生的利润最大[此时,另一个经济主体需要采取最优应对策略(best-response strategy)],但对他而言未必有吸引力(他只得到了1)。

		博弈1				博弈2	
		B				B	
		左	右			左	右
A	上	2, 2	0, 0	A	上	2, 2	0, 0
	下	0, 0	4, 1		下	0, 0	$4-u, 1+u$

图 6-1 两种博弈形式

一个显然的解决方案是选择一笔贿赂 $u(1<u<2)$,使 A 选(下)和 B 选(右)以实现均衡。如果缔约环境允许合约能够(无成本地)被制订和执行的话,经济主体会选择有效率的策略。显然,此时没有必要创立公司,少数人谈判的情景并没有产生低效率。

然而,不同的缔约环境可能会产生不同的结果。例如,成本(如 u 可能是无形的,诸如商誉,并且难以被精确地描述)可能非常高,以至于无法详尽罗列合约的所有条款。可能的原因包括信息成本、语言的限制,出现不可避免的真正的新奇(novelty)等。这就导致了合约的不完全。或者,缔约方可能非常聪明地写下与双方关系相关的所有可能情况,但第三方无法验证和强制执行该合约

(Hart，1990)；抑或缔约成本超过了收益（Saussier，2000）。所有的这些情况，都可能导致无法获得最优结果，也就是不能让利润达到最大化。在我们给定的例子中，A可能遇到合约中尚未涉及的意外事件，从而拒绝向B支付贿赂，而B可能不具备追索权。当然，B可能很有远见地预测到这种可能性。因此，规定了转移支付的合约也可能无法维持均衡［也就是说，经济主体获得$(4-u, 1+u)$这一结果可能不是子博弈完美解］。由于B可能不会理性地选择（右），价值就会低于最优结果。

产生一个有效还是低效的结果，在很多情况下取决于对博弈结构和时点的敏感性。然而，在我们的例子中，如果无论出于什么原因，缔约环境使得缔约双方无法强制执行"A向B支付贿赂金u，则B选择（右）"这一承诺，那么时点就变得不重要了。如果A在博弈开始之前贿赂B，B将不会选（右），这就意味着A将不贿赂B；如果A向B承诺在博弈之后支付贿赂，B将认为这不符合A的利益，他会继续选择（左）。这个博弈体现了这样的思想：当经济主体预期缔约伙伴的机会主义行为时，他们将不会采取有效率的行动或进行有效率的投资。归根结底就是，合约不能完全保证"利润或者福利不会因为激励冲突（给定风险偏好）而减少"。

经济学家分析的企业就是各种可以进行互相比较的合约安排中的一种，它同样也是不完美的（Coase，1964）。一个专用性的合约安排体现于权威关系中。当一个参与人是雇员，他服从另外一个参与人的命令来实施具体的策略（如（右））以获得具体的补偿时，就属于这种情况。换句话说，其隐含的思想是，当把市场中的交易或活动转移到组织环境中时，之前的协议将会被兑现。例如，在威廉姆森（1985）看来，其原因在于激励的改变：当一个经济主体从独立的企业家变成员工时，他不再是一个剩余索取者。因而，他采取导致次优均衡行为的激励也就相应减弱。在我们的例子中，一旦B（或A）成为雇员，因而要遵从A（或B）的命令，那么他可能无法从选择（左）（而不是（右））中获取任何好处。借用西蒙（1991）的话，法律对劳动交易的规定可能会强化这种"顺从"（Masten，1988）。另外，仍然维持着的雇主—雇员关系产生的声誉效应（reputation effects）也可能足以约束机会主义行为（Kreps，1990，1996）。

三 现代企业理论和企业家精神

在上一节中，标准的博弈论模型阐述了现代企业理论中的一些关键假设，但这些假设可能很难与企业家精神相协调。我们接下来将进行逐一讨论。

认知

大多数企业理论都对经济主体的认知能力做了很强的认知假设。几乎与所有形式化的主流经济学类似，这些理论假设认知的同质性、正确性和恒定性：经济主体认识外部世界的模型是相同、正确的，而且这个模型不会改变。这些假设被纳入到正式的合约理论中（即委托代理理论和产权理论），假定收益、策略、博弈结构等是共同知识。有限理性时不时地会被企业理论援引，作为其理论的必要部分，特别是威廉姆森（1985，1996）。[1] 然而，现代企业理论研究的大多数合约问题只有信息不对称假设（Hart，1990）。有

---

[1] "但是对于有限理性"，威廉姆森指出（1996：36），"任何的组织问题都不复存在，而是指向了阿罗—德布鲁模型或各种机制设计理论中的那种全面合约。""完全合约"不需要考虑任何威廉姆森意义上的"治理结构"来处理因未预期到的变化而引起的协调和激励问题。

限理性假设除了说明合约不完全的正当性外，似乎没有其他用处（K. Foss，2001）。同样，由于以博弈论为特征的合约理论建立在贝叶斯基础之上，这使得奈特不确定性、开放性或非决定性等概念都起不到任何作用。在上述的模型中，参与者永远不会感到惊奇（**surprised**）。①

显然，这种建模方法几乎没有给我们一直强调的企业家精神以及对企业家活动构成的市场进行的特征描述留有任何余地。正如菲尔普斯（2006：13）观察到的：

> 有关合约的研究都或明或暗地假设，缔约双方认识世界的模型是相同的，因而拥有相同的"理性预期"。这个思路并不适用于资本主义经济理论，因为人们的观点向来都不会是同质的，而且很可能是极为多样性的。

因此，企业家可能无法最佳地利用所有的现有信息（Sarasvarthy，2001），他们的判断可能是偏的（Busenitz and Barney，1997）。同时，在奈特不确定性条件下，我们可能没法很好地定义理性预期。②

---

① 有些合约理论的研究加入了意外状况（如 Grossman and Hart，1986），但这种意外情况对经济主体来说不是产生新利益的源泉，也不会改变主体之间的利益分配。因此，即使意料之外的情况影响主体之间的交易关系，主体仍被假定知道他们最终的效用情况。对这个假设比较刻薄的评述，见 Kreps（1996）。

② 正如菲吕博顿（2002：89）所说，"由于奈特不确定性无处不在，企业可能无法随时调整它的结构以实现最优的运营。尤其是，决策者无法依赖概率计算……可以说，新制度经济学必须非常清晰地解释有限理性的企业家如何做出决策或获取信息；同时能够说明在任何给定环境下，有多少信息是企业家能够合理地预见到自己将会获得的。"

一切都给定的

由于对主体认知能力的强假设,决策状态也总是明确的,并且给出了决策的全部选择集(Furubotn, 2002)。因此,如果人们面对的是合约设计问题,那么如何选择有效的经济组织等同于一个标准的求解最大值问题;如果面对的是选择不同治理结构的问题,人们只需要在已给定的"各种结构化方案"中做出选择(Williamson, 1996)。这无需进行试验,不存在学习过程,也没有给引入新合约或组织形式留下空间。就上述有关博弈理论的陈述而言,策略和博弈的形式都是给定的,但一系列问题并没有得到说明:参与人如何知道这些收益的?参与人如何了解彼此?是否还有其他策略?参与人对收益,对自己的对手以及其他策略是否持有相同的看法?参与人如何知道自己进行的是哪种博弈以及博弈的类型?[1] 在组织经济学(和大多数博弈理论)中,这些类型的问题会因为共同知识假设——在博弈模型中,参与人对于其他参与人的策略有着同样的、共享的信念,并且这些信念与博弈的某种均衡一致——而被忽视。如为了某些目的,不考虑无知和一些结构不良的决策情景(Simon, 1973)是完全合理的。要是为了其他目的,如理解企业

---

[1] 显然,试图用一个"超级博弈"——在这个超级博弈中,自然(根据已知的概率)首先选择经济主体参加哪个博弈,之后,经济主体根据预设的各个结果的值行动,也即把自然行动的优先性考虑在内——来解决问题,只是把问题往后推移了一步。经济主体如何知道"自然"能够在其中进行选择的那个可能的博弈集?各种正在进行中的博弈,经济主体对于它们发生的可能性有着(往往是共同的)先验的信仰,这种信仰来自哪里?还有其他类似的问题。

家精神和组织之间的联系,这一做法就存在严重问题。[1]

动机

现代企业理论关注"高能(hign-powered)"的激励——奖励和惩罚是明确的、可衡量的和外在的。例如,虽然不否认内在动机对经济主体的职业选择的作用,但它强调在边际上,外在激励是行动和行为的主要决定因素(如努力程度的选择,关系专用性资本的投资数量,是否扭曲信息等)。低性能的激励,如固定工资、职位晋升或依赖于主观绩效评估的激励,只在高能激励有不良副作用的时候——例如,一个经济主体赚取计件工资时努力工作,但忽视工作质量才会被使用。(这个问题在多任务代理模型中尤为突出,可见 Holmström and Milgrom, 1991。)[2]

对动机的标准化处理引起了现今的批评家的担忧,倒不是因为它假设存在机会主义——这是早期批评家的批评对象,而是因为它过于强调外在动机(如 Osterloh and Frey, 2000)。行为几乎完全被视为对某种外力——如对某种可触摸之物的预期的一种反应。经济主体从来不会出于自身的理由去做一件事。这些批评者并不必然否认机会主义、道德风险等问题的真实性,但坚持认为除了凭借明确的金钱激励、惩罚和监督,还存在其他研究这些问题的方式。这些方法常常依托于社会心理学(特别是 Deci and Ryan, 1985)和实验经济学(如 Fehr and Gachter chter, 2000)。

社会心理学的研究基于"自我决定理论"(self-determination

---

[1] 正如罗斯比(1976:134)指出:"企业之所以存在,是因为不可能事先确定所有的行动,即使是视情况而定的行动也不可能提前预知。企业表现为一种不同的应对紧急事件的机制。企业存在的基础就在于存在不能完全明确的事件,能够被明确的事件可以交给市场处理。"

[2] Bénabou and Tirole (2003) 尝试把内在动机引入到委托代理模型中。

theory)(Deci and Ryan, 1985)。该理论认为人们天生具有展示自己的能力，保持一定程度的自主权以及与其他人建立关系的欲望。但凭直觉来看，这些特征听上去和那些能够激励企业家的特征类似，也的确有证据表明内在动机对企业家尤为重要（如 Delmar, 1996；Stenmark, 2000；Guzmán and Santos – Cumplido, 2001；Segal Borgia and Schoenfeld, 2005；也可参见 Phelps, 2006）。当然，这并不是否认企业家关注物质回报（Kirzner, 1982, 1985；Baumol, 1990），尤其是边际上的回报。正如第四章阐述的，从判断的视角来看，企业家行动本身是一个思维决策，而不是边际决策。我们不能像讨论资本或劳动那样，讨论企业家精神的供给曲线。但在一系列企业家行动集合中，诸如投资这个或那个生产线，购买这些或那些资源，制订某些合同或雇用特定员工等决策会受到外在和内在的边际收益和亏损的影响（Douglas and Shepherd, 1999）。在企业内部，创造性的企业家的努力可能尤其受内在动机的驱使（Osterloh and Frey, 2000）。在企业理论中，对内在动机的忽视，可能有助于解释这些理论与企业家精神之间不融洽的关系。

忽视异质性和能力

许多非主流的经济学家，特别是演化经济学家以及战略管理学家，批评企业理论忽视企业异质性或能力的差异（如 Winter, 1988；Langlois, 1992；Kogut and Zander, 1992；Jacobides and Winter, 2005）。相比之下，这些学者赞同基于能力或知识视角的企业理论。他们以经验归纳为研究的起点，认为企业专有的知识具有黏性，并且是隐含的。这些知识通过路径依赖的过程形成。这意味着组织必然受到自身掌握的如何经营企业的知识的限制。① 这一研究大多建立在潘罗斯（1959）对资源、组织能力和企业成长的洞见的基础上。

能力差异意味着企业家有效组合和重组资源的能力不同。或许可以把企业家实施判断的技能视为一种能力，而其他形式的能力可以创造李嘉图或马歇尔意义上的租值。或许从克格特和詹德（Kogut and Zanderm, 1992）以及朗格卢瓦（1992）的研究开始，基于知识视角的学者认为，能力的特征对于研究竞争优势而言非常重要，对经济组织的主要问题也很关键。因此，基于知识视角的学者认为企业理论应该从基于知识的因素中产生，而非从激励、机会主义和交易成本中产生。

我们同意这个批评的基本切入点，那就是现代企业理论将企业原本不应该被同质化的部分过度同质化了。我们欣赏基于能力和知识的研究视角与奥地利学派的隐含知识之间的关联。② 事实上，这一观念——只有产业是重要的，而产业内企业之间的差异相对不重要——在许多方面与基于什穆假设的生产理论类似，我们在上一章对后者做了批评。正如德姆塞茨（1991）指出的，许多现代企业理论本质上认为生产所需的知识是免费的，而交换所需的知识则需要付费。相比而言，能力理论承认生产和交易的知识都需要付费。

---

① 基于知识视角的大部分研究都或明或暗地遵循方法论集体主义（Felin and Foss, 2005; Abell, Felin and Foss, 2008）。

② 一些奥派学者对基于知识的研究视角尤为着迷，因为这个方法似乎严肃考虑了哈耶克隐含的、分散知识和规则遵守行为等概念（Malmgren, 1961; O'Driscoll and Rizzo, 1985; Loasby, 1991; Langlois, 1992, 1995, 1998; Foss, 1997; Dulbecco and Garrouste, 1999; Foss and Christensen, 2001）。近些年来，探索能力理论的奥地利学派根源引起了不少人的兴趣。通过潘罗斯的博士论文导师、米塞斯的学生弗里兹·马克卢普（Fritz Machlup）这个纽带，潘罗斯与奥派关联也得到了考察（Connell, 2007; Foss et al, 2008）。然而，这些探讨主要局限在探讨这两个思想流派间的相似性，并没有产生多少有价值的见解和可反驳的假说。

在诸多方面,我们完全同意能力理论的如下观点:如果资本资产（包括知识资产）是异质性的（第五章），获取生产所需的知识就应付出代价。此外，如果不同企业组合这些资产的交易成本不同（Coase, 1992），企业将沿着不同的路径成长和发展。最后，企业家之间的判断能力显然是异质性的，不同的判断能力会在初创企业时汇集不同的初始资源。随着企业的成长，企业也会有不同的边界和内部组织结构。正是由于这些原因，企业并不具备同样的"能力"。

因此，我们认同能力理论对企业层面的异质性的关注，然而，对异质性能力的强调并不意味着合约问题不重要。正如其他学者注意到的（如 Silverman, 1999; Nickerson and Zenger, 2004），能力和合约理论是互补的，而非互相替代的。企业特定的知识和能力影响企业家做什么，而交易成本可能决定他如何做——例如，他应该和雇员还是独立的承包商合作、他应该购买还是租赁设备等。然而，我们更进一步指出，企业家的判断和资源收集的交易成本是异质能力的前提条件。能力源于资源收集以及对资源组合的不断试验（第五章）。因此，企业家的视角和交易成本的视角在逻辑上先于能力。

忽视过程

从效率和最大化角度解释经济组织，是企业理论受到批评的一个最为常见的原因。如果经济主体是有限理性的，他们如何通过有效率的合约、治理和组织安排来推理（Dow，1987；Furubotn，2003）？[①] 此外，将企业视为一个可塑性极强的实体，在面对外界冲击时能够快速调整结构这个隐含的观点，如何与企业的惯性和路径依赖这个更现实的观点相协调呢？如果企业是由异质且互补的资本资产组成，同时需要企业家判断来确定最佳组合，那么企业的形成和再造就是一个不断试验和学习的过程，而不是每时每刻的最优化（optimization）。如温特（1988：178）所说：

> 一个大公司在某个时点的规模不能被视为解决一些组织问题的答案。通用汽车位居"财富500强"之首……并不是因为当时一系列（技术或组织）成本最小化的要求使得美国经济的某一个部分要用这种方式来组织。它位居首位的原因在于过去很长一段时间一系列经济活动的累积效应。

解释这个批评的一种方法是：企业理论试图解释单个交易的治理（Williamson，1996），或属性的集合（Holmström and Milgrom，1994），但是没能认识到某个交易的治理如何取决于其他交易的治理决策。阿盖尔斯（Argyres）和利贝斯金德（Liebeskind）（1999）把这种依赖称之为"治理的不可分离"。面对治理的不可分离性，企业可能采用在某个时点看起来效率低，但从更长期的角度来看富

[①] 基本上，有效的经济组织被认为是消息灵通、理性的主体有意识选择的结果。如果严格推敲这个问题，组织研究的经济学家们可能需要引入演化的选择过程。例如，威廉姆森（Williamson，1988：174）意识到，交易成本经济学框架下的应用研究"一般性地依赖于竞争效率来区分有效率的和低效率的组织模式，把资源配置到前者上"。因此，解释要么是完全"有意地"；要么是"功能演化地"（Elster，1983；Dow，1987）。进一步讨论，详见 Lien and Klein（2011）。

有效率的治理结构。① 治理结构的改变不仅影响时下的交易，而且影响整个时间序列上的交易，这可能使得组织形式看起来比实际上更具"黏性"。

奥派经济家和演化经济学家都不同程度地熟悉这些批评。他们一直倡导用"过程"的视角理解经济活动，认真思考时间的作用（Hayek，1948；Kirzner，1973；Dosi，2000）。哈耶克（1948）区分了新古典经济学意义上的"竞争"（它被视为一组均衡条件，包括市场参与者的数量、产品的特性，等等）和作为一个对抗性过程的"竞争"——这是一个更为古老的概念。在某一时点低效、甚至反竞争的做法，如果被视为长期竞争过程的一部分则可以得到更好的理解。在说明福利时，应该把过程作为评价标准，而不能把此过程中的一个特定时点所达到的条件作为评价标准（Matsusaka，2001；Klein and Klein，2001）。②

相应地，把企业家放在一个没有时间维度的框架中是没有任何意义的。我们不能把企业家精神理解为一闪而过的念头；我们也不应该把判断、发现或者创新的过程压缩成一种单一的格式塔。随着信息的展露，企业家不断修正推测。这些过程也将随着时间而不断展开。此外，正如我们下文要讨论的，从过程角度理解企业家精神是认识经济组织的关键。

---

① 治理的不可分离既涉及一段时间内不同交易的关联，也涉及某一时点上组织内不同交易的关联（Argyres，2010）。

② 威廉姆森（1996）意识到把历史引入到交易成本经济学中的必要性。他引入"可补救性"（remediableness）这一概念，作为判断福利的标准。他指出，当且仅当一个路径依赖的过程可修正，即存在一个替代方法，它的实施可以带来净收益时，它才被认为是次优的。仅仅假设存在一个更优的结果，但是这个结果无法被实现，则不能证明现有结果是次优的。但这本身并不是一个过程理论。

压缩行动空间

除了目前提到的这些问题,还有其他更为细微的原因导致企业家精神与现代企业理论之间产生脱节。[1] 在标准模型特别是合约理论(代理理论和不完全合约理论)中,对代理人能做什么的假设在有些方面太过不切实际,而在另一些方面则明显不够充分。换句话说,很多企业理论的学者们在理论构建中采用"非此即彼"的方法。例如,对于一些变量,行为主体要么完全了解,要么根本不了解;对于财产权利,要么完全被执行,要么根本不被执行;对于行动,要么完全可检验,要么完全不可检验,等等。[2] 作为建模的惯例,许多决策变量会选择极端值,然后解释哪些(通常未事先说明)信息或交易成本导致经济主体不能选择某些行动。

之前提到的对企业理论的批评,本质上是对其随意压缩某些行动空间的批评。换句话说,在诸多企业理论选择了特定的"隔离",这意味着他们压缩了对真实世界的决策者而言非常重要的行动空间。[3] 值得注意的是,不允许经济主体施展企业家精神,从而

---

[1] 对这个问题更全面的讨论,见 Foss and Foss(2000)。

[2] Uskali Maki(1992,1994)提出的"理论隔离"概念体现了这个思想。Maki(2004)和 Kylaheiko(1998)之间的辩论涉及到这个概念在具体经济问题上应用。一般来说,"隔离"是指为了理解真实经济,要把一些因素包括在内,把一些因素排除在外,这是通过"理想化假设"来实现的。Maki 认为"隔离"在经济学理论的争论中扮演着重要角色,许多争论都围绕着指责某个理论隔离太少或太多,甚至隔离了错误的因素而展开的。

[3] "隔离"可以被定义为这样的程序:"假定把一部分限制条件分离出来,使它们不再卷入到真实世界中,或受其影响。"(Maki,2004:4,强调为原文所有)。Mäki(2004)进一步指出,理论上的隔离在某个维度上可以是**垂直的**(即剥离掉一些条件的特性,使之具有一般性),同时(或者)是**水平的**(即给定抽象水平上的隔离)。而在另外一个维度上,"隔离"也可以是**内部性的**(即隔离来自系统内部的对系统的影响),同时(或者)是**外部性的**(即一个系统同这个系统之外的条件相隔离)。

一定程度上回避了压缩行动空间所产生的互动问题（Makowski and Ostroy，2001）。

压缩行动空间和企业家精神的隔离手段，最有名的例子也许是凯恩斯主义的希克斯—汉森—莫迪利亚尼模型（一度被称为"新古典综合"）。这种类型的宏观经济模型，通过在完美的"经典"模型——如假设货币工资具有完全的向下刚性中人为地引入摩擦以产生凯恩斯主义的结果（Leijonhufvud，1968）。事实上，赫特（Hutt，1939）认为，凯恩斯仅仅通过假设特定市场中（具体而言是劳动力市场）不存在任何最优的企业家行动而得到他的结果。

其他有名的例子是灯塔的公共品特征（Coase，1974），苹果和蜂蜜分散化生产中的外部性（Cheung，1973）以及渔业和其他非排他性资源的公共品特征（Cowen，1988）。在灯塔的例子中，经典的论述认为灯塔是纯公共物品，这主要源自一个未经验证的假设，即执行这种特定类型的商品的产权，其成本特别高昂；相反，仔细研究各种提供灯塔服务的可能性揭示出，以足够低成本的方式实施产权（至少是产权安排中的一个重要部分）的方法事实上存在，并且历史上警觉的企业家曾使用过这些方法（Coase，1974）。[1] 这个故事的启示是，诸如"公共品"这种分类只有在特定的产权安排下才有意义（Demsetz，1964；Cowen，1985）。更为重要地是，这些产权安排是内生的，是警觉的企业家通过合约创新、执行方法的创新等来界定的（Makowski and Ostroy，2001）。因此，假如忽视企业家精神，那么，对于"哪些行动空间在发挥作用"的问题会很容易得出错误的结论。

---

[1] 这并不是说英国的灯塔全部是私有的，人们经常误以为科斯的分析证明了这一点。相反，灯塔是一种公有和私有混合体：产权是私人所有，但是由国家颁发执照，同时在公众的监督下收取关税（van Zandt，1993；Bertrand，2006）。

相关地，如哈特（1995）等追求形式化的现代企业理论学者，他们压缩行动空间的目的是解释特定的制度解决方案（如某种类型的所有权模式），他们不会考虑是否存在其他能够解决人际互动问题的制度（如各种合约解决方案）。[①] 当这些模型被建立时，经济主体不允许通过创造新的制度安排来解决由于行动空间受压缩而引起的问题。换句话说，企业家精神受到遏制。正如我们所述，压缩行动空间意味着：在给定的互动框架内（通常通过选择一些变量的极端值），行动主体不被允许知道或做某些事情。"被遏制的企业家精神"意味着不允许经济主体超越给定的互动框架，以尝试修正行动空间受压缩带来的问题。[②] 遏制企业家精神意味着经济主体不被允许想象或者执行新的制度安排——如针对外部性问题。这些限制意味着存在未被利用的利润机会（Barzel，1997），但由于建模的惯例（或者建模者缺乏想象力），不允许经济主体利用这些机会。在这种方式下，企业家精神受到了遏制。然而，正如我们下一步要讨论的，从理解重要的管理和战略现象来看，遏制企业家精神的成本非常高昂。将企业家精神融入企业理论中，将会产生深刻的见解。

四　企业家精神：企业理论尚未利用的概念

本体论的不同信奉

　　思考一下奥派和新制度学派关于经济的基本观点。基于我们的

　　[①] 进一步而言，对于这些经济学家来说，如果压缩行动空间从某种程度上说有助于理解某些合约现象，那么压缩任何行动空间似乎都是合理的。
　　[②] 对柯兹纳（1973）的区分有另外一种表达方式，第三章对此进行了讨论。这种区分即"罗宾斯最大化"（在给定手段—目的框架下的最优选择）和创造一种新的手段—目的框架（"企业家精神"）。

理解,他们强调:经济行动人不可能拥有完备的知识,交易是有成本的,积极逐利的企业家们会不断地调整与再调整生产的经济结构——包括设计新的、更廉价的交换和获取信息的方式——以期获得利润。如今的企业理论家可能也接受这个本体论,有很大可能他们的确认同这些观点。真正的差别在于,对被认为是源于这种本体论的模型如何建构,人们有着不同的"信奉"(O'Driscoll and Rizzo, 1985)。

在这个问题上存在许多不同的立场。经济思想史见证了诸多不同的、被信奉的本体论。谢克尔(1972)和德布鲁(1959:viii)给出了两个极端情况,前者几乎否认所有建模的可能性,原因在于建模本身会内在地歪曲人类选择的本质;后者则从数理形式的视角强调自己的理论"在逻辑上完全脱离于它所做的解释"。在一段非常中肯的论述中,巴列图(1989:115,141)认为:

> (主流经济学)的基本公理与企业家之间的对立给出了两种可能性:要么接受企业家并摒弃现代企业理论;要么摒弃企业家并继续忠于现代企业理论……简单地说,企业家精神是超"模型化"的——它不可能被巧妙地装在一个机械的、确定性的模型中。重要地是,这是一个"非此即彼"的选择命题,从而没有满意的中间状态。经济学理论选择的角点解是稳定的,因此企业家在经济理论中消失了。

虽然我们同意巴列图提出的企业家从经济理论中消失与经济学的研究方案日益形式化之间的关联,但我们不同意"没有满意的中间状态"这个过激的结论。我们对现代企业理论的批评不涉及它所有的基本观点和理论;相反,我们主要关注这些观点和理论所采用的具体形式。例如,现代合约理论使用特定的博弈论(贝叶斯)均衡概念,假定人们根据纯粹的逻辑推理实现协作。① 在这个具体形式中,为了数学上容易建模和便于处理,抛弃了更本质的、"直观的"洞见,而对理论本身而言,前者并不是**根本性的**。

把企业家精神融入企业理论

在诸多方面,现代组织经济学使用的分析工具——尤其是我们在这本书中提出的基于判断的视角——能够揭示企业家精神的主要特征。例如,交易成本经济学和产权理论对资产所有权的强调是对企业组织的一个关键认识,它与奈特(1921)和米塞斯(1949)的观点相一致。而不完全合约理论也与奈特和米塞斯的观点有共通之处。同时,信息不对称的概念有助于阐明企业家精神与其他类型的决策相比有什么独特之处。然而,现代组织经济学在许多方面仍然是它试图取而代之的新古典企业理论的直系后裔。正如基于能力视角的学者指出,现代组织经济学未能与新古典生产理论决裂,只不过把信息不对称、交易成本和其他"摩擦力"等超级结构(super-structure)嫁接到新古典理论中(Langlois and Foss,1999)。此外,现代组织经济学与新古典企业理论一样,都认为系统具有确定性、"封闭"性的特征。虽然它偶尔引入不确定性、无知和惊喜等概念,但其主要功能是以修辞的手法为合约不完全这个假设的合理性辩护(Foss,2003)。在他们的理论中,这些概念不会被论述、解释和深入挖掘,引入这些概念的目的当然也不是为过程和企业家精神提供空间。当然,将组织经济学的关键性见解应用在扩展的经济组织理论——一种能为企业家判断提供空间的理论中也许仍然有价值。

---

① 因此,假定经济主体在风险态度、激励权衡、讨价还价能力和信息不对称等约束下,能够在任何期望的博弈中协作,并且达到均衡。

具体而言,企业家需要与其他拥有异质性实物资本和人力资本的经济主体进行交易以实现他们的判断。这些判断体现在商业计划书或者更狭义的商业模式中。[①] 相关的交易可以通过多种合约安排来组织。因此,交易成本经济学似乎恰好能够帮助人们理解"经济组织"这个企业家精神的重要内容。尤其是它能够帮助人们理解企业家如何保护他的商业计划,使之免受其他缔约方的占用。威廉姆森(1985,2000)提出的简单合约模式表明,缔约方需要匹配治理模式和交易属性以保护投资。如果实施的商业计划是关系专用性的,企业家就会被束缚在一个资源组合中。商业构想的实施需要获取其他资源,这会导致缔约方之间形成双边或多边的依赖。依赖性不仅增加了缔约方相互之间不断地相互调适的需要,还可能给企业家带来被"敲竹杠"的问题。其他资源所有者可能会阻碍企业家实现该商业构想,除非他们能够获得更大的收入份额。因此,企业家也必须在设计商业模式时确定合约的保障措施,以此保护自己的企业家回报。

人类可能是有限理性的,但在交易成本理论看来,人们在设计商业模式时远非短视的。它假定人们着眼于长远利益设计合约(Williamson,1996,2000;详见 N. Foss,2001)。在签订合约时,双方考虑可能的缔约风险,并相应地制订保障措施。由于投资后可能面临"敲竹杠"的问题,如果没有保障措施,缔约方可能不愿意投资专用性资产。因此,企业家在把资源投入到搜寻和构建商业构想之前,就可能已经敏锐地意识到保护自身潜在收益的问题。他将试图保护自己免受他人机会主义行为的伤害,并围绕这些风险来

[①] 虽然我们认识到人的能力不是严格意义上的"资本"(因为它们不存在可以被买卖与定价的独立的、边际的单元,而工厂、设备或土地存在这样的单元,所以能够在市场中进行交换),但是我们在此还是要不那么精确地使用"人力资本"这个术语,用于指一般意义上有价值的知识、技能和经验等。

搭建商业模式。

然而，交易成本经济学并不假设交易特征和合约保障之间的匹配总是最佳的（Williamson，1985）。在签订合约时，缔约方可能未意识到潜在风险，保障措施也可能会无效，因而，失望的局面肯定会出现。当缔约方从他们的错误中汲取教训时，合适的保障措施才可能随着时间的推移而出现（Mayer and Argyres，2004；Argyres and Mayer，2007）。因此，合约设计可能是有远见的，但远非完美或完整的。缔约双方将从合约关系中得到多少（净）收益（效用），他们对此不会形成一个理性预期，尽管可以假定他们会有一个粗略的估计和"置信区间"（Kreps，1996）。从这个角度来看，简单合约模式为分析经济组织提供了一个过程视角。它研究的是随着缔约方不断学习和对治理模式的调整，给定的交易治理方式如何随着时间发生改变（Furubotn，2006）。缔约方进而可能改变对这些收益的估计。这些行动都是企业家精神的表现。对组织经济学中这样一个重要理论的直接应用表明，这一宽广研究领域中的既有研究成果同企业家判断之间建立关联将会产生丰硕的成果。①

既有的"结合"尝试

我们并不是第一个呼吁将企业家精神理论和企业理论进行融合的人。尽管我们的分析主要基于合约视角而不是能力视角的组织理

---

① 虽然简单合约模式给出的是比较静态的、最优选择的方法，但是通过强调适应性，威廉姆森一直强调经济组织的过程方面。可以把"市场"和"层级（企业）"之间的选择，看作是众多便利特定类型的适应性的机制之间的选择；分散化的市场治理支持"自发"适应，而内部组织的主要优势在于能够影响"双边"适应（Williamson，1991b：163 - 164）。吉本斯（2005）指出，威廉姆森的作品中有两个企业理论，即基于资产专用性和敲竹杠问题的理论（见 Williamson and Klein et al，1978）和一个独特的适应理论（威廉姆森早期的作品更强调这方面）。

论，但我们的方法相比于其他方法更加"主流"。正如朗格卢瓦（2007c）指出，现有的文献主要包括两类："企业家的企业理论"（entrepreneurial theories of the firm）和"有关'企业家企业'的理论"（theories of the entrepreneurial firm）。后者涵盖了大多数现有的文献，它关注的是初创企业的组织架构。许多关于创业投资以及风险投资家和企业创始人之间的合约关系的研究（Gompers，1995；Kaplan and Str?mberg，2003）都可以被视为这些文献的一部分。

相比之下，我们的方法属于前者。也就是说，我们尝试把企业家功能的概念（在第二章已有解释）融入关于企业的经济学和管理学理论中。其他学者已经在基于资源和知识视角的企业理论的基础上，强调了应该在一个企业家背景下理解特定企业的能力。例如，朗格卢瓦和罗伯森（Robertson）（1995）认为，企业的"动态能力"是其在不断变化的环境下，对租金创造机会做出响应的能力——柯兹纳警觉在企业层面的翻版［更一般性的，详见 Zahra, Sapienza and Davidsson（2008）对动态能力与企业家精神之间关系的讨论］。科尔（Kor）、马哈尼和迈克尔（2007）关注潘罗斯（1959）提出的企业的"生产性机会集合"概念，认为企业面临的一系列机会不是外生给定的，而是通过团队的动态性以及其他的组织特性创造出来的，而这些特性可以解释为企业家的特征（见 Foss et al，2008）。我们在第二章中介绍过，威特（1998a，1998b，2007）认为企业家精神理论是一种认知领导力，这代表着企业家精神与组织设计之间存在另外一种方式的关联。但如前文提到的，领导力视角有助于我们理解团队做了什么，但不能解释这些活动是如何以"合约"的方式结构化的。分散化的网络——如开源社区以及专业协会的成员，等等。也具有威特意义上的认知团队的诸多特征，但他们并不分享有形资产的所有权，也不通过雇佣合约建立彼此的联系。理解企业的边界本身需要某种合约视角的解释。

五 结 论

总的来说，尽管诸多经济学家和管理学学者都曾建议建立企业经济学与企业家精神之间的关联（Foss，1993a；Langlois and Cosgel，1993；Casson，1997；Foss and Klein，2005；Alvarez and Barney，2007），但对这些关联的分析仍很少且依然停留在初级阶段。同时，研究的方法主要基于能力和资源的视角，而不是更主流的企业研究方法——科斯的、合约的方法。我们猜测研究企业家精神的学者们和非正统的组织经济学家们已经对形式化的、静态的、"封闭"的合约理论失去了兴趣，因为这些理论几乎没有给企业家精神和有限理性留有任何空间。并且，它们忽视了企业家之间存在不同心智模式的可能性，强调的是风险而不是奈特意义上的不确定性，把"机会发现"唯一地看作是过去的学习和经验的函数。大部分现代企业理论（除交易成本经济学外）依赖博弈论（Gibbons，1999），但博弈论似乎特别不适合探索这些重要的问题。

虽然我们对企业理论中的现代"主流的"合约方法也有诸多不满，但我们仍然认为把企业家精神与合约方法结合起来是非常有潜力的。我们将在接下来的两章中进一步深入讨论这一问题。

第七章　企业家精神、企业的性质和边界

在第六章中，我们讨论了现代企业理论的一些流派，解释了这些理论为什么未能阐释企业家精神的现象。在接下来的两章中，我们将从这些理论中建设性地精炼出一些真知灼见，把它们综合而成一个企业家的企业理论。我们将围绕企业理论的三个经典问题展开讨论：企业的存在（或出现），企业的边界和企业的内部组织。这一章讨论企业的存在和边界。

科斯（1937）解释了企业的存在是为了节约交易成本，威廉姆森（1975，1985，1996）在文章中进一步阐述了这个问题。阿尔钦和德姆塞茨（1972）把企业视为团队生产中解决"搭便车"问题的一个（尽管不完美的）方案（参见 Holmström，1982）。委托代理理论的学者们为理解企业内部的合约问题做出了重要贡献（如 Holmström and Milgrom，1991；Roberts，2004）。奥利弗·哈特以及他的同事和学生提出的"新"产权方法吸收了克莱因等人（1978）以及威廉姆森（1985）对专用性资产和投资的强调；但从另一个视角——对投资关系专用性资产的激励如何随着所有权安排的变化而变化——阐释了这个问题（Grossman and Hart，1986；Hart and Moore，1990）。基于资源视角的理论强调产生和内化隐含知识的必要性。这个理论虽然主要讨论企业绩效（金融市场的回报、创新等），但对经济组织的确有很大启发（Kogut and Zander，1992；Langlois and Robertson，1995；Conner and Prahalad，1996）。

在某种意义上，所有这些理论都涉及交易成本（Foss and Klein，2011）。在每个理论中，由于经济主体（我们称之为企业

家）试图节约某种类型的交易成本，企业就从市场经济中涌现出来。交易成本的类型包括：事前搜寻和讨价还价的成本（科斯），机会主义行为导致缔约之后的谈判成本（威廉姆森）、事前投资不匹配的成本（哈特）、专用性代理成本（阿尔钦和德姆塞茨）以及匹配差异化能力的成本（Langlois and Robertson）。但尚未明确的是如何把企业家判断纳入到这些方法中。

接下来我们将指出，从企业家视角看，企业的出现是企业家根据他的判断获取最大回报的一种方式。这个总体的思路不仅可以解释企业的出现，而且可以解释企业的边界和内部组织。

一　企业的出现

不可缔约的（non-contractible）判断的作用

我们在第二章指出，我们不应把企业家精神视为一个生产要素或一种职业类别，而应视其为人类行动和市场机制中不可或缺的一个方面。与此同时，如第四章讨论的，我们可以把企业家利润视为对成功判断的一种回报，有特定类型的知识、技能和经验的人更可能获得这种回报。一般来说，经济主体有三种方式实现他们人力资本的回报：（1）在市场条件下出售劳动服务；（2）签订劳动雇佣合同；（3）创办一家公司。巴泽尔（1987）认为道德风险的存在意味着选项（1）和（2）是获得这些回报的低效手段。换句话说，企业家知道他们自己擅于冒险，但却没有能力把这一点传递给市场。出于这个原因，提供的服务最难以测量（因此最易受道德风险和逆向选择的影响）的个体成为企业家，他雇佣和监督其他经济主体，并把自己拥有的资本投入到企业中，这样就创造了一个

"连接"(bond),企业由此产生。

基于判断视角的解释有些许不同。比尤里(1989)认为奈特对市场为什么是不完全地给出的解释与基于道德风险、逆向选择和交易成本的解释不同,但也是互补的(参见 Foss,1993a; Langlois and Cosgel,1993)。奈特(1921)的核心观点认为,企业家是那些"对不可估计的风险进行投资的人"(Bewley,1989:32)。因此,这些风险是不能予以保险的。卡森(1982:14)认同熊彼特的观点,认为"企业家相信他自己是对的,而其他人都是错的。企业家之所以与众不同,本质上是因为他对形势的判断有不同见解"(见 Casson,1997)。然而,这个观点得出的结论依然认为企业家判断不具有可缔约性。罗斯巴德(1962:602)(隐含地)把判断等同于所有权,并指出"企业家—所有者"不能把他们自己对生产过程的控制委托出去。柯兹纳(1979a:181)使用了一个更激进的方法,他强调无知性而非模糊性:"企业家精神向市场揭示,市场没有意识到哪些资源原本是可得的,或确切地说,原本是被需要的。"

在所有这些情况下,不可缔约性都会出现。因为"决定性因素……很大程度上都在决策者的大脑中,需要他们对那些不能进行客观描述和外界不可控制的'情况'做出决策"(Knight,1921:251)。一个新兴的企业家可能无法以其他经济主体能评估其经济效果的方式将他对一个商业试验——一种将异质性资本资产组合起来以满足消费者未来需求的特定方式的"看法"传递出去。在这种情况下,这个新兴的企业家不可能是一个员工,而是需要自己创办一个企业。因此,企业的存在可以通过一种特殊类别的交易成本——即那些使"企业家的判断"不可能有市场的交易成本来解释。

判断真的是非可缔约的吗？

判断的市场是不完全的，这一论断似乎与咨询市场的存在相矛盾。战略顾问本质上难道不是在高度不确定性条件下，对资源配置的决策给出一种判断么？（因此，他们常常需要借助非概率情景分析的方法。）商人不是常常由于给出有价值的判断而被公司董事会雇佣，并因此得到丰厚的回报么？[1] 商学院的教授，尤其是那些讲授企业家创业课程的教授们——难道不是主要向学生兜售判断吗？（尽管没有丰厚的收入，但仍然……）

奈特认为企业的本质特征是获取判断的回报，而科斯（1937）批评了奈特的这个观点。因此，用现代的话说，科斯（1937：249）认为奈特未能充分地在比较合约方法的框架下分析这个问题。

> 某些人具有较好的判断和知识这一事实并不意味着他们只能从亲自参加生产中获得收入。他们可以销售建议和知识。每个企业都购买大量顾问提供的咨询建议。我们可以想象一个所有建议和知识都是按需购买的系统。同样地，与从事生产的人缔约而不是主动地参与生产，也能使好的知识或判断得到回报。[2]

福斯（1996b）认为，科斯没有抓住奈特论述中的一个要点，即虽然可以"想象"很多知识和建议都可以通过购买获得，但是

---

[1] 正如泽克豪瑟（Zeckhauser，2006：9）指出，"沃伦·巴菲特投资的一些公司上门来找他，请求他投资，同时让他成为董事会的一员。这是因为他们尊重他的审慎、见识和正直的名声——即他的判断。"

[2] 译者参照了陈郁版本的翻译并稍加改动。——译者注

第七章 企业家精神、企业的性质和边界

"一个建议和知识都可以按需购买的系统"中不包含企业家的判断——尤其是企业家关于接受或拒绝"专家们"的教导的判断。因此,科斯没有意识到,奈特对为什么价格机制被"取代"的解释和他的解释是完全不同的。道德风险的成本或试图交流企业家判断的成本都会阻止判断市场的出现,两者的理由一样,都因为判断是不可被保险的,因此,企业家必须通过创办企业以从他的判断中获取回报。这样的一个企业至少包括一个企业家以及这个企业家拥有的资产。它可以雇佣员工,也可以不雇佣。

正如我们在第三章中论述的,事实上,构想一个"身无分文"的柯兹纳式的企业家——除了自己的人力资本以外几乎一无所有是没有任何意义的。那么如何理解年轻的史蒂夫·乔布斯(Steve Jobs)和史蒂夫·沃兹尼亚克(Steve Wozniak)在乔布斯父亲的车库里"捣鼓",最终创造出了苹果电脑?他们只是发现了机会而没有拿资产冒险,难道他们不是柯兹纳意义上的纯企业家么?我们并不这么认为。因为即使是这两位史蒂夫,也需要用资源创造他们的第一台计算机。请注意使用乔布斯父亲车库这一行为!乔布斯的父亲选择让乔布斯和沃兹尼亚克在车库里"捣鼓"他们的计划,而未将其配置给其他可能有价值的用途,这种行为就像企业家一样,是拿自己的资源冒险!当然,为了辩论的需要,我们假设车库没有其他用途,两位史蒂夫使用的计算机零部件是多余的部件。那么他们的所作所为体现的不是企业家精神,而不过是一种玩乐而已。因为只有当以生产性资源做赌注,资源的所有者才是企业家,相应的活动才体现企业家精神。

朗格卢瓦(2007b:1114)认为源于判断的论述过于仓促(这取决于"企业"的确切意思),同时也认为科斯对奈特的批评中有一点很重要:"企业家不能销售自己的判断,并不等于企业家不能利用市场从他的判断中获利。"当一个企业家对一个新的小零部件产生了好的创意时,他可以通过市场把这个想法商业化,与生产小

零部件的组装者,负责营销的广告代理,作为销售方的亚马逊分别签订合约。此时,企业家没有必要签订雇佣合同,也不需要科斯意义上的企业,尽管只有企业家一个人操作,但它的确是公司。因此,根据朗格卢瓦的观点,尽管判断可能的确是不可交易的,但做出奈特意义上的判断并不需要行使由所有权赋予的(可转让或者不可转让的资产的)控制权。

因此,朗格卢瓦比较了奈特式和科斯式的企业,前者可能是借助市场关系利用企业家判断的一人公司;根据定义,后者至少包括两个人(因为科斯把雇佣关系作为企业的标志)。朗格卢瓦也强调了科斯(1937:391－392)的观点:在不确定性的世界中,不完全雇佣合约有重要的期权特征。科斯写道:"虽然希望签订关于某种商品或服务供给的长期合约。"

> 但由于预测方面的困难,商品或劳务的供给合同期越长,买方明确规定缔约方做什么的可能性和意愿也越小。因而对于供给者来说,选择几种方式中的哪种具体方式来提供商品或服务可能是无差异的,但对于商品或服务的购买者来说未必如此,但是,购买者又不知道他希望供给者选择哪种具体方式。因此,一般性条款规定此时此刻要提供的服务,而具体细节则留待以后解决。合约并不阐述要求供给者所需做的细节,这由购买者在将来决定。当(在合约规定的范围内)资源的使用以这种形式依赖于买方时,就产生了我称之为"企业"的那种关系。①

朗格卢瓦认为科斯关于不完全合约产生的灵活性,可能与奈特强调的不确定性形成互补。但我们可以很清楚地看到,奈特也强调

---

① 译者参照了陈郁版本的翻译并稍加改动。——译者注

企业作为"应对不确定性的一种方法",指出"人们生活中的真正的不确定性,源于对别人能力——这种能力总是应对不确定性的能力的估计的不确定性"(Knight,1921:309)。然而,我们需要回答朗格卢瓦提出的问题。具体来说,我们该如何从拥有不可交易的判断(能力)的企业家过渡到作为资本所有者的企业家,甚至是作为雇主的企业家。我们要在下一节说明这个问题。

判断与多资产、多成员的企业

科斯和朗格卢瓦认为企业家可以凭借市场力量从判断中获利,虽然我们不能完全忽视这一观点,但它的成立似乎需要一些假设前提:企业家在他的社会网络中协调其他企业的成本非常低;或者,要么要素投入和下游资产,如生产、营销和销售渠道等都不发生改变(Teece,1986),要么很容易与他人沟通来进行一些必要的改变(Langlois,1992;Hellman,2007);抑或要素投入市场是"密集的",存在大量下游资产的供应商(以阻止潜在的机会主义;Williamson,1996)等。当这些条件不成立时,企业家将有动力获取其他资源,并雇用员工。

当然,在奈特不确定性和异质资本的世界中,这些理想化的条件几乎都不存在。因为众多异质性资产(包括各项技能和能力)提供的服务需要相互协调(第四章),因此,判断以及体现判断的商业计划书的制订和执行往往涉及多重决策。我们也已经指出,资本资产几乎总有一些未被发现的属性(第五章)。随着时间的演变,组合和重新组合异质性资源的企业家过程不断发生,这是因为资产的一些新属性(也因为消费者偏好和技术能力的改变)总会被创造和发现。在我们的框架中,企业家的行动并不局限于创建新企业；实施企业家判断建立在一个不断进行的过程上。①

不完全的判断市场概念有助于我们理解一人企业。类似的概念也可能有助于我们理解多人企业。正如第五章讨论的，如果资本是同质的，企业家很容易设计、协调和执行生产、营销以及销售商品和服务的计划。决策问题就变成在各种经济活动中选择使用多少什穆资本。相比而言，在资本资产异质性的真实世界中，生产计划更难设计、协调和执行。经济活动使用哪种资本产品最有利可图不再是显而易见的，而且必须考虑资本品之间复杂的关系。正如拉赫曼（1956：16，强调为原文所有）指出："企业家的功能在于……详细说明资本资源的具体形式并做出决定。他确定并完善工厂的格局……只要我们忽视资本的异质性，企业家真正的功能肯定会被隐藏起来。在一个资本同质的世界中，不需要做出这样的详细说明。"

作为一个试验过程的异质资产的匹配。考虑到事前的不确定性往往掩盖了资产间的最佳匹配关系，并且这种关系往往非常复杂，使得企业家不能借助分析方法解决这个问题（Galloway，1996），尤其需要采用一些试验过程。我们需要广义地理解"试验"这个词。它包括建立和微调一个装配线，设计和使用组织架构，发明新产品并将其商业化。换句话说，这个意义上的试验活动涵盖了"经营一个企业的主要经济活动"（Coase，1991：65）。②

生产函数理论排除了大量的试验活动，因为它假设企业中所有的要素都已经被用于最佳用途（Nelson and Winter，1982；Leibenstein，1987）。正如新制度经济学家们（如 Furubotn，2001）指出，

---

① 一个重要的含义是，沙拉斯华迪（2008）描述的有效逻辑不仅适用于创建新企业的过程，也适用于正在运行的企业——大企业或小企业，新企业或老企业——的经营活动。

② 这种企业范围内（或更小范围）的试验一般为"变革管理学文献"（change management literature）所认可，但不为更广义的企业理论认可。

用生产函数展示生产活动的方法完全忽视了真实生产过程中的信息、协调以及激励相容等问题。柯尔斯顿·福斯（Kirsten Foss，2001）补充了另外一个层面的细节。她认为，在异质性资产和企业内部分工协作的背景下，表面上看起来属于纯粹的技术问题的最优生产过程，实际上是明确产权，特别是使用权的问题（Alchian，1965）。这是基于第五章讨论过的一个观点，即应该把资产视为不同属性的集合，包括各种用途和功能（Barzel，1997），并且也是基于把劳动分工与特定任务（的属性）联系起来。换句话说，劳动分工始于发现和明确新任务（属性）。[1]

在一个信息完全的世界中，可以想象所有属性的所有权利都可以在一个完全的、视情况而定的合约中得到清楚的描述。在一个存在奈特不确定性，信息昂贵以及资产异质性的世界中，属性是由企业家的试验过程发现或创造出来的（Nelson，1981）。此外，随着企业家进行生产任务划分的试验，劳动分工发生持续性的改变，从而引入了更多的复杂性——从某种程度上说，这意味着相互依赖的程度增加了，因而产生了更多的不确定性。因此，在专业化之前，企业家很难事先确定资产所有有价值的维度，因为只有对资产的用途不断进行试验，发现它们的最佳用途，资产在什么维度上有价值才能变得清晰起来。[2] 跨越几个生产阶段并涉及大量投入和任务的复杂生产系统往往是相互依赖的。因此一个资产的最佳使用时间和空间依赖于对生产所需的所有其他资产的用途进行明确（Hayek，

---

[1] 拜伦德（Bylund，2011）强调促进企业形成的因素是劳动分工，而不是交易成本。

[2] 即使能够确定一些重要的维度，也很难配置这些权利以保证资产的最佳使用。例如，可能出现的情况是资源在时间和空间维度上的次优配置导致中间品的过度存储或者资源闲置。

1941)。①

协调问题因此产生了专业化的成本。在企业中,这种协调问题的产生可能由于一些瓶颈问题的存在。这些问题具体表现在:复杂性和经济活动的相互依赖性使得难以对不同的活动进行最佳的排序;或者由于技术的不可分性,引进更加专用型的技术和设备会引起产能利用问题;或者单个经济活动的创新导致工具、设备和组件发展的不均衡。② 基本上,当那些供应零件或从事活动的经济主体没有意识到相互调整的需要,或他们缺乏使自己与他人的活动相互匹配的激励时,这些问题就会出现。当然,通过明确协调手段(计划、标准操作程序、联络机制等)以减少这些问题是极为重要的。然而,设计这种协调方式已经预设对生产过程有充分的了解,而我们缺少的恰恰就是这种知识。

在优化一个生产系统(如 Galloway, 1996),以及缺少可复制模板的条件下(Winter and Szulanski, 2001),实验方法可以按照如下的方式进行。第一,我们必须界定系统的边界,即资产之间相关的关系最有可能在哪些方面;第二,调整资产之间关系的过程必须像一个可控实验(或一系列这样的实验)那样,从而使这个系统免受外部的干扰;第三,必须要有某种形式的指挥,来指导实验的进行。指挥可以有多种形式,包括集中指令、谈判协议或者是对从何处开始实验,如何避免重复实验,如何根据过去的结果对实验进行修正等建立共识。虽然这样的类比不是很准确,但解决企业活动中的问题具有很多实验活动的特征。例如,很多研发活动的主要特征就是各个分散的,但相互依赖程度高的团队不断努力,相互沟

---

① 如之前提到的,把异质性资产之间复杂关联这个理念应用到整个经济体层面,即为米塞斯在计划经济计算辩论中所持立场的关键(Salerno, 1990b)。

② 需要注意的是,这里讨论的问题不是哈耶克(Hayek, 1948)说的那种个体间的"计划协调"问题,而是经济活动的技术协调问题(即使这些活动受单个企业家控制)。对于哈耶克计划协调思想的批评,详见柯兹纳(2000)和克莱因(2008a)。

通以解决问题。如波音777和微软视窗软件的开发（Cusumano，1997）。在波音的项目中，对20个飞机机翼零件进行开发的团队发现251个干扰，由于这些零件空间上的坐标相同，这使得设计工作可以进行不断的迭代尝试，在不同的子问题上寻找解决方案（Sabbagh 1995）。[1] 来自软件开发者的这段话非常形象：

> 很多时候，人们意识不到他们依赖其他东西。这种依赖并不是明显的。例如，你没有意识到有依赖问题，是因为不熟悉那部分代码；或者由于某个需要，一种依赖会突然产生，并且人们会非正式地遵循这种依赖；或者解决一个依赖问题的方案给第三方带来了麻烦。隐藏的相互依赖将带来真正问题，这些问题是人们可能根本就没想到的，它们会在最后一刻才冒出来。
>
> （引自 Staudenmayer and Cusumano，1998：18–19）。

开发人员接着强调了认真管理整个迭代过程的需要。这样的管理其实模仿了一个可控实验。其中，除了部分确切的关联需要进一步调查的开发工作外，所有相关联的开发工作都暂时停止。

组织实验过程。核心问题是如何最优地组织一个用于解决问题的实验过程。对实验的需要能有助于解释企业的存在么？市场能否有效地组织这样的实验？尼克尔森和曾格（2004）对这个问题的回答借用了西蒙（1962）和考夫曼（1993）给出的问题解决视角。在他们的方法中，"问题"是完全被界定好的，然而，问题的解决几乎涉及所有的商业活动。如进行"绿地投资"（Greenfield Invest-

---

[1] 子问题和随后发生的设计变化之间的迭代的需要，是因为在最初的时候不可能一下子正确地分解问题（详见 Simon，1973：191）。

ment），① 降低一定比例的生产成本，新产品的营销等，因此不存在现成的方案。这需要依靠识别和探索。与企业家对某种景观图的搜寻类似（我们在第五章中做了描述），尼克尔森和曾格认为企业也在进行搜寻，并且这种搜寻取决于问题的特征［可解构（decomposability）的程度，Simon, 1962］，以及企业使用的搜寻启发式。可解构程度高的问题，可以在市场上搜寻解决方法；但对于可解构程度低的问题，最好在层级结构中解决。这部分地是因为后者涉及深度的知识共享，而知识共享在层级结构中蓬蓬勃勃。然而，这同样也是一个协调异质性资产的问题。

在资产异质性的世界中，由于测量属性和预测属性的成本高昂，不可能起草一份完全合约。因而，企业很可能是由一组不完全的合约构成的，由企业家来集中指挥协调过程。如果涉及关系专用性资产，并且需要经常对合约关系进行再谈判，那么"敲竹杠"问题就成了隐患。这就是威廉姆森（1996：102－03）想表达的观点。

> 对一些［没有预料到的］扰动，需要做出协调一致的反应，以免不同个体参与者相互矛盾地行事，否则会产生次优的情况。即使目标是做出及时而相容的联合反应，但协调可能会因为自主行动的各方对各种信号的理解和反应不同而失败……
> 更一般地，长期相互依赖的各方必须认识到不完备合约需要被修补，有时还需要摆脱结盟。尽管弥补缺陷、改正错误以及进行有效的重新匹配都符合各方的共同利益，但由此产生的收益分配是非确定的。可以预见，会出现为了自身利益讨价还价的情况。这类讨价还价本身代价高昂，但更主要的成本是谈

---

① "绿地投资"是指企业建立新的工厂、车间、办公室等，是企业扩张活动的一种手段。——译者注

第七章 企业家精神、企业的性质和边界

判期间交易不适应于环境……为了避免招致此类战略性谈判带来的成本和拖延，用等级替代自主行动机制重新塑造了这种关系。对于具有双边（或多边）依赖性的交易而言，权威关系（指令）比自主行动更具适应性优势。①

威廉姆森没有使用实验室实验这样的比喻，但在思想上是类似的。在存在奈特不确定性的复杂、相互依赖的系统中，"协调适应"可能是有必要的。

然而，我们还需补充一点，资产专用性本身可能是实验的结果。威廉姆森（如1985，1996）在讨论"根本性转型"（把大数情况转换为小数情况，因此出现资产专用性）时，明确允许跨期现象的存在。然而，威廉姆森并没有详细描述这个过程。在我们的方法中，实验活动为如何组织"系统"，使得资产在时间和地点上的专用性随之不断提高提供了信息。② 当资产的协调越为有效，资产在时间和地点方面的专用性就越强。这为企业内部的组织试验提供了依据。经济主体间的分散化知识问题也可以说明企业的存在。生产系统可能存在多重均衡，但是如何在某一特定均衡点进行协调甚至应该选择哪种均衡并不是显而易见的。

原则上，试验的团队可以聘请一个外部顾问来指导试验活动，为下列活动给出建议：行动和资源使用的顺序，试验的启动，从每个试验中得出结论，确定这些结果如何影响接下来的试验，等等。然而，这样的安排可能会产生严重的讨价还价成本（见上文威廉姆森的引文）。在市场合约的条件下，团队的任一成员都可以拒绝

---

① 参照了中译本，并做了一定的修改。——译者注
② 它类似于这个理念：根据奥派商业周期理论，在经济的跨期生产结构中，一般性的资产在使用时变成了地点专用性资产，当利率变化时产生资源的错配（Klein，1999b：185–187）。

顾问的建议，因而遵从"权威"可能是组织试验活动最便宜的方式。这里的"权威"意味着企业家有权重新定义和重新分配团队成员的决策权利并惩罚低效率使用决策权的团队成员。拥有这些权利后，"企业家—经理人"就可以进行试验，而无需不断重新谈判合约，从而节省了谈判和起草合约的成本。这样的安排提供了一个实施"控制"实验的场所。其中，"企业家—经理人"只需改变相关工作的某些方面，就可以观察到权利重新配置的效果。建立这些产权等同于建立了拥有多重资产和成员的企业。

二 企业的边界——企业家视角下的企业边界

主流的企业理论（第六章）使用比较静态的方法来解释企业的边界。对于科斯（1937）来说，在边际上，当在企业内部组织一个交易的交易成本等于替代性方案（合约）的成本时，就产生了最优边界。企业内所有交易都满足这个边际等式时，就确定了企业的最优边界。后来的理论（如Hart，1995；Williamson，1991a）用离散的（而非边际的）方式对此进行分析。但在这样的分析中，边界仍然是由明确规定的最优问题产生的。虽然威廉姆森（1985，1996）明确允许考虑过程、不确定性和意外事件，但是在签约时能够预测这些因素对治理的影响，从而把它们纳入到有效治理结构的选择和设计中。新产权理论（Grossman and Hart，1986；Hart and Moore，1990）明确假设各方可以（在概率上）预期与各种所有权结构相关的收益分配（本质上说是理性预期）。这样，他们选择的是有效的所有权结构（因为收益是共同的知识，即排除了不确定性）。然而，尽管如此，我们仍可以从企业家的视角，使用新产权理论来阐述企业的边界。

在哈特不完全合约方法中，各方预期到了缔约后自己的谈判地位，据此相应地调整了对关系专用性投资的激励。事后谈判地位越高，对关系专用性投资的事前激励就越高。获得有形和无形资产的所有权能够强化谈判地位。所有权包括对资产的剩余控制权利——"填补合同空白"的一项权利，同时允许所有者排他性地使用该资产。因此，在新产权研究方法中，获得所有权被看作是强化谈判地位最重要的工具。此外，所有权配置也影响投资和发展某一商业构想的积极性。

我们可以思考一个将企业家视角和产权理论相结合的版本。假设有两个雄心勃勃的企业家比尔和玛丽，他们从事的活动是垂直相关的。[1] 比尔活跃在玛丽的上游，利用资产 A 产生一种中间产品。玛丽使用资产 B 生产和销售最终产品。两人都可以搜寻和投资商业构想——也就是形成一个判断，使生产更有效率或产品质量更高。我们假设该商业构想能使最终产品的质量更高。对通过质量优势提升最终产品的竞争力，比尔和玛丽都很感兴趣，因为这使他们能够收取比竞争对手更高的价格。也就是说，这种垂直结构和现有资源 A 和 B 为企业家搜寻提供了指引。商业构想的落实需要同时使用资产 A 和 B。因此，对这个商业构想的投资是关系专用性的。

为了简单起见，假设这种关系仅存在于两个时期。比尔和玛丽各自决定搜寻和发展不同的商业构想，以提高最终产品的价格。然而此时，由于不确定提供给玛丽的中间产品的确切规格，因此缔约双方不能起草一份完全的合约。中间产品规格的不确定性问题，只有在，也就是生产和销售最终产品时才能被解决。在那样的条件下，由于缔约双方预期到可能被另一方"敲竹杠"，因此他们都不愿意投资这个商业构想。例如，当比尔对质量改进进行大量投资后，玛丽很可能会在双方协商确定的价格水平上要求比尔提供质量更高的产品。由于比尔的商业构想需要同时使用资源 A 和 B，为了

---

[1] 这个例子效仿了斯蒂格利茨和福斯（2010）。

弥补他初始投资的成本，他不得不勉强接受更低的利润份额。这种推理与交易成本经济学的分析（Williamson，1985）是一致的。通过投资于关系专用性的商业构想，合约关系发生根本性的转变，使合约双方相互依赖。建议的补救措施是实行垂直一体化——将资产 A 和 B 置于共同的所有权之下，以确保专用性投资。然而，一方面，交易成本经济学并不强调谁应该拥有资产；另一方面，也就是谁是那个具有商业构想的企业家。

新产权方法给出的答案是，资源所有权影响了专用性投资的积极性。一个资源的所有权被定义为：拥有资产的剩余控制权，尤其是排他性的权利。从而，所有权的配置奠定了缔约双方的谈判地位。如果玛丽拥有资源 A 和 B，她可以阻止比尔使用它们，从而他的商业构想就不能实施。由于她的所有权地位，她可以"敲比尔的"竹杠，并且占有大部分由比尔的商业构想创造的价值。

垂直一体化将两种资源置于共同的所有权之下，其好处在于提升了资源所有者的谈判能力，同时提高了所有者对搜寻商业构想进行投资的积极性。不过，这也意味着垂直一体化是有成本的，非资源所有者发挥企业家才能来搜寻商业构想进的积极性较弱。如果玛丽同时拥有这两种资源，那么比尔就缺乏搜寻商业构想的高能激励。因为玛丽可以凭借不让比尔获取所需的资源来威胁他，这样她就可以占有大部分创造出来的价值。资产所有权影响获取企业家租值的能力，从而在一开始就影响着形成企业家判断的积极性。这也意味着企业家的身份是重要的。基于新产权理论的视角，谁形成和执行判断以及谁获得资产的所有权，很大程度上取决于各自创造价值的潜力。如果玛丽新增的价值高于比尔创造的剩余，玛丽就获得资产 A 和 B 的所有权。在这种条件下，玛丽愿意出更高的价格获取资产，将它们置于共同的所有权之下。总之，从"敲竹杠"和投资不足的视角来看，认为判断和资产所有权是互补的观点有一定的道理。

总体而言，通过强调**事后**谈判地位对**事前**形成与完善判断的激励（理解为企业家搜寻）的重要性，新产权理论方法为企业家精神的研究提供了重要的洞见。根据新产权理论的方法，获取未来企业家回报的主要方式是获得互补性资源的所有权。所有权包含资源的剩余控制权，尤其是排他性地获得资源的权利。他们提升了资源所有者相对其他资源所有者的谈判地位，此外，当下共同所有的资源使得企业家可以在更大的空间内搜寻资源组合。然而，新产权理论方法给出的顶多是一幅刻板的、一定程度上受到限制的企业家精神的图景：只有所有者才从事企业家搜寻，并对关系专用性资源进行大量投资。目前，我们尚不清楚非资源所有者如何受激励来参与企业家搜寻。我们将在第八章讨论这一点。接下来，我们将超越新产权经济学的静态视角，强调企业边界的动态性。

三 企业边界的动态分析

我们在第四章对判断概念的详细阐述以及近期对搜寻所做的理论和经验研究表明：经济主体使用专门的心智模型畅游在异质性资源组合的广阔空间中（见 Nickerson and Zenger, 2004；Gavetti, 2005；Gavetti and Rivkin, 2007）。[1]加韦蒂（Gavetti）和利文索尔（Levinthal）（2000）利用一个模拟模型说明，资源空间的认知表征（cognitive representations）可能会大幅提升企业家搜寻的有效性。认知表征是资源集合的简化图。一个有信息含量的认知表征是企

---

[1] 相对而言，邓雷尔等（2003）持有一个与柯兹纳类似的立场，认为企业家在资源组合中的摸索纯粹依靠意外的运气。企业家的搜寻或发现受到他之前拥有的独特资源的引领，而不是受企业家认知的引领："战略和意图的作用是什么呢？根据这个说法，企业不太可能根据对最终组合所产生的价值的想象，获取大部分构成要素。在这个意义上，机会识别过程纯属偶然。"（Denrell *et al*, 2003：986）。

家判断的一部分，它让企业家能够识别出问题空间（problem space）中有吸引力的区域。认知表征只是资源集合的一个大致描述，企业家可以通过局部的技术和商业试验改进初始的商业构想。因此，从这个研究流派中演变出的企业家搜寻的基本思想是：最初，对资源可能的组合的粗略表征指引着机会的初始识别。在发现潜在的商机后，企业家会继续完善并修正它（Siggelkow and Levinthal，2003）。因此，从根本上来看，认知表征代表着企业家对资源集合中更有吸引力区域的预期和推测。

在此之前，我们指出利用局部试验来完善商业构想，可能有助于理解多人企业的存在。我们可以有效地利用它来理解企业的边界。企业家还会对如下情况形成认知表征：如他们需要利用哪些资产来保障服务，购买此类活动主要的合约风险，防范此类风险最有效的方式等。这意味着由于人类主体拥有异质性的认知表征，相同的交易可能会有完全不同的治理模式（见 Argyres and Liebeskind，1999；Furubotn，2002；Mayer and Argyres，2004）。认知表征与其产生的商业模式的可行性将在市场中得到检验，它们也将根据反馈得到更新和修订（Stieglitz and Heine，2007）。

清晰地阐释管理团队和企业家的心智模型的异质性，需要引入交易成本经济学未涉及的进化理论的一个变体。在管理相似的交易存在不同的治理模式的背景下，威廉姆森（1985）提出了"错误一体化"（mistaken integration）概念。然而，企业家所在的环境是极具不确定性和异质性的，这意味着什么是"错误"的经济组织，什么不是"错误"的经济组织并不必然显而易见（Furubotn，2002）。特别是由于经理人和企业家拥有不同的心智模型，那么他们对资源的评价就会不同（Barney，1986；Denrell et al，2003）。或许我们可以从这个角度理解企业的边界和边界的变化。

我们也要考虑通过兼并、收购、资产剥离和其他重组方式引起的企业边界的变化。学术文献清楚地表明：平均来看，企业重构能创造价值（Jarrell, Brickley and Netter, 1988; Andrade, Mitchell and Stafford, 2001）。然而，一个反复出现的谜题是，为什么这些合并后来通过剥离、分拆或者股权分离的方式被"扭转"回去了呢。静态、均衡的视角认为"扭转"意味着错误和虚假或兼而有之，从而质疑公司控制权市场的有效性（Ravenscraft and Scherer, 1987）。这种观点认为，根基牢固的经理人主要通过收购来增加自己的权力、声望或控制，而产生的效率收益几乎可以忽略不计，因而经理人控制的企业收购往往会在**事后**被剥离。最重要的是，由于收购公司的动机可疑，这种收购在**事前**是低效的。中立的观察者可以基于合并前的特征预测：这些合并从长期来看是不可行的。（此外，由于资本市场的参与者同意这样的收购行为，因此他们也需要为这些系统性的错误负责。）

相反，基于过程的企业家视角认为，一个亏损的收购在**事后**看可能是个"错误"，但是长期绩效不佳并不意味着**事前**低效率（Klein and Klein, 2001）。基于这个角度，剥离之前收购的资产可能仅仅意味着追逐利润的企业家更新了他们对未来状况的预测，或者从经验中学到了教训。他们不断调整企业专用性、异质性的资本资产结构。正如米塞斯（1949：252）所说，"行动的结果总是不确定的。行动总是投机的。"因此，"真正的企业家是一个投机者，一个渴望利用他对未来市场结构的见解进行商业活动以获取利润的人。这种对不确定的未来情势的预先领悟，无视**任何规则和系统化**"（第585页，强调为本书所加）。

克莱因和克莱因（2001）讨论到，在经验研究中，企业收购在长期范围内的成功或失败一般不能通过测度经理人控制或委托代理问题来预测。不过，如果是那种发生于同一产业中的"购并集群"中的购并，那么剥离率也会明显变得更高。正如米切尔和马尔赫林（Mulherin）（1996），安德雷德等人（2001）以及安德雷德和斯塔福德（2004）所指出的，购并经常在产业集群中发生，这表明购并部分地由产业专有的因素，如管制带来的冲击驱动的。当一个产业受到管制，放松对该产业的管制或重新对其进行管制时，经济计算就变得更加困难，企业家的活动就受到阻碍。在这些情况下更有可能出现长期绩效不佳的状态，这不令人惊讶。

企业家在不确定性条件下决策这一概念与最近出现的"购并行为是一种试验形式"的理论（Mosakowski，1997；Boot，Milbourn and Thakor，1999；Matsusaka，2001）相一致。在这些模型中，与上文把多人企业的出现作为一种试验过程的讨论相似，逐利的企业家只有通过尝试各种活动组合才能掌握他们自己的能力——包括通过多元化进入的新产业。因此，公司可能进行多元化收购，即使他们知道这些收购很可能由于资产剥离而被扭转。这个过程产生的信息对修正企业家计划是有价值的。即使个别的收购不成功，整体的收购战略也可能是成功的。在这种情况下，收购的长期可行性可能系统性地与公众可观察的，与试验联系在一起的"购并前"（pre-merger）特征相关，而与经理人的自行决断相关的特征无关。

四 经济计算、判断和组织（规模）的上限

企业规模的上限在哪里？基于判断的视角，企业规模的限制可以理解为米塞斯（1920）和哈耶克（1937，1945）关于计划经济以及理性经济计划不可能性讨论的一个特例（Klein，1996）。从哈耶克的知识问题角度，柯兹纳（1992：162）借用这种方法解释内部组织的成本，"在自由市场中，获取任何'中央计划'的优势都以增加知识问题为代价。我们可以想象企业将自发地扩展到这样的程度，即从'中央计划'中获得的额外优势被信息分散导致的不断增加的知识问题抵消掉。"

那么，到底什么导致这种知识问题呢？企业理论的主流文献主

要关注市场交易的成本，较少关注治理内部交易的成本。对企业规模的上限，至今还没有一个令人满意的解释（Williamson，1985，第六章）。现有的合约理论依赖于权威问题和责任问题（Arrow，1974），剩余所有权导致的激励扭曲（Grossman and Hart，1986；Holmström and Tirole，1989；Hart and Moore，1990）以及在企业中模仿市场治理的特征带来的成本（Williamson，1985，第六章）。罗斯巴德（1962：544-50）根据米塞斯计划经济计算不可行的论述，对企业垂直一体化的边界给出了解释。他指出，需要真实的价格进行货币计算不仅能解释僵硬的计划经济的不可行，也给企业规模设立了上限。

如克莱因（1996）所总结的，罗斯巴德的论述是从认识到米塞斯有关计划经济计算的立场，不仅有关计划经济本身，还关于价格对资本产品的作用开始的。我们在前文中也提到过这一点。基于对未来价格的预期和现有价格中包含的信息，企业家进行资源配置。为了赚取利润，他们需要与所有的价格相关的信息。这不仅包括消费品的价格，还包括生产要素的价格。没有资本产品的市场，这些产品就没有价格，因此企业家不能对这些要素的相对稀缺性做出判断。在任何环境下，无论是否是计划经济，如果生产要素没有市场价格，那么该要素的潜在用户将无法对其使用做出理性的决策。米塞斯论述的精髓就是，在市场经济中，资源的有效配置需要运转良好的资本市场。要想形成这样的市场，生产要素就必须是私有的。

罗斯巴德的贡献在于把米塞斯关于计划经济计算的分析推广到了垂直一体化和组织规模的论述。罗斯巴德在《人、经济与国家》(*Man, Economy and State*) 中指出，企业的规模由成本决定（类似其他教科书中的论述），但"对企业相对规模的最终限制是为了使企业能够计算它的利润与亏损，每种要素都需要有一个**市场**"（Rothbard，1962：536）。这个观点与"隐性成本"的概念紧密相关。要素服务的机会成本的市场价值——罗斯巴德将称为"隐性收入的估计"——只有存在那些要素的外部市场时，才能被确定（1962，542 – 544）。例如，如果企业家雇用自己来管理企业，他劳动的机会成本必须被计入企业成本中。然而，由于不存在企业家管理服务的真实市场，他就不知道自己的机会成本。如果他能够测量自己的机会成本，他的资产负债表的准确性就会更高。

相同的问题影响拥有多个生产阶段的企业。大型、一体化的公司通常由半自主化运营的利润中心组成，每个利润中心专门生产特定的中间或最终产品。公司在进行集中化管理时利用这些业务单元的隐性收入（反映在部门利润和损益表中），来实现跨部门的实物资本与金融资本的配置。为了计算部门的利润和亏损，公司所有内部转移的货物和服务都需要一个有经济意义的转移价格。如果该零件存在外部市场，公司可以使用市场价格作为转移价格。当不存在市场价格时，就必须估算转移价格，其方式是基于成本加成或买卖部门之间的讨价还价。这种估计出来的转移价格没有真实市场价格包含的信息多。

对没有外部市场可以参考中间产品使用内部交易的方法会带来扭曲，并降低组织效率。这恰恰是当代经济组织理论缺失的一环。企业规模存在上限，企业规模受"内部交易的所有产品都需要外部市场"的限制。换句话说，没有公司可以大到是某种中间产品唯一的生产者和使用者；因为那时候，不存在基于市场的转移价格，公司将无法计算部门的利润和损失，因此无法在各部门间正确配置资源。[1] 当然，如果外部还是有唯一的一家供应商存在，那么

---

[1] 这里需要注意的是，罗斯巴德只针对企业规模的上限论述，并没有论述企业活动的增加逐渐引起成本的增加（只要存在可参考的外部市场）。然而，当企业扩张至至少一个外部市场消失时，计算问题就会出现。当越来越多的外部市场消失时，经济计算越来越困难，"无法计算的混沌的孤岛，扩张为大陆的一部分。随着不可计算的区域增加，非理性、错误配置、损失与贫穷等的程度会越来越严重"（Rothbard，1962：548）。

内部组织确实就能避免它面临的"敲竹杠"问题。可以想象,这种好处将超过"不可计算性"的增加(Rothbard,1962:548)。[①]

类似于柯兹纳(1992),罗斯巴德认为他的贡献与科斯的框架是一致的。在后来的一个论述(Rothbard,1976:76)中,他阐述了他自己对企业限度问题的认识。

> 目的是扩展科斯教授有关市场决定企业规模或在企业内部,企业计划相对于使用交易和价格机制的相对程度的论述。科斯指出,这两种措施的任何一种都面临着边际收益递减和边际成本递增的问题。如他指出的,"这导致自由市场体系中存在'最优'的计划数量"。我的文章中补充了一点,一旦资本产品的市场开始消失,企业的内部计划成本就会非常高昂。因此,除非全球市场成为一家大公司,或者所有要素的市场都消失,使得产品和资源的经济计算不再可能,自由市场的最优才会停止出现(Rothbard,1976:76)。

那么,只有当企业存在于更大的市场环境中,企业内部的"中央计划"才有可能进行。具有讽刺意味的是,苏联和欧洲东欧共产主义国家得以存在的唯一原因是,他们没能完全成功地在世界范围内建立社会主义,所以他们可以借助世界市场的价格来为他们内部购买和销售的商品建立隐性价格(Rothbard,1991:73-74)。

选择性干预的不可能性

相对于计划经济中的计划委员会,企业当然有很大的优势。它们可以在更大程度上依赖外部市场的价格。因此,米塞斯的经济计

[①] 指当外部供应商减少时,不可计算性将增加。——译者注

算问题在帮助解释企业规模的同时，并不意味着企业组织本身如同社会主义一样是"不可行的"，然而，一些产权学派对计划经济的认识也适用于企业。特别是最近出现的大量分析，关注企业中的授权承诺问题（commitment problems of delegation）（如 Williamson，1985；Miller，1992；Baker, Gibbons, and Murphy 1999）。威廉姆森（1996）把这些问题称为"（有效的）选择性干预的不可能性"。其不可能性的主要原因在于面临激励被稀释的困境。这是因为干预的选择"既可以出于好的理由（支持预期的净收益），也可以出于坏的理由（支持干预者的子目标）"（Williamson，1996：150 – 151）。威廉姆森指出，宣称只出于好的理由进行干预的承诺是不可信的，因为它们不具有法律效力。

这些文献的一个主要结论是：可信的授权很难维持。因为在许多情况下，对授权承诺的食言是非常诱人的，且被授权人也会预见这一点。① 这种逻辑带给我们的一个启发就是，在企业内部模拟市场——如企业彻底分权化并授予员工重要决策权，可能难以成功。与市场中独立的主体不同，企业员工绝不会拥有最终决策权。他们

---

① 这个问题可以用下面的方式表述（详见 Baker et al, 1999）。假设一个下属提议一个项目，其中这个"项目"可能涉及不同类型的决策或者一系列决策。假设接下来经理人认为有必要对这个项目进行评估，但是他决定批准下属提议的任何项目。这等同于完全非正式地授予提议和批准项目的权利——"非正式"是因为正式的批准权利依旧还在经理人手中，因为这个权利不能通过法庭可强迫实施的合约分配给下属（详见 Williamson，1996）。因为下属看中被授予的自由，这会激发他更加努力寻找新项目（Aghion and Tirole, 1997）。这种多付出努力带来的预期收益可能会超过经理人不得不批准坏项目产生的预期成本。然而问题在于，由于经理人拥有关于项目状态（"坏"或者"好"）的信息，他可能会背弃授予决策权的承诺，也就是"选择性"地进行干预。但是，如果他否定了下属的提议，后者可能会不再信任他而减少努力程度。明显地，在这个博弈中，存在多个均衡点。特定均衡的出现决定于经理人的折扣率，下属的具体触发战略（例如，假如他被否决，他是否选择今后都不再相信经理？），以及经理人多大程度上珍惜他的名誉——即使背弃一个坏项目能带来收益，他也不背弃？（所有的细节和延伸，详见 Baker et al, 1999）。

不是真正的所有者。这意味着拥有最终决策权的人总可以否决员工。因此，市场机制在企业内部应用的程度是受激励限制的，授权即便不是罕见的，也是非常脆弱的。

尽管原因各异，在企业内部引入市场机制的其他方法也是有问题的。因此，多任务代理理论认为，企业内部通常可观察到的低能激励（与市场的高能激励形成对比）有诸多合理的理由（Holmström and Milgrom，1991）。这是因为管理者希望员工承担多项任务，其中一些任务的观察和测量成本很高，但它们对企业可能又至关重要（如与同事分享知识，以礼貌的方式招呼客户等）。仅为那些风险容易（低沉本）测量的任务提供激励措施，可能会使员工从那些测量成本高的任务上离开。由于知识的分散，这些问题在哈耶克的论述背景下显得尤为尖锐。

五　结　论

总而言之，虽然科斯的理论，或者说企业合约理论作为主流研究方法，与新古典经济学静态效率的概念密切相关——特别是在使用公式和数学模型时——但仍为引入企业家精神留有一定的空间，从而为企业的性质和结构等基本问题提供另外一种视角。企业的存在不但为了节省给定的交易成本，而且减轻资产专用性这一外生条件带来的风险。相反，企业作为企业家判断的表现（manifestations）而存在——企业家为了实现他自己的愿景，必须拥有资源，并且在资产异质性和奈特不确定性的世界里，不断地组合和重组这些资源。如这些是通过独立的缔约者构成的网络——其中每个人对自己的资源拥有剩余收入和控制权来实现的，那么成本可能非常高。这样，企业家拥有互补性资源就变得有意义了。

然而，资源组合并不是根据新古典经济学意义上的最优概念

"最优地"选择的。企业家对这些组合做出判断——这不仅出现在小型的、所有者自己运营的企业中，也出现在大型的、复杂的、多成员的企业中。因此，他们不断地调整企业的结构、边界和（如下一章要讨论的）内部组织。熊彼特称之为"创造性破坏的永恒风暴"不仅适用于整个公司或产业的创立和消散，也适用于竞争性市场经济中企业边界的持续调整——这对消费者有利。

第八章 内部组织:原发判断和派生判断

经济学和管理学中有关企业家精神的文献都偏向于研究新创立的企业。然而,利润机会却是被已成立的企业想象、评估和捕获的。通常,员工在开发和追求这些商业机会的过程中发挥着重要的作用(Baumol, 1994; Bhardwaj, Camillus and Hounshell, 2006)。事实上,现代企业越来越鼓励组织内各个层级的"企业内部创新""自主的战略首创精神"和"公司风险投资"等(如 Day and Wendler, 1998; Yonekura and Lynskey, 2002; Covin and Miles, 2007; De Clercq, Castaner and Belausteguigoitia, 2007)。克雷顿·克里斯坦森(Clayton Christensen)的《创新者困境》(*Innovator's Dilemma*, 1997)是过去几十年中最具影响力的商业书籍之一,它描述了成熟企业在创新时所面临的困难。

为了培养企业家式的态度和行为,管理者必须赋予员工很大的自由裁量权。对这种"企业家式"的态度的需求,部分是由一些深层次的变化驱动的,它有时会被置于"知识经济"的标题下来考察(Foss, 2005),因此,企业面临的环境变化越大,就会更多地强调创新作为竞争工具、更多地需要获取异质性知识投入,因而更多地需要企业内部的决策不仅要快速,而且有适应性并且智能。① 这就相当于进一步增大企业内部各个层级员工的自由裁量

---

① 例如,福斯、劳尔森(Laursen)和佩德森(Pedersen)(书籍尚未出版)指出企业和用户之间的互动是为了在高度授权或分散化的创新背景下,充分利用用户的知识。

权,以便他们能做出负责任的判断。考恩和帕克(1997:28)贴切地总结了这一思路。

> 市场变化使得制造业从稳态的、品种较少的、大批量的生产运作(与泰罗制有关)转向多品种的、小规模运营……组织正在采用分散化的新形式,以应对不稳定性、不确定性,跟上市场变化的步伐……在网络化的工作集群中,没有特殊等级的员工可以临时从事某一特定任务或部分团队任务。这些集群在很大程度上是自治的,参与分散的决策和计划……这有利于发挥个人的主观能动性("内部创业"),更快速地制订决策。这都能够增加组织的灵活性。

一个与之平行的观点认为:知识在生产中的重要性日益增加,倾向于削弱基于权威的企业边界定义。因为权威越来越多地转到控制关键信息资源的专家手中,同时他们很可能并不是企业的员工。[①] 就员工("知识工作者")控制越来越多重要知识而言,传统的权威关系开始变得越来越不重要。一部分原因是知识工作者的谈判能力提升(源于对关键知识资产的控制);另一部分原因是知识型工作的日益专业化(Hodgson,1998;Rousseau and Shperling,2003)。后者意味着委托人或雇主可能不知道代理人或员工的完整行动集合,使得通过指挥来行使权威变得越来越无效(Minkler,1993a,1993b)。

虽然缺乏有关授权和去中心化的系统性的经验证据,但一些研

---

① 正如扎克尔(Zucker,1991:64)指出:"虽然根据定义,官僚权威在企业边界的内部,专家的权威取决于个人获取的信息资源,而非机构的权威性。因此,权威可能处于组织内部……但是,当外界市场权威可以提供信息,使得效率更高时,那么权威就可能迁移到市场。"

第八章　内部组织：原发判断和派生判断

究表明，特定企业和行业越来越多地采用高能激励和群策群力的方式。拉詹拉詹和沃尔夫（Wulf）（2006）在一份跨行业的样本中，记录了在20世纪80—90年代，美国的企业表现出宽度的增加（更多的经理人向CEO报告）和深度的减少（横亘在CEO和各部门主管之间的经理人减少）。有关组织互补性的文献发现，在此期间，信息技术在企业内部的传播伴随着更多的实行授权、绩效工资和团队合作而出现（Milgrom 和 Roberts, 1995；Ichniowski, Shaw and Prennushi, 1997；Bresnahan, Brynjolfsson and Hitt, 2002）。福斯和劳尔森（2005）发现"动态"行业中的企业更倾向于把决策权授予员工，利用绩效工资制度，让员工承担多项任务。在更早的一项研究中（Laursen and Foss, 2003），他们发现广泛使用新组织实践（授权、奖金、质量管理小组、工作轮换等）的企业相比于那些很少实行这些措施，或者根本不这么做的企业更加具有创新性。

由知识型工作者控制的知识资产的重要性的增加以及知识型工作的日益专业化所引发的双重效应，开始挑战传统经济学家将市场交易与科层交易加以区分的标准（Zingales, 2000）。因此，在知识型经济中，是否借助可转让资产的所有权的支持（Hart and Moore, 1990），通过发号施令进行指挥（Coase, 1937；Simon, 1951；Williamson, 1985；Demsetz, 1991），对于理解经济活动的组织而言越来越显得无关紧要（Grandori, 2001），至少理论上如此。

在这一章中，我们将构造一个用于分析企业内部的企业家精神的框架。接着，我们会运用这个框架对一些观点进行评价。这些观点认为，由于受到将决策权授予控制了关键知识的企业家型员工的冲击，权威和"传统的"企业组织正面临着不断地衰落的场景。我们发现这些论述的理论基础是有问题的，虽然我们注意到诸多有关扁平化层级结构、"海星"组织（Brafman and Beckstrom, 2006）和"维基化"的企业（Tapscott and Williams, 2008）的逸闻，然而缺少系统化的经验证据证明权威是"旧经济"的残余。

我们可以从以下事实入手,被授予的权力既可以用来做好事也可以用来做坏事。这就使得企业内部的管理者同时面临着鼓励有益的企业家精神和限制有害的企业家精神这两方面的挑战。基于前面章节的重要观点,我们建立起一个权衡两者的分析框架,并把我们的分析同雇佣关系和资产所有权联系起来,从而表明我们的企业家研究视角能够为企业理论的经典话题提供新的见解。

正如我们在第七章中讨论的,当企业家判断与其他资产互补,且这些资产或其服务不能在运行良好的市场上交易,同时完善企业家的商业计划需要局部试验时,企业家雇佣劳动力并拥有自有资产就变得很有意义了。因此,企业家的作用是安排和重新安排由他控制的人力和资本资产。在动态经济中,经济主体面临不可预见的变化,企业家的角色就尤为重要,他必须做出一系列的决策,如修订包含了企业家判断的商业计划书(Coase,1945;Hayek,1945;Lachmann,1956;Williamson,1996)。一部分人认为这些状况使基于所有权的权力行使变得低效,我们并不认同这种观点。相反,我们认为资产的所有权在企业家完善此类计划方面起到了关键性的作用。

我们在本书中提出,对于一个或几个所有者所有的小企业来说,企业家判断体现在所有权中是很明显的。然而,在所有权和决策权分散的大型复杂组织中,很难在所有权中体现出企业家判断的要素。我们认为,一种是奈特型的企业家精神,我们称之为**原发判断**,它由所有者做出。原发判断与资源所有权密不可分,即使企业家把诸多日常决定授权给下属。在组织结构分散的公司中,员工拥有相当大的自由度,但作为非所有者,他们的自由裁量权是受到限制的(Holmström and Milgrom,1990)。在我们的框架中,拥有决策权威的员工扮演着"代理企业家"(proxy‐entrepreneurs)的角色,代表他们的雇主做出委托的或派生的判断。此类雇员不是以一种机械、被动的方式执行常规的指示,而是对雇主可能并不了解的新情况或状况实施自己的判断。这种类型的安排通常在管理文献中被视为一种授权形式,给予员工很强的激励,鼓励他们利用其最熟悉的知识(如 Osterloh and Frey,2000;Gagné and Deci,2005)。这种自由裁量权最终是受到限制的,因为雇主保留雇用或解雇员工以及购买或处置互补资本品的权力。①

员工的自由裁量权以何种方式受到限制是由企业的组织结构决定的——正式和非正式的奖励或惩罚制度,解决争端和重新谈判协议的规则,绩效评估的方式等。在一些组织结构中,雇佣关系是高度受限的,员工很少有机会成为代理企业家——实施从"企业家—所有者"的原发判断中派生的一种判断。在其他企业中,雇佣关系可能会更加开放。给予员工这样的自由度既有收益也有成本。随着代理人受到的约束越来越少,他们既有可能参与增加企业价值的"生产型"的代理企业家活动,也可能参与减少企业价值的"破坏型"的代理企业家活动。合约和组织设计的一个重要功能是通过选择和执行恰当的合约约束条件,用生产型的"代理企业家活动"去抗衡破坏型的"代理企业家活动"。最佳的组织结构是鼓励员工用提高企业价值的方式来使用派生判断,同时抑制非生产性寻租、小团体活动以及其他破坏价值的代理企业家活动。因此,所有权的配置和雇佣关系的特征对有效地做出判断至关重要。

---

① 用另外一种方式陈述这个问题:分散的决策权和基于结果的薪酬方案近似于私有产权和价格机制提供的高能激励,但这并非是完美的(Foss,2003)。事实上的自由裁量权并不是法律上自由裁量权的完美替代品:例如,生产线上的工人能够有效控制"他的"机器,但是与真正的所有者不同,员工不能把机器出售或赠送给他人。因此,我们与科斯(1937)、威廉姆森(1985,1996)和哈特(1995)的观点一致,将企业和市场视为资源配置的替代机制。相比之下,阿尔钦和德姆塞茨(1972)以及简森和麦克林(1976)等人把企业和市场仅仅看作是不同的合约关系的集合,我们和他们的观点是不同的。

一　原发判断和派生判断

我们在之前各章提到的"原发判断"的含义是，企业家商业构想的形成与执行。这个构想可能从一个不严密的、大致的概念——关于如何组合要素并转化为产出——到一个明确、详细的商业计划。一份商业计划包括识别和协调各种投入品以及那些能够使企业获利的商业活动。

当企业家构想了一个有潜在价值的商业计划时，他通常需要雇员工，以便将实施商业计划的部分工作委托给他们——如赚取工资的经理人。[①] 此外，正如拉詹和津加莱斯（1998）所指出的，企业家总是希望这些员工进行关系专用性的人力资本投资，从而提高整个商业计划的价值。由于企业家不能拥有这些人力资源，他需要使用合约或组织机制保障员工，并保护他们免受事后重新签约的困扰，以吸引他们进行关系专用性投资。让员工了解企业家的商业构想提高了员工的讨价还价能力，这可能为员工进行这种投资提供激励。例如，假设企业家的构想依赖于员工对一项技术所做的进一步的开发，那么员工就必须首先获得这项技术的知情权。然而，获得技术的知情权也就意味着员工可能了解到商业构想后，离开企业开始自己的创业；或者把它卖给竞争对手；或以其他方式从企业家那里攫取租金。显然，允许员工了解商业构想有利有弊，这对于奈特来说是意料之中的。奈特（1921：297，强调为原文所有）强调

[①] 我们在这里假设了一个"企业家—所有者"，然而一个人或一个团体都可以有商业构想，接着在雇佣员工之前（或者与此同时），寻求额外的"投资者—合伙人"成为企业的共同所有者。在这样的情况下，所有者群体的成员共同进行原发判断。当然，这产生了一系列与集体行动、偏好加总等相关的问题。我们将在第九章讨论这些问题。

第八章 内部组织：原发判断和派生判断

"在有组织的活动中，最关键的决策是选择将来做决策的人"。

对于奈特（1921：296）来说，层级结构是不同层级的经理人用以评判比他们层级低的经理人的手段，因为重要的是"了解一个人处理问题的能力，而不是有关问题本身的具体知识"。这不同于把层级结构理解为按照等级嵌套的各种委托代理关系（如 Tirole，1986）。奈特显然没有采用代理理论的假设，即假定委托人知道针对具体问题的决策集合。相反，他假设委托人可以判断代理人解决问题的总体能力。奈特（1921：276）也清楚地认识到，当授予员工自由裁量权去执行他的企业家计划时［在（Rajan and Zingales，1998）的意义上，就是让他们了解他的计划］，企业家就使得他的员工也成为企业家，我们称之为"代理企业家"："然而，当需要做出判断以行使管理职能——其中包括为自己的错误承担责任——以及经理人为自己决策的正确性担责成为让其他部门成员听从指挥的前提条件时，经理人就成了一个企业家。"

企业家也会限制员工的企业家行为，因为商业计划中已经勾勒出了所需的全局的、重要的行动，这就对员工能够采取一系列什么样的行动进行了限制。如果企业家意识到自己的商业计划需要持续调整，同时也希望利用他自己不具备的知识，他将授予员工做出派生判断的权力。①

授权的层级可能是深层次的和嵌套的。在日常的资产管理中，所有者可以选择做出原发判断，或者将部分或几乎全部的决策权授予下属。所有者可以由董事会代表，董事会决定哪些决策权可以交给经理人——这些经理人将对资源的使用做出派生判断（并尝试同董事会交流他的这种判断）。接着，经理人可以进一步将自己得到的做出派生判断的权力授予下级员工。正如奈特（1921）所说

---

① 需要注意的是，"派生判断"并不意味着在经济或法律意义上居于次要地位；原发判断和派生判断之间的关系是层级性的（和暂时的）。

的那样，公司治理是一种由嵌套的判断组成的层级结构，然而重要地是，原发判断仍然保留在所有者手中。因为最低限度上，即使是最"消极"的所有者也必须选择一个人来管理资产。正如罗斯巴德（1962：538）所说的那样：

> 雇佣的经理人可以成功地指挥生产或选择生产过程。但最终责任和对生产的控制不可避免地留在所有者手中，留在那些拥有产品所有权的商人手中，直到这些商品最终被卖出。这是由所有者做出关于投资多少资本和在哪些生产过程中投资的决策。尤其地，是由所有者来选择经理人。因此，是由所有者而不是其他人，做出财产使用和选择管理财产的经理人的最终决定。[①]

所有者对资源使用做出"最终的"决定并不意味着所有者需要提供商业计划的全部内容。相反，所有者或代表所有者的董事会可以依赖受雇的经理人或外部顾问提出的计划和建议。在这种情况下，董事会的判断包括决定是否提供资源，使得经理人或顾问提出的商业计划可以付诸实施。用法玛（Fama）和简森（1983）的术语来说，所有者实施决策控制权，而将决策管理权授予非所有者。

在大型的、复杂的组织中，判断的授权在多个层级上都会发生。由于商业计划的成功很可能取决于高层管理人的行动，董事会授予他们相当大的自由裁量权。这些管理者又将自由裁量权授予自己的下属，直至贯穿整个组织。因此，任何低于所有者级别的人员

[①] 柯兹纳（1973：68）类似地指出不能把企业家的警觉完全授权给他人："毫无疑问，'警觉'……是可以被雇佣的；但是那个雇一个对发现知识的可能性有警觉的员工的人，他自己必须拥有更高一级的警觉……因此，企业家做出的雇佣决策是最终的决策，最终对这个项目中间接或直接雇佣的所有要素负责。"柯兹纳接着引用奈特（1921：291）的话："我们所说的'控制'，主要是指选择那些进行'控制'的人。"

的判断都派生于所有者的原发判断。为了表述上的方便，我们会在下文研究一个简单的模型：一个做出原发判断的"企业家—所有者"和一个做出派生判断的员工。这个员工做出派生判断，是从企业家授予他自由裁量权，并且限制他的企业家活动意义上说的。相关的限制，源于最初的商业计划，并且还与诸如活动的类型，商业计划书中规定的协调手段等相关。

拉赫曼（1956：97-98）在经济体的资本结构这个更宽泛的分析框架下，表达了一个非常类似的概念。

> 我们经常会听到如下的说法：在现代工业社会中，做投资、生产和销售决策的经理人是"企业家"，而资本所有者已经成为一个非常消极的角色……但是，这个观点似乎是基于一个对行动学的误解。毫无疑问，决定行动的人是"积极的"角色；但是，为决策者的行动创造条件的人，同样也是积极的。我们要努力解释的一点是，企业的资产结构是一个复杂的关系网络，它把知识和行动的激励从一个群体传达到另一个群体。把资本所有者作为消极的剩余接受者的思想，与这一看法显然是不相符的。

拉赫曼（1956：98-99）在分析授权的时候，使用了"资本家—企业家"和"经理人—企业家"这两个术语，非常接近我们的"企业家"和"代理企业家"的含义。其关键点在于"规范"的层级，在其中"资本家—企业家"为"经理人—经营者"建立行动的条件，而其他层级的授权则以此类推。

> 为了术语上的清晰，把任何一个与资产管理相关的人都称为"企业家"是可取的……对于资产而言，企业家的作用包括指定并修正资本资源的具体形式以服务于他关心的目的。

然后，我们可能会区分"资本家—企业家"与"经理人—企业家"。二者唯一的重要区别在于，经理人制定和修改决策是以资本家的决策为前提的，也是因后者的决策才产生的。如果我们愿意，也可以说后者的决策"更高级"。

　　资本家率先做出一个确切地决策，决定在 A 公司投入一定量的资本（但可能不一定是货币的形式）而不是向 B 公司投资，或是将资本借给政府。然后，A 公司的经理人做出第二个确切的决策，他们把收到的资本用于建设或扩建某个郊区（而不是在另外一个郊区或另一个城市）的百货商店。百货商店的经理进一步做出具体的决策，如此下去，直至资本都转化为具体的资产。

　　所有的决策都是具体地决策。①

在我们的术语中，这些"确切地决策"是一组正式和隐性的合约。在一个多人组织中，企业家通过这些合约将判断的权力授予下属。在决定应该授予哪些决策权，采用什么样的监督和奖励体系，使用什么样的评估方案等方面，企业家必须认识到——与一些流行的管理文献相反——更多的授权未必就更好。

二　派生企业家精神：生产性的和破坏性的

生产性和破坏性的区别

在研究企业家精神的主流经济学和管理学文献中，一个隐含的

---

① 参照中文翻译，并做了一定的修改。——译者注

观点是所有的企业家活动都是对社会有益的（如 Mises，1949；Kirzner，1973；Yonekura and Lynskey，2002；Shane，2003）。然而，正如鲍莫尔（1990）指出的，企业家精神可能对社会有害：个人可以以更大群体的利益为代价，运用自己的判断、警觉、创造力和创新等，来使资源或权力为自己所用。组织内部和外部的寻租，小团体活动，甚至是欺诈或犯罪行为都可以建立"企业家"模型。安然公司会计师[①]创造性地使用的"特殊目的实体"，政府越来越依赖像 Blackwater 这样的私人安保公司，全国金融公司（Countrywide Financial）野蛮地营销，用住房抵押贷款支持的证券，美国财政部对问题资产的救助计划，美国联邦储备系统"量化宽松"的创新尝试等——所有这些都可以被描述为企业家精神的形式，但它们的社会价值却是值得怀疑的。

因此，区分生产性和破坏性的企业家精神是有意义的。让我们在派生企业家精神的背景下考虑这个区别。对于做出派生判断的员工而言，他们必须具有一定的自由裁量权。当员工使用自己的自由裁量权，以减少企业价值的方式去创造或发现新属性，并以各种方式控制这些属性时，我们称之为破坏性企业家精神。因此，发现道德风险的新形式（Holmström，1979），创造"敲竹杠"问题（Williamson，1996）和发现新的寻租方法（Baumol，1990）都是破坏性企业家精神的例子。相比之下，生产性企业家精神指的是增加企业价值的员工的判断能力、警觉性、创造力或创新性。在上述给出的属性视角中，生产性企业家精神包括创造或发现能够增加创造价值的新属性。例如，特许经营商发现当地人的新品味，以此作为整个连锁品牌新产品开发的基础；员工找到更好地利用生产性资产的方式，并将其传达给他所在的全面质量管理（TQM）团队等。在

[①] 参见布拉德利（Bradley，2008）讨论安然的案例代表着"政治资本主义"的胜利，因为安然首席执行官肯·雷（Ken Lay）在管制的（企业家的）套利中胜出。

下文中，我们将借助这个区别，从企业家的角度阐述企业的内部组织。

需要注意的是：我们假设员工不能做出原发判断，只能（通过企业家授予他们决策权）做出派生判断。作为代理企业家，他们决定如何使用他人所有的资源。① 这些决定可能创造价值（生产性的）或毁坏价值（破坏性的）。虽然原发判断不适用于边际产品分析，但是所有者可以预期员工做出派生判断的成本和收益。

管理派生判断

许多企业的运营都基于这样的假设：给予员工更多使用公司资产的权利，减少对他们的监督，更多地信任他们将产生有利的影响。我们称之为从各种维度"减少对员工的约束"。例如，像 3M 这样的公司，为科研员工提供钻研自己的实验项目的自由时间，希望能够鼓励他们有偶然的发现（以此作为吸引和留住高质量研究人员的必备条件）。许多咨询公司采用类似的做法。工业企业早就知道，和只负责日常工作的员工相比，应该更少地监督和约束拥有许多决策权的员工——如高级研究人员等。更广泛地说，近几十年中对"授权"的强调越来越反映出这样的共识：员工能够从其控制的工作的各个方面中获得收益（Osterloh and Frey, 2000; Gagné and Deci, 2005）。全面质量管理强调授予员工各种权力，以激励他们找到新的方法来提高平均质量水平，减少质量的波动（Jensen and Wruck, 1994）。福斯等人（2009）发现，高度自治的工作设计（即高度授权，允许员工控制工作流程的重要部分）能够提高创造力，并鼓励知识共享。就这些活动能够创造价值而言，它们代

---

① 当然，代理企业家的决策可以影响他自己的个人名誉、人力资本等的价值；他作为"企业家—所有者"，对他自己这些无形的个人资产实施原发判断。

第八章 内部组织：原发判断和派生判断

表着生产性企业家精神。[1]

通过减少对员工的约束以及将薪酬与绩效相结合，激发生产性的创造和发现新的资产属性，从中引起的委托代理问题可能是无穷尽的。因为代理人有机会利用自己的判断来拓展潜在的行动集合，使之超出委托人设想的范围。虽然这种开放性可能给委托人带来意想不到的好处，但是减少对代理人的约束也可能产生破坏性的"代理企业家精神"。因此，权衡生产性和破坏性的"代理企业家精神"，是一项非常关键的管理任务。

注意，我们不清楚应该采取什么样的方式来补偿生产性的"代理企业家精神"。它可以是与特定的绩效（如利润、市场价值、专利或其他创新措施、新产品的引入等）挂钩的奖金，也可以是直接的股权、股票期权或其他。（注意，如果员工在企业内持有股权，他们则作为企业家做出原发判断，而非作为代理企业家做出派生判断。）曼尼（Manne，2010）认为允许员工依据内部信息进行交易，是一个比直接拥有股份或绩效奖金更有效的鼓励代理企业家精神的机制。[2] 允许内部交易是一个一般化的机制：不同于奖金，允许内部交易的收益不需要管理层识别和测量单个员工对企业层面效益的边际贡献；不同于股权，内部交易的收益由拥有信息的员工独享，而不是与所有股东分享。

---

[1] 我们使用的"较多限制"和"较少限制"的雇佣关系包括了交易成本文献中完备合约的概念（如 Crocker and Masten, 1991; Crocker and Reynolds, 1993; Saussier, 2000），但是比其含义更广。克罗克（Crocker）和雷诺兹（Reynolds）（1993）把完备性定义为：没有被事先合约条款涵盖的状况发生的可能性。在奈特不确定性的前提下，所有合约都是不完备的。这意味着不可能事先规定所有可能发生的情况。企业的组织结构——对雇佣关系的更为一般的治理——可以限制员工的机会主义行为，即便克罗克和雷诺兹意义上的正式合约非常不完备。

[2] 详见 Manne（1966a，1966b）。

如果希望成功地拥有广受欢迎的服务，企业家式的报酬机制就必须具有一些不寻常的特点。它必须诉诸有企业家特征的个性；它必须避免事后的估价和归因问题；它必须理想地激励任何有潜力的员工——甚至可能是局外人——都像企业家那么努力工作。除非允许公司员工在公开披露这些有价值的新信息之前，有权利依靠这些信息进行交易，否则很难想象有哪个系统能够同时满足上述所有要求。（Manne，2010：14）

当然，在大多数司法体系中，内部交易都是非法的。因此，公司在制订基于激励的薪酬规则时必须依靠更为传统的形式。

然而，不论用什么方式补偿代理企业家精神，企业都将努力减少以一种损害企业的方式使用派生判断。但是，如何让破坏性的代理企业家精神最小化呢？企业可以通过明确规定员工对相关资产的使用权，指导员工礼貌地对待客户，并多加小心地操作企业的设备等方式来限定员工对资产，如电话和网络的使用。然而，鉴于上述问题的开放性，企业不可能用这种方式成功地遏制所有有损企业价值的活动。因为，不仅监督员工的成本高昂（包括降低内在激励的成本，见 Gagnè and Deci，2005），而且员工可以创造性地规避这些约束，如找到隐藏自己行为的方式或者采取那些没有被正式禁止的行为（许多国家的《劳动法》规定，企业必须事先明确界定被禁止的行为，才能对员工实施诸如终止雇佣关系那样的严厉制裁。）

虽然企业可能知道这种破坏性企业家精神会产生，他们可能也不愿意进一步限制他；企业对员工施加（或更一般地，缔约双方施加于彼此）的各种抑制破坏性企业家精神的约束，可能会产生并不希望出现的副作用：扼杀了生产性企业家精神（见 Kirzner，1985）。更一般地，在商业计划限定的范围内对员工施加（太多的）约束，可能降低他们创造或发现生产性资产新属性的积极性。

在这种情况下，雇佣关系和资产所有权是非常重要的，它们赋予了"所有者—企业家"界定正式和非正式的合约约束的权力和能力，也就是说，让他们选择他们自己喜欢的"平衡"（trade-offs）。财产所有权所赋予的权威使得"雇主—企业家"以最低的成本建立他偏好的组织结构——一个生产性和破坏性企业家精神的特定组合。所有权的这个功能在动态世界中尤为重要（Schumpeter, 1911; Kirzner, 1973; Littlechild, 1986; D'Aveni, 1994）。因为随着企业家—所有者根据外界环境不断修正他的判断，企业内生产性和破坏性企业家精神之间的平衡很可能随之发生变化。

例子

考虑两个演员杰克和吉尔之间的关系。因为杰克和吉尔提供的服务是互补的，他们之间的合作能让彼此都从贸易中获得收益。每个人要么做出原发判断，要么做出派生判断。假设该关系是一种雇佣关系，并且涉及一种资产的使用，同时该关系只有在使用资产时才是有效的。我们在第五章指出了资产具有多个属性，即多个功能、用途和特征。杰克和吉尔并不知道这个资产现在和未来的所有属性。需要通过资产在生产中的使用，才能创造或发现这些属性。在该关系中，可以由杰克担任雇主，也可以由吉尔担任雇主。该资产可以由杰克或吉尔拥有。如何分配所有权和安排雇主和员工的角色，才能够实现价值最大化呢？

雇主通过构思和执行商业计划来做出原发判断。在落实商业计划中的全部或部分内容时，员工做出派生判断。雇主根据计划，指导、监督员工落实商业计划。例如，通过监视员工是否保证产品或服务、实物资产、供应商等维持所需的质量水平，从而确保商业计划的价值。在这个关系持续过程中，雇主不仅要形成原发判断，而且当他发现项目中资产的新用途时，需要修改商业计划。由于员工也需具备企业家精神，他可能会发现资产至今尚未被发现的属性。这些新发现会给原本的商业计划带来新的元素，或者能够提高商业计划的执行效率，从而提升商业计划的价值。例如，在连锁经营的餐馆中，区域经理人发现了一个新菜肴，可以增加整个连锁店的价值。

雇佣关系在几个方面会受到限制。这些限制包括员工可以做什么以及什么时候做，怎么做，和谁一起做等。换句话说，员工拥有的（财产）决策权受到雇主的限制（见 Jones，1983）。这种限制的数量、范围和特征都是选择变量（将它们施加于员工身上显然需要谈判能力。我们稍后会讨论这一点）。雇主可以给出详尽程度不等的指示。其中一端是员工的所有行动都听从雇主的指挥，雇主不给员工任何做出派生判断的机会；另一端是员工拥有相当大的自由裁量权做出派生判断，他几乎不受任何限制。我们在这里使用的"术语"是："关系"可以或多或少的具有"不完备性"。[①] 完备程度低意味着给予员工更多的自由裁量权。为了抽掉执行问题（在现代企业理论中，执行问题得到了很好的处理），在这个例子中我们假设雇主明确的所有约束都可以无成本地执行，一旦这些约束被贯彻的话。然而，贯彻雇主偏爱的约束，可能需要谈判能力。

价值创造是企业家精神的函数

如上所述，放松雇佣约束既存在成本也存在收益，因此合约的最佳不完备程度应该是大于零的。图 8-1 描绘了杰克和吉尔有关员工生产性和破坏性代理企业家精神对公司价值影响的预期（假设他们的预期是一致的）。这些预期是关系的不完备性与雇主的原发判断（体现在商业构想中）相结合的函数。这个"权衡"会因

---

① 如第 221 页注释①中所解释的，在这里，我们有一个比现代合约理论更广义的"完备"（completeness）概念。

第八章　内部组织：原发判断和派生判断　　225

为施加于雇员的约束的手段而调整。这些约束员工的手段，如决定员工可以得到的预算（Jensen and Meckling，1992），他们可以从事的活动（Holmström，1989），他们可以一起工作的同事（Holmström and Milgrom，1990），他们可以使用的设备类型以及允许他们如何操作这些设备（Barzel，1997）。[①] 这种对决策权的明确规范同时也是对不完备性的明确规范。为了简化起见，本书从员工的时间角度来衡量"不完备的程度"。在这段时间内，员工被允许使用企业的资源（包括他们自己的工作时间）进行"研究"，也就是说，这是"雇主—所有者"没有直接规定的活动。正如在上述"3M"的例子中，研究人员有相当大的自由裁量权。

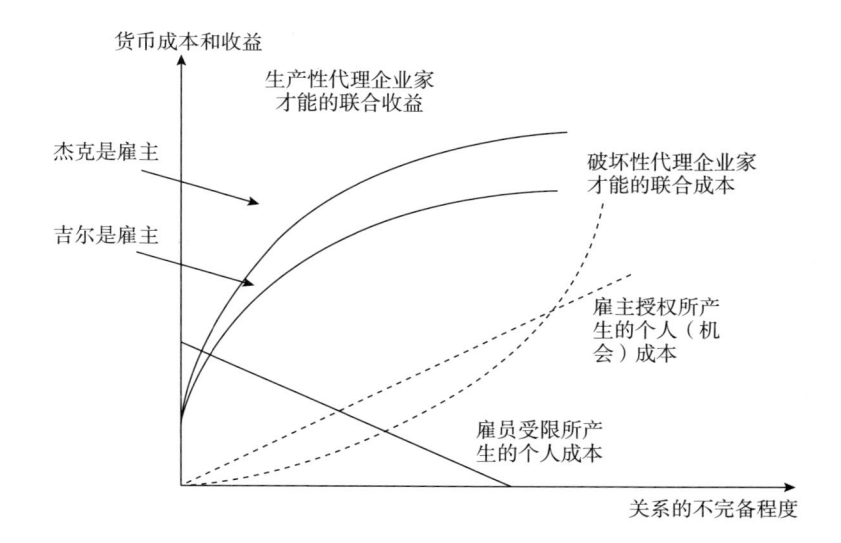

图 8-1　货币盈余是企业家精神的函数

---

① 例如，规定一个员工可以交流的对象可以显著地影响破坏性和生产性企业家精神。一方面，这可能导致经济主体之间的串谋（如 Holmström and Milgrom，1990）；另一方面，这可能促进如 TQM 文献所强调（Jensen and Wruck，1998）的新观点的产生。

向上倾斜的曲线代表创造性代理企业家精神可能带来的收益，是代理人得到的自由时间的一个函数。因此，该曲线反映了雇员在做出派生判断时，新的发现与雇主的原发判断所形成的互补关系。我们可以这样说，当一个员工获得的自由越多，他更多地发现他所使用的生产性资产有益属性的可能性越大。例如，他发现更有效地使用资产的新方法或者发现新的可以运用资产的市场的概率就会增加。总收益与更多的自由时间之间的关系是严格内凹的。新发现的困难越来越大，可能导致新发现的边际收益递减，因为雇主和雇员都受生产活动时间的约束。或者说，当员工的自由时间变少时，员工的注意力更集中于有价值的发现。

因为杰克和吉尔拥有不同的企业家精神，并且他们的判断具有互补性，由他们当中的谁来扮演委托人，由谁来扮演代理的角色（即我们下文所讨论的由谁拥有资产）对于交易的联合收益（即这个关系能够创造的总价值）是有影响的。如图 8-1 所示，当吉尔是员工，杰克是雇主时，交易的联合收益会更高。

然而，给予员工更多自由时间去探索新的发现是有成本的，即破坏性的企业家活动。向上倾斜的虚线曲线代表破坏性代理企业家精神的成本，是员工得到的自由时间的函数。[1] 也就是说，员工获得的自由越多，他发现破坏价值的新方法的可能性就越大。例如，他发现新的方法去滥用设备，去从事浪费性的新项目的概率会增加。因此，随着对多重属性资产自由裁量权的增加，员工会发现更多控制这些属性的新方法，这将增加员工的个人利益，但会减少预期的联合收益。

---

[1] 当然，我们既可以设想不同的收益曲线，也可以设想不同的成本曲线。

双方偏爱的约束

虽然不同程度的不完备性代表了不同团队创造价值的差异[如(杰克是雇主,吉尔是员工)或(吉尔是雇主,杰克是员工)],只有当我们充分考虑了他们的成本和收益,即他们的机会成本以及他们分享从交易关系中获得的共同收益的方式,我们才能确定双方偏好的交点。我们假设员工意识到从事企业家活动带来的关系专用性个人收益(如不可转让的效用),这便为她提供了充分的动机。[①] 由于这些收益的存在,雇员需承受被约束的机会成本。

图8-1中向下倾斜的实线(假定为线性的)代表员工被约束的机会成本。这些成本与关系的不完备程度负相关。雇主让员工做出判断,允许他将工作时间和公司其他资源用于可能的新发现。雇主面临的机会成本是向上倾斜的虚线,因为他原本可以把这些资源用于日常的生产活动。我们假设这些成本是关于赋予员工时间的线性函数。双方以一定的比例分享联合的货币收益。我们可以假设,按照常规他们五五分成。因此,员工的总收益是他在共同收益中的份额与他个人收益之和,而雇主的净收益是他在共同收益中的份额减去他的机会成本。根据如上绘制的曲线,从交易中获得最大的共同收益(即共同创造的净价值)的组合是杰克担任雇主,吉尔担任员工。

根据图8-1中给定的成本(包括机会成本)和收益,图8-2给出了双方偏爱的约束。在图8-2中,一条曲线代表所创造价值

[①] 阿吉翁和蒂罗尔(Aghion and Tirole, 1997)做出了相似的假设。说来有趣,控制一个人工作时间的一定比例的能力(如"3M"这类公司采取的方式)逐渐成为很多招聘条款的一部分,这在"动态"产业中(IT,生物技术、咨询等)尤为如此。更一般地,动机心理学中的很多研究指出,内在动机和允许员工从事创造性活动之间存在紧密的联系。

中雇主的份额（减去他的机会成本）①，另外一条曲线代表员工在联合收益中所占的份额与个人收益之和。② 因此，雇主偏爱的合约不完备程度为 I_E^*，员工偏爱的为 I_e^*。因此，双方对应该对员工施加多少限制意见不一致！双方可以在 I_E^* 和 I_e^* 之间的某一点签订一个合约（与未能签订合约的情况相比，这将是有利的）。然而，由于假设员工总收益中的一部分以及雇主的成本都是个人的，那么谈判似乎是成本高昂的并且会耗散价值。

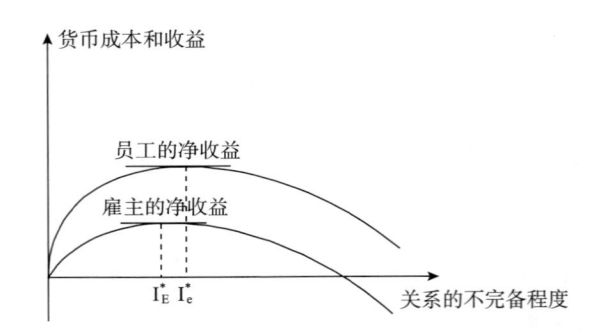

图 8-2 双方偏爱的不完备的程度

事实上，正如上述例子所构造的那样，由于双方对合约不完备程度偏好的差异，不可能就收益分享达成一致。因此，任何的收益分享规则都会产生一定的低效率。此外，根据图 8-2 所示，作为雇员比成为委托人更有利可图，这可能意味着在形成原发判断方面具有比较优势的一方（即图 8-1 中的杰克）可能更倾向于成为员

---

① 更精确地说，雇主得到的是"生产性代理企业家精神带来的联合（货币）收益减去破坏性代理企业家精神带来的（货币）成本"这一差额的一半。

② 更精确地说，员工得到的是"生产性代理企业家精神带来的联合（货币）收益减去破坏性代理企业家精神带来的（货币成本）"这一差额的一半，然后再加上（递减的）个人收益（图 8-1 中向下倾斜的实线）。

工，而在形成原发判断中处于相对弱势的一方会成为雇主（即图8-1中的吉尔）。这显然是低效的，如图所示，杰克是雇主且吉尔是员工的团队，比其他形式的团队更有效率（即能够创造更多的价值）。

如果没有交易成本，这种低效率可以通过适当地选择收益分享规则、转移支付以及合约约束的方式来解决（Coase，1960）。然而，讨价还价的成本可能抵消这种安排带来的好处（Wernerfelt，1997）。考虑到讨价还价的成本，由谁来设置收益分享规则和合约约束是有影响的。例如，如果由员工来设置约束，但他不能贿赂委托人。此时，即使拥有100%的剩余索取权，也不会有人对成为雇主感兴趣。因为在这种情况下，代理人更喜欢完全没有约束。于是，得自交易的收益也将不存在（雇主仍须承担员工企业家活动的机会成本）。问题是如何将这些低效率最小化，也就是选择有效率的团队［如（杰克是雇主，吉尔是员工）或（吉尔是雇主，杰克是员工）］、收益分享规则和合约约束。我们认为，这个关系中的资产所有权，对于解决这三个问题起着关键作用。

三 对经济组织的一些启发

谁拥有什么？

在释放企业家精神和促进交易（即价值耗散成本最小化）方面，所有权发挥着关键的作用。资产所有权赋予一组权利，包括对相关资产迄今为止尚未知晓的属性的所有权。相对于就所有这些权利缔约的情况而言，所有权降低信息、沟通和缔约成本。因此，所有权使得企业家在单个交易中就能够获得属性的一组权利（即一个独特的资产),这样就降低了企业家在生产性投资活动中做出企业家判断的难度。这意味着,双方不需要就单个属性的诸多权利进行讨价还价(Barzel, 1997),从而使租值耗散最小化。此外,通过授予被法律承认的"界定合约约束"的权利(Coase, 1937; Williamson, 1996),所有权也有利于企业家在生产性活动中使用判断。

让我们回想一下角色的错误分配可能带来的低效率。例如,当由在做出原发判断上具有比较优势的人(在我们的例子中是杰克)承担员工的角色,由不具备比较优势的人(在我们的例子中是吉尔)指挥时,杰克将以降低联合收益为代价来为自己获得更高的回报。这种低效率可以避免,只需要让杰克在高效率的团队中作为雇主得到的福利和他在低效率团队中作为员工得到的福利水平相同。简单地调整货币剩余的分享规则来补偿杰克是不起作用的。例如,如果吉尔拥有设置约束的权利,即使杰克收到100%的剩余也不足以补偿他。事实上,雇主分享剩余的份额越大,雇员就越有动机选择这样的约束——以牺牲联合的货币剩余为代价来使自己的收益最大化。

然而,资产所有权赋予了设定约束(限制使用)的权力。因此,如果雇主拥有资产,他可以设置约束来影响将来可供双方分享的剩余规模,以确保他在高效率的团队中担任委托人的职责能在事实上得到补偿。换句话说,在我们的例子中,所有权具有使价值耗散最小化的功能,这意味着杰克和吉尔不需要进行成本高昂的讨价还价。所有权还有选择高效率团队——也就是能最好地将双方在形成原发判断和派生判断方面的比较优势加以利用的团队的功能。简要地说,所有权是低成本地执行委托人偏爱的那种程度的不完备性的一种方式。换句话说,做出原发判断或初始判断的一方——拉赫曼(1956)称之为较高级别判断,奈特(1921)称之为对他人判断的判断——构建一种环境,使得代理人能够利用他们的派生判断

第八章 内部组织：原发判断和派生判断

或从属判断。

尽管我们在静态的背景下给出了我们的论述，但是上述所有权功能在动态环境下也特别重要。因为在动态的背景下，持续的企业家创造和发现过程要求重新界定某种关系中的约束。因此，就图 8-1 而言，由于委托人和代理人企业家活动的结果，两条曲线的斜率可能随着时间的推移而改变。所有权赋予的权力可以使得委托人调整合约约束的水平，以确保他有动力在高效率的团队中继续担任委托人，实现企业家精神的比较优势。实际上，我们将在下文阐述，合约约束的概念界定了企业家精神的范围，而非简单地允许代理人在已知的分布中，选择特定变量的数值。这本质上是一种动态的、前瞻性的组织设计理念。

其他应用

本书把所有权作为在生产型关系中实施一种被偏爱约束集的一种方式（选择生产性和破坏性企业家精神的一种特定组合），这种所有权理论的应用范围远超出确定由谁担任所有者的角色。它还进一步解释了更具一般性的问题，即为什么某个代理人会拥有某种资产，而这与他和其他代理人的关系无关。哈特（1995）提出的所有权理论围绕着"敲竹杠"问题展开：一个人应该拥有与他（不可缔约）的人力资本投资互补的资产，这将提高他（事后）谈判的能力以及增加他预期从投资中得到的租金。然而，这并不是一个高度一般性的解释；人们拥有许多东西，对这些东西的所有权"敲竹杠"去解释（如家庭中很多的厨房用具）。

另外还有一个类似的观点：由于知识交易的机会成本，发现新知识的人更有动力自己使用它。因此，存在把互补性资产的所有权转移给知识源的普遍倾向（而不是相反，即从知识源转出），这是因为知识比其他大多数资源都更难交易（Foss，1993；Casson，

1997）。这种解释的问题在于，它在分析上未能区分所有权和租赁协议。然而，我们的理论可以做到这一点。

例如，我们可以假想有一家汽车租赁公司。租赁公司在租赁合同中几乎没有给予承租人太多限制，因此后者可以使用租赁的车经营出租车业务或卡车运输。那么，租车公司并未有力约束生产性或破坏性代理企业家精神。然而事实上，汽车租赁公司通常会比较详细地限制承租人可能的生产性和破坏性企业家精神。例如，在通常情况下，租赁的汽车不能用于商业目的。这主要是因为公司担心承租人操作不当，从而减少其他租客对汽车租赁服务的需求。因此，为了保持需求并控制外部性，租赁公司在很多方面都对汽车的使用进行限制。然而，希望把租赁的车用于企业家的、商业目的的承租人，肯定会认为汽车租赁公司施加的约束不是最优的。因此，他可能更偏好拥有汽车，以便能够按照他自己喜欢的、开放的方式使用汽车，特别在动态条件下更是如此。换句话说，他拥有这辆车，是为了实施自己的企业家计划。[①]

所有权和员工的回报

通过赋予界定合约约束的权力，所有权有利于企业家在生产性企业中运用判断力，这一点也可以从产权理论的视角来论证。具体来说，企业家希望激励员工从事生产性的代理企业家活动。由于观察员工行为的成本很高，所以企业家很难依据员工的行动直接进行补偿。在这个例子中，我们只是假设员工只分享他帮助创造的剩

[①] 当然，在这种情况下，汽车租赁公司可以通过提供差异化的产品来增加收入。其中，租赁费用和合同约束根据不同的细分市场而变化；或者在细分市场中新企业可能由于特定目的而产生。然而，即使这些公司使用了更少的条款和其他合约约束，但对有些人而言，约束可能依然过多，尤其是那些（预期到他们）很可能发现至今尚未想象到的活动的人（如企业家），他们依旧希望成为所有者。

余。为了稍微改进这个例子,我们假设员工代理企业家精神的发挥——以完善企业家的整体计划的某些方面(为产品找到新市场,改进生产过程等)的形式被采纳和贯彻时,将获得回报。然而,如果落实的成本过高或企业家对各种可能的结果有不同的判断时,并不是所有(可能可靠)的商业想法都会被采纳(第四章)。这就产生了另一个问题:员工对企业家将采纳什么样的项目,如何形成可靠的预期呢?产权理论(Hart,1995)的基本假设是:事前是否对一个活动——努力寻找一个有希望的项目,进行投资,是由事后的谈判能力驱动的,即由项目被采纳和被奖励的概率所驱动。

事后谈判的地位包括两部分。第一,对提出被采纳建议的员工进行奖励的惯例,企业需要做出可置信的承诺(Kreps,1990;Baker et al,1999;Foss,2003);第二,企业需要令人信服地表明它将会采纳哪些**种类**的项目。当没有明确的标准时,员工可能不愿意努力寻找商业机会。因为他们会预计项目之间存在内部资金竞争;他们会认识到企业家的判断可能与自己的不同,因此很难保证他们可以获得预期的奖励。[①]

罗坦伯格(Rotemberg)和塞隆纳(Saloner)(1994,1995)以及拉詹和津加莱斯(2001)曾指出:当企业采用"狭窄"的(narrow)商业战略时,可能对企业更有好处。这样的战略意味着企业只需要考虑一系列范围有限,但是利润更高的商业活动,而忽略这个"狭窄"范围以外的所有商业机会。这样的承诺向员工发出一个更清晰的信号,如果一个项目看起来有利可图,并且在企业的业务范围之内,则该项目就会获得资助。因此,员工将更加积极地在这个较为狭窄的商业战略范围内从事代理企业家活动,而不考虑此范围之外的各种可能性。显然,这种方法以牺牲与企业当前商

[①] 这个类似于依赖主观而非客观的绩效标准——委托人不承诺具体的奖励,这可能激发代理人各自不同的行动(Baker, Gibbons and Murphy, 1994)。

业战略不相容,但仍有吸引力的机会为代价(当然,这并没有彻底消除"奈特不确定性"条件下的不同判断问题)。从这个角度来看,"不离本行"是激励员工从事企业家活动的有效途径。这个分析表明,更具创新能力的企业,它的业务范围往往比创新能力差的企业更狭小。①

另一个通过提高员工事后谈判能力而激发代理企业家精神的方法是聘用有远见的 CEO (Rotemberg and Saloner, 2000; Van den Steen, 2005)。一个有远见的 CEO 能够清晰地阐述商业模式的具体愿景并为之努力。同时,他能够根据提议的项目是否符合该愿景来评估它们。② 因此,CEO 会一贯地偏向某种类型的项目。在这个意义上,一个有远见的 CEO 相当于采纳"狭窄"的商业战略,这一战略能够在具体的参数范围内引导代理企业家精神。然而,CEO 也可能意识到虽然一个非常好的项目在他狭窄的战略范围之外,但仍可能选择实施它。要让这样的流程运转,在 CEO 和员工之间,企业需要设立一个半自主化的中间管理层。与 CEO 相反,中层管理者没有偏向;他们仅根据项目预期的潜在利润来推动它们。虽然 CEO 对实施的项目和奖励做出最终决定,中层管理者负责为员工提出的新项目分配资源。通过这种方式,中层管理者作为 CEO 的信息过滤器,把可能会实施的项目传递给 CEO,这些项目要么与

---

① 需要注意的是,这个方法与标准的代理理论结论的区别在于:代理人行动和他的奖励之间的不确定性越大,委托人需要支付的平均工资越高,以确保代理人免受超出他控制范围的意外情况的伤害(Holmström, 1979)。采用"狭窄"的商业战略,也是为降低收入不确定性而提供的保险的一种形式。

② 参见第二章对企业家精神作为"认知领导力"的讨论。

CEO 的愿景一致，要么具有巨大的利润空间。[①] 雇用中层管理者作为信息过滤器，也有助于员工决定在项目上花费多少精力。因为企业家和中层管理人员为项目分配资源的决策，释放了一个很强的信号，它表明了哪些项目可能会得到实施，以及员工的哪些努力将会得到回报。这种组织结构缓和了"狭窄"的商业战略的一个主要弱点——忽视了这一范围之外的所有商业机会。

四 分散知识、权力层和企业组织

哈耶克分散知识对权威和企业层级的挑战

"受所有权支持的权威能够使联合剩余最大化"，我们的这一观点为下面这个流行观点提供了一个新视角：哈耶克（1945）和波兰尼（Polanyí, 1962）意义上的分散知识，越来越挑战现有的权力关系和企业边界（如 Jensen and Meckling, 1992; Minkler, 1993a, 1993b; Cowen and Parker 1997; Ghoshal, Moran and Almeida‐Costa, 1995; Hodgson, 1998; Rousseau and Shperling, 2003）。"分散知识"是指不为任何单个的头脑所拥有的知识，这种知识可能是个人的、短暂的、默识的和主观的（O'Driscoll and Rizzo, 1985）。然而，正如哈耶克（1945）在对价格机制的著名论述中所指出的那样，这种知识对于复杂环境下有效地配置资源仍然是需要

[①] 在公共官僚背景下，法拉斯凯蒂（Falaschetti）和米勒（2011）认为他们给出了另外一个更有效的方法：给予中层管理人员正式权威，让 CEO 许诺遵循中层管理人员的指挥。然而，正如我们上面所讨论的，"企业家—所有者"不能把自己的原发判断委托给这些中层管理人，所以"不拒绝他们的建议"的许诺不是完全可置信的。详见威廉姆森（1985）对"选择性干预的不可能性"的讨论。

的。哈耶克的分散知识的思想对计划问题提出的挑战，对于企业来说也日益变得不容忽视（Ghoshal et al，1995）。

由于专业工作者的作用越来越大，以及生产的知识密集度提升。人们认为应对哈耶克分散知识所带来的问题，不仅仅是社会主义经理人和统治型官僚的问题，而且也是资本主义经济中的大企业管理者面临的问题。① 由于层级和计划方法在企业内部和外部同样都存在问题，企业需要借助市场的能力来利用、交换和组建信息，以快速应对不断变化的突发事件。不难看出，这样的论证似乎在质疑一个分析上的二分法，即计划的企业和非计划的市场。② 这个二分法不仅存在于科斯（1937）的文章中（以及大多数后科斯的组织经济学研究中），而且也出现在米塞斯（1922，1944，1949）和哈耶克（1973）等奥派经济学的核心理论中。

事实上，企业的存在和繁荣似乎表明，它们以某种方式成功地解决了知识分散的问题。当然，其根源在于授权。正如米塞斯（1949：303）所强调的，"企业家不是万能的。他们不能同时参与多项需要他们承担责任的工作，"所以他们需要授权经理人（Mises，1949：305）以应对分散知识问题，这就引发了组织的去中心化（另见 Hayek，1945：83 – 84）。米塞斯也认识到授权会带来代理问题，但他指出复式记账和其他控制措施能够部分地解决这些问题。因此，在米塞斯的构想中，如果某种授权方式能够使得更好地

---

① 当然，研究组织的文献和研究计划经济的文献之间一直来有关联，包括米塞斯（1922）和哈耶克（1933）。赫维茨（1969，1973）和他的同事关于机制设计的早期研究主要受中央计划大辩论的启发。参见米塞斯（1944）和克莱因（1996）。

② 一个类似的说法是"企业和市场并不完全相同，但是它们的不同仅在经验术语方面。它们涉及到组织经济活动不同的手段，尽管这些手段本质上并没有不同……这个……观点并不是为了寻找企业和市场之间清晰的区别。相反，市场和企业都作为资源配置手段，从缔约上的微妙区别来看两者的不同或许更有用"（Cowen and Parker，1997：15，强调为原文所有）。

利用局部知识所带来的授权收益（或激发生产性代理企业家精神）抵消代理成本所产生的授权损失（和破坏性代理企业家精神），那么这种授权方式能让组织实现均衡。在知识经济中，这个观点为分析许多结构松散的新生组织形式提供了一个有价值的视角。

然而，虽然奥派的视角有助于我们理解为什么企业采取松散化的组织结构，但我们仍然困惑为什么企业内部形成的这种团队是受权威支配的，而不是以类似企业间的网络、联盟、集群等形式来组织的，这种方式能够利用市场的高度激励来协调经济活动。我们还感到困惑的是，在哈耶克分散知识下，权威［至少在科斯（1937）或 Simon（1951）意义上的权威］似乎发挥着非常有限的作用。这是因为对于权威，经济学的传统概念假定负责指挥的委托人至少同代理人一样地了解相关的工作。

权威、所有权和分散知识

20 世纪早期，马克斯·韦伯围绕着权威问题有过很多有意思的论述，但是直到科斯（1937）之后，经济学家才开始将权威概念化。对于权威概念，科斯的理解，加上后来西蒙（1951）的贡献，为经济学家们提供了一个具有可操作性的定义。此外，科斯开创了把雇佣合同和权力关系作为企业典型特征进行研究的先河。在科斯（1937）的一篇文章中，他认为雇佣合同是"为了获得一定的报酬（可能是固定的或波动的），要素所有者同意在一定**限度内**服从企业家的指挥。权力的本质是它阐述了企业家权力的边界。在这个界限之内，他可以指挥这些生产要素"（1937：242，强调为原文所有）。当然，合约中基于"同意"而"指挥这些生产要素"的权力当然就是我们所说的权威。西蒙（1951）后来的一篇文章对科斯的雇佣概念进行了形式化处理，并做了进一步的厘清。权力概念被定义为当"老板"得到"工人"的许可去选择某些行动时的"得到",$A^0 \subset A$,其中 A 是工人可能的行动集合。权力的更大或更小可以简单地被定义为集合 A^0 的更大或更小。

我们如何调和权力和分散知识这两个概念?请注意,奈特(1921)、米塞斯(1944,1949)和拉赫曼(1956)都没有意识到这个根本问题。因为他们认为企业家对其他人的判断进行判断,根据员工扮演代理企业家的能力来评价他们,而不是评估他们在特定条件下的具体行动。然而,这些学者没有解释企业家如何对判断进行判断:也许他观察到代理人过去和现在的表现,在此基础上形成了他的原发判断。但是"奈特—奥派"的文献都没有说明相关的具体机制。

为了推动这个问题的进展,让我们假设委托人(如企业家)和代理人(如被雇用的经理人)之间存在"隐藏知识"(Minkler,1993a,1993b)。也就是说,委托人面临的问题不仅仅是一般的代理模型所假设的(Holmström,1979),如他不了解现状,或者不了解代理人的努力程度(如隐藏信息)等,而是在某些可能的企业家活动中,代理人的知识(即隐藏知识)胜过委托人的知识。委托人可能不了解代理人可能采取的行动集合(或许是因为代理人创造或发现了相关资产的新属性),或者代理人可能更了解应该如何(最佳地)执行某些任务。在此可以给出一些理由来解释为什么在这样的条件下,权威在促进效率(和应用判断)方面依旧有意义。

在需要紧急协调时,权威的存在是有意义的。在一篇预见到后来发展起来的"动态能力论"(Teece,Pisano and Shuen,1997)的论述中,朗格卢瓦(1988)认为,做出(我们所说的)企业家判断通常需要协调和快速部署互补资产构成的集合(第五章)。①虽然哈耶克(1945)认识到在财产权可转让的条件下,价格体系

---

① 朗格卢瓦和罗伯森(1995)给出了一些经验论述。

在应对分散知识和意想不到的干扰方面的优势,但他可能忽视了在某些情况下,效率需要的是"协调性"的适应而非"自主性"的适应(Williamson,1996)。一般来说,当行动或活动是互补的时候,就很可能需要协调性适应或活动(Milgrom and Roberts,1990;Stieglitz and Heine,2007)。例如,当什么都不做会让情况更糟糕时,做出某个紧急选择(可能是非常低效率的)会显得格外重要时的情况。在这种情况下,如果挑选坏策略(如未能充分利用所有的分散知识)的低效率小于推迟协调所带来的低效率,那么有人选择一个策略并使每个人都参与这个策略就可能更好。以这类特定的权衡(trade-off)模型为背景,博尔顿和法雷尔(Farrell)得出的结论是:"当计划者缺少的个人信息越不重要,而协调越重要时,中央计划的解决方案就越具有吸引力。"(1990:805)此外,如果紧急程度很重要,松散化解决方案的效果会很差。集权化被假定为不存在延误,因此是一个好的处理紧急情况的机制,博尔顿(Bolton)和法雷尔得出的结论与在紧急情况下企业依赖内部权威的观察是一致的。[①]

即使在知识分散的情况下,尽管集权式决策者缺少某些局部的信息,但在许多情况下他仍拥有"决定性的"信息。在涉及多个个体合作的背景下,如果基于某个信息而不需其他信息就能做出合理的决策,该信息就是(极为)决定性的(Casson,1994)。根据卡森(1994)的观点,一个涉及多人知识的问题多大程度上是决定性的以及转移知识的成本这两方面,可以帮助我们解释决策权的分配。组织经济学指出,在更一般意义上,当知识转移成本很高时,把决策权和具体知识"搭配"起来则是有利的(Jensen and Meckling,1992)。但是,这种观点认为所有类型的专用性知识都是平等的。而我们认为,决定性知识胜过其他分散的、具体的知

---

① 参见波特克(1989)。

识。即使经理人拥有特定类型的具体信息，如果企业家拥有决定性知识，即使他们不知道许多其他重要变量，那么将诸多重要行动决策权分配给企业家是不无道理的。换句话说，当企业家拥有决定性知识时，企业家掌握最终权力（原发判断）就是有效率的。

明克勒（1993b：23）指出，"如果工人知道的比企业家多，企业家监督工人则是毫无意义的"。这意味着当监督是指挥的先决条件时，权力机制就似乎变得"没有意义"。然而，即使在隐藏知识的情况下，权力机制可能仍然有用。例如，如果委托人从代理人的活动中推测到财务结果，他可以通过企业的控制系统来确认这些推测。奈特（1921）和米塞斯（1949：303）明确允许这种可能性的存在，也没有假设企业家全面了解经理人的行动集合。然而，他们仍然假设企业家可以理性地授权给经理人一些决策，同时保留适当的控制。隐性知识并不意味着主观绩效测量是不可能的。相反，我们越远离简单的情况（在这种情况下员工很容易被监督），控制问题就变得越复杂，企业家越有可能使用多种激励手段来影响员工的行为（Henderson，2000）。在动态的经济系统中，保持这些激励手段间的一致性是一项经常性的工作（Holmström，1999）——是不断组合和重组资源的另一种表现，体现着企业家的功能。这项任务的规模经济意味着集权。此外，当不同的企业控制着这些激励手段，同时交易成本阻碍这些外部性的内部化时，就需要集权来控制这些问题带来的外部性。这两个论述都指向了决策权的集中。

总而言之，即使在分散知识的背景下，权力机制也可能是有效率的。分散知识挑战狭隘的权力概念，如科斯（1937）和西蒙（1951）把权力等同于上级从一个定义好的行动集合中为下属选择一个定义好的行动，而这个集合基于上级拥有超级知识的假设，即他知道在诸多意外情况下，哪些行为是有效率的。然而，奈特和米塞斯明显超越了这一点。他们清楚地意识到在许多企业中，企业家（和董事会）把决策权分配给较低级别的下属，可能就是为了应对分散知识，并允许下属做出派生判断。因此，在企业中，决策权就会被授予其他人，但是授权是作为实现目的一个手段（Hayek，1973），它们的使用会被监督（Jensen and Meckling，1992）。同时高层管理团队保留最终决策权（Baker et al，1999），因此，即使在"知识型"企业中，依旧需要集权化的协调。

五　结　论

基于企业家判断的方法，企业理论是一个关于企业家如何安排自己拥有的或可以影响的（如人力资本）资本资产的理论，包括他寻求获得哪些资产组合，以及他今后可能剥离哪些资产（以进行体现他判断的商业试验）（Knight，1921；Casson，1982；Foss，1993；Langlois and Cosgel，1993；Foss and Klein，2005）。在这一章中，我们通过解释"企业家—所有者"如何将决策权授予员工以及如何最佳地限制员工做出派生判断拓展了这一方法。

在组织设计的现有经济理论中，对授权的分析通常基于委托代理模型。这类模型已经在经济学文献中被广泛地使用。这个方法暗含的一点是，更完备的合约比不完备的合约更可取。然而，在"奈特不确定性"的情况下，代理人不仅可以从预先给定的集合中选出一个行动，而且可以做出派生判断，作为代理企业家而做出新的行动。这个方法中的合约是不完备的，并不是因为起草完备合约的成本太高（如 Crocker and Reynolds，1993），而是因为完备合约限制了生产性或破坏性的企业家活动。更一般地说，在奈特（1921）以及奥派经济学家（Mises，1949；Shackle，1972；O'Driscoll and Rizzo，1985）设想的开放系统中，要素限制员工的自由裁管权，并不只是把书面合约订立的更加完备那么简单。自由裁量权受组织结构的限制。组织结构不仅包括专业化、部门化、规章化等，还包括诸如非正式规范（"企业文化"和其他隐性合约），官方和非官方解决争端的途径，等等（Williamson，1996）。所有权传递的是界定组织结构中关键要素的权力。①

此外，与新产权方法（Hart，1995）不同，所有权对企业绩效有一系列的影响。基于判断的视角来看，产权的安排不仅影响事前的关系专用性投资，而且还随着时间影响企业的绩效（做出原发判断的权力应分配给最能够行使这些权力的人）。同样，内部组织不仅影响当前的绩效（就像代理理论和机制设计理论一样），而且影响动态绩效——如何根据变化做出派生判断。因此，基于判断视角的组织设计，在本质上是动态的。

最后，我们讨论了本书的研究视角对奥派传统中一些研究的影响。诸多当代的奥派文献关注市场交易有机、"自发"的本质，隐性知识的分布（哈耶克，1945）和自上而下的中央计划的失败（Mises，1920）。然而我们认为，强调"市场"超越于"层级"（使用威廉姆森的术语）导致这些经济学家对组织——现代经济体无处不在的、非常核心的特征——缺乏关注（Simon，1991）。② 然而，现有的奥派理论可以增加我们对组织及其内部组织结构的理解。本章就此进行了一些探讨。

---

① 我们并不宣称所有者可以完全地控制或者"设计"组织结构中非正式的方面。例如，我们当然认识到组织文化可以生长和有机演化，在企业内部存在"自发秩序"的因素。但我们仍然坚持认为，由所有者建立和修改的正式约束是企业组织的最终驱动力。

② 一个明显的例外是米塞斯（1944）。对奥地利学派经济中自发秩序方法的一个批评，详见克莱因（2008a）。

第九章　总结性的讨论

一　引　言

我们在前面的章节中基于奈特的不确定性和奥派的资本理论概述了企业家的企业理论。这个理论把企业家精神视为积极的，拥有资产并具有管理控制力的个体，在真正的不确定性下整合、配置和重新配置异质性资源组合的一种功能。这对我们理解企业的本质、产生和边界有重要的启发。它也有助于我们理解多成员企业中，企业家们有关资源使用的判断是如何分布的，资源所有者与代表他做出派生判断的员工分享原发判断。

企业家的企业理论理念隐含在一些最早系统阐述经济学问题的著作中——包括坎蒂隆（1755）的里程碑著作。它们被古典经济学家和奥派经济学家吸收，但逐渐不受青睐，被新古典经济学中典型的抽象"企业"替代。生产函数在分析上具有易处理性，但在分析经济组织和企业家精神方面是无力的。20世纪七八十年代和90年代出现的企业理论包括交易成本理论、委托代理理论、产权理论以及基于资源和能力视角的企业理论。它们为企业理论注入了新的活力，阐明了企业行为和业绩的许多重要问题，但即使是这些理论，也未能把企业家精神纳入到企业分析的框架中。同时，企业家精神的研究变成了一个单独的领域，它关注的是初创企业、小企业管理和创新。通常的经济和管理学研究仍然没有为企业家留下一席之地。

一个根本性的论断最早出现在福斯和克莱因的作品（2005）中。他们指出企业家精神研究和企业理论长期的相互独立，意味着一个尚未被挖掘的巨大研究领域，这一研究可以通过这两个学科之间交流来进行。企业家精神不应被视为一种研究特定现象，如自我雇佣，商业模式的形成，新产品的引进等单独领域，或作为一种只适用于思考特定情况下少数个体行动的方法。在最一般的意义上，所有的人类行为都是"企业家的"（entrepreneurial）。因为我们生活在一个奈特式不确定性的世界中，而不是新古典经济学模型构造的虚假世界中。

作为经济学家和管理学学者，令我们尤其感兴趣的是相对更为狭义的企业家精神概念，即那些投资金融和实物资产以期获得货币利润并避免货币损失的商人——并不是因为我们认为这种类型的企业家内在地或在社会上和道德上优于日常的企业家，而是因为商业行为对资源配置有着更广泛和更直接的影响，是经济学及其相关学科的一个基本待解释项。因此，企业家精神——在相对狭义的意义上——恰恰是经济学、战略管理应用、组织理论、创新、金融和市场营销等学科的核心。这并不意味着"企业家精神领域"是社会科学中一个包罗万象的领域。相反，我们的观点是，把企业家精神当作一个一般意义上的行动类别，而非一个经济学的应用领域，诸如劳动经济学、经济发展、国际贸易或管理学研究的一个子领域，如战略管理或组织研究领域①，这样更有意义。

而是这意味着研究企业家精神的学者们应该关注他们的研究对组织和市场的影响，同时，经济学家和管理学者应该通过企业家精

---

① 虽然可能会引起进一步的困惑，但我们还是要指出，这并不意味着我们看不到专门关注初创企业、创业投资和类似问题的研究的作用，假如把这些视为广义的企业家现象的一部分的话。

神视角审视自己的研究以及研究的应用问题。在结束我们的讨论之前，我们会对自己的基本阐述做一个总结：对一些我们尚未在之前章节中提及的特定含义进行完善和拓展；对企业家精神和企业理论的发展做一个评述，并勾勒出一个进一步发展以"判断"为基础的"企业家的企业理论"的研究纲要。遵循本书的组织逻辑，我们先讨论企业家精神理论，接着讨论企业家判断和异质性资本背景下的企业理论。

二 对企业家精神理论的启发

本书把企业家视为一个不确定性的承担者、资产拥有者、判断型决策者，企业家可能会把他的判断授予代理企业家。这个观点为新兴的企业家精神研究（Zahra，2006）指出了一些新的方向。这些新的方向对于理论发展很有价值。因为，迄今为止有三个理解上的重要"偏差"已经束缚了企业家精神领域的研究，同时它们还主导着该领域的启发式。我们所说的"偏差"包括初创企业偏差、机会发现偏差和个体企业家偏差。我们已经简要讨论了初创企业偏差和个体企业家偏差，且较深入地讨论了机会发现偏差。但在此我们仍要对它们进行简单的总结和阐述。我们还会讨论本书勾勒的企业家精神研究进路将如何克服这些偏差。

初创企业偏差

我们无法否认初创企业对创新、经济增长、就业和其他经济表现的重要性，但是我们仍然认为，分析新企业、小企业或高速成长企业所使用的逻辑，不应该不同于分析成熟企业、大企业和变化不是那么快的企业的逻辑。因此，我们不同于高德纳（Gartner）和卡特（Carter, 2003: 196）等研究企业家精神的学者，他们认为"组织形成的过程是企业家精神的核心特征"。当然，组织形成是一个有趣且重要的话题，但从本书的判断视角或功能视角（柯兹纳的警觉，熊彼特的创新，舒尔茨的适应性或其他类似的方法）来看，我们并不认为"组织"是唯一地体现"企业家精神"的。判断、警觉、创新和适应性存在于各种组织，并不仅仅存在于初创企业和企业创立的初期。[①]

具体来说，本书强调的企业家精神概念是指企业家对异质性资源进行控制来满足想象出来的消费者未来偏好这一特定环境下所进行的判断。因此，根本没有理由说明为什么如此定义的企业家精神不能出现在成熟企业中。显然，成熟企业不断地展现出企业家判断。熊彼特就曾指出应该把企业家精神视为企业层面的现象。熊彼特为他的担忧做了非常著名的论述，[②] 他认为对于大企业而言，企业家精神在一定程度上变得屈从于日常的研发活动。其他学者也认为，在企业层面，企业家精神也可以进行有意义的概念化（Baumol, 1990）。如果研究企业家精神的学者们只是把企业家精神与新企业的形成结合起来，我们可以推测，这一部分是由历史因素造成的（20 世纪 70 年代中期，新企业形成带来的"剧烈扰动"成为大量经验研究的重要对象，随着企业家精神逐步被确立为一个研究领域）；另一部分原因则在于学者试图定义和保护一个独立的企业家精神研究学科（在成熟企业中，企业家精神的研究可能被视为与诸如创新研究有着巨大的重合）。

---

① 高德纳和卡特（Gartner and Carter, 2003: 199 – 201）小心地指出研究组织形成和研究新组织并不是一回事。但是很多企业家精神的应用研究都忽略了这个区分。他们的方法意味着一旦组织形成了，判断、警觉、创新和适应的过程要么停止了，要么以与之前完全不同的方式进行。

② 对这一点的讨论以及这是否代表熊彼特偏离了他早期的作品，详见朗格卢瓦（Langlois, 2007b）。

虽然我们认为研究企业家精神的文献很大程度上仍受到初创企业偏差的影响。但许多迹象表明，其他领域的研究人员已经开始不受这种偏差的影响，他们明确地建立起企业家精神与成熟企业之间的关联。也许最明显的就是新兴的有关战略企业家精神的文献，它们明确地在成熟企业的层面将企业家精神概念化（Hitt et al, 2002；Ireland et al, 2003）。与战略企业家精神研究不同的是，战略管理研究遵循熊彼特（1911）的框架，强调竞争优势固有的暂时属性（D'Aveni, 1994；Wiggins and Rueffli, 2002）。大量的经验研究表明：与特定竞争优势相关的企业专有回报将收敛于行业均值，而且在过去几十年中，收敛的速度加快（Pacheco - de - Almeida, 2010）。在那些创新率高、模仿率高的激烈竞争环境中，"优势被迅速创造的同时也被迅速侵蚀"（D'Aveni, 1994：2）。"动态能力视角"（Teece et al, 1997；Zahra et al, 2008）是另一种尝试在成熟企业和我们所认为的企业家行动之间建立起联系的研究方法。这种研究视角认为，卓越的绩效来自于在面对熊彼特竞争和环境变化时，企业改变其资源基础的能力。动态能力是企业整合、构建和重新配置内部和外部的实力，以应对快速变化的环境的能力（Teece et al, 1997：516）。最近关于动态能力的研究越来越强调组织过程在理解企业如何改变其资源基础上的作用。提斯（Teece, 2007）把动态能力概念与感知、把握商业机会的组织过程以及资源的持续（重新）匹配相结合，打开了动态能力的"黑箱"（见Helfat and Peteraf, 2009）。企业的感知能力极大地依赖于组织体系，个人的学习能力以及识别、过滤、评估和塑造商业机会的能力。一旦明确了商业机会，组织结构、程序和激励就会影响企业是否以及如何抓住机会并创建新的战略路径。此外，治理和组织结构决定了企业随时间变化如何调整其专用性资源。

在某些重要方面，判断的方法非常接近战略管理领域的这些最新研究。它独特的贡献在于更多关注构成诸如"动态能力"这样的概念的微观细节，如在整个公司中分析判断及其分布和组织（从原发判断和派生判断的角度）。不过，判断视角的研究方法具有内在的多层次性。相比之下，许多战略管理理论往往只是停留在企业层面。

机会发现偏差

企业家精神的应用研究主要将初创企业作为关注的对象（即作为待解释的现象）。正如我们在第二章中提到的，他们主要的解释方法是关注机会的发现，这些发现可以孤立地存在，也可以和发现者的特征联系在一起（如 Shane，2003，"个人—机会的连接"）。然而，从判断视角来看，分析的单元不是机会而是行动——若使用奈特的术语，即组合当前的资源以期获得未来（不确定的）收入。正如我们已经阐明的，"组合"代表了一系列行动。包括寻找合适的资源，采购（包括检查、测量、谈判等）这些资源或以其他方式获得服务，协调资源的使用和监测绩效等。这些行动中，有许多是高度互补的，对相应的经济组织有着直接的影响。但我们呼吁的是，至少要将更多的注意力放在将企业家的感知转化为行动的这一过程，而非"发现"的心理特征。

发现的视角的确有着悠久而卓越的历史（Foss and Klein，2010）。它起源于坎蒂隆（1755）、菲特（1905），维塞尔（1914），克拉克（1918）和哈耶克（1946，1968），并且，将企业家视为具有与众不同的觉察力、警觉性和本能的个体在直觉上对研究者们很有吸引力。判断涉及对未来状况的预测，表面上与柯兹纳式的警觉或发现概念有些相似，但判断的方法更进了一步——它关注构成企业家精神的很多环环相扣的行动和投资，因为柯兹纳的概念是极度程式化的，他把所有这一切描绘成一个格式塔。正如我们在第三章指出的，他坚持认为"纯企业家"不需要依靠企业把握机会，事实上他也不需要拥有任何资产。在我们看来，把柯兹纳的观点作为管理学中研究企业家精神的基础,可能会导致原本需要被揭示的内容反而被放置在"黑箱"中,并使"成熟企业也具有企业家精神"这一点被进一步忽视。

机会发现视角的兴起有很多原因。其中一个原因在于,如果不利用诸如整个行业或经济体层面那些与初创企业相关的数据,那么对企业家精神的经验研究就非常具有挑战性。调查设计需面对既有的测量尺度少这一事实,调查的结果也可能是高度有偏或不精确的,并且很难设计与企业家过程相关的问题。虽然这些都是调查设计的常见问题,但它们在企业家精神的研究背景下更加凸显。因此,将企业家精神视为一个可明确识别的时间点(即发现机会的时间点)就变得非常方便。机会发现视角也简化了经验研究者们的工作,因为这意味着设计一个单独的问卷——即调查"企业家—发现者"可能就足够了。

然而,正如我们的判断视角以及沙拉斯华迪(Sarsvathy,2008)的"有效化"方法所指出的,这种做法很可能会误解企业家精神。在判断视角中,企业家精神是一个或许以一种不断迭代的方式组合资源(在上文定义的意义上)和协调资源的过程。这表明,调查设计在识别过程特征上必然会遇到困难,因此它可能是一个有问题的研究工具。由于判断可被授予组织中更低的级别,仅仅针对单个受访者的设计可能不够充分。历史研究设计中的小 N 设计法(small – N)明显可以用于规避这些困难,但是开发出适合从定量角度研究判断的经验研究工具面临着方法上的严重挑战。

单个个体偏差

企业家精神研究文献中第三个偏差在于关注**个体**。因此,学者把企业家描述成单个的个体,认为企业家的信息成本低于其他人(Casson and Wadeson,2007),并且(或者)拥有诸如消费者未来偏好的独家信息（Knight，1921；Mises，1949）。组织被纳入到分析框架中，主要因为它被视为企业家实现愿景的一个工具（Knight，1921；Mises，1949）（这也有助于解释为什么研究文献对初创企业过度关注）。同时，大量研究发现了团体或团队的重要作用（Cooper and Daily, 1997；Mosakowski, 1998；Aldrich, 1999；Schoonhoven and Romanelli, 2001；Ruef, Aldrich and Carter, 2003；Cook and Plunkett, 2006；Felin and Zenger, 2007；West, 2007；Harper, 2008）。博尔斯和库克（Burress and Cook, 2009）关于"集体企业家精神"的综述文章中概述了大量的研究文献，其主题涉及组织内部员工参与知识管理、家庭和惠顾者拥有的企业（如合作企业）、网络和联盟、集群和产业区、特许权经营以及其他团队或群体企业家行为的例子。

团队企业家精神的理论关注共享的心智模型、团队认知以及机会识别过程的其他方面（Harper, 2008；Foss et al, 2008；Foss and Lindenberg，尚未出版）。潘罗斯（Penrose, 1959）把企业视为"主观机会集"，这与基于判断的企业家精神之间存在着明显的关联（Kor et al, 2007）。① 巴哈拉赫（Bacharach, 2006）试图在博弈论中对团队代理的角色进行定义，而哈珀（Harper, 2008）在此基础之上认为，如果不同个体感知到他们之间存在共同利益，他们的企业家行动之间具有强大的互补性，不存在（或仅存在微弱的）激励冲突，因此更有可能成立一个企业家的团队。在更广泛的意义上，企业家之间也可以形成网络来分享项目潜在回报的预期（Greve and Salaff, 2003；Parker, 2008）。

此外，即使人们认为（主观定义的）机会感知是一种内在的个

---

① 斯潘德（Spender, 2006：2）指出"潘罗斯的管理学习（managerial learning）模型是诸如哈耶克、柯兹纳和熊彼特等奥派经济学家提出的认识论方法的一个易于理解的例子"。

体行为，但是对机会的利用仍可以是一种团队或团体活动。创业资本投入、后期私募股权和银行贷款等往往都是以联合体的名义进行的。公开交易的股权是大众分散持有的。专业服务企业和非开放会员的合作企业代表着共同所有的风险资本池。此外，我们可以把企业的高层管理团队（被授予关键性的决策权）视为异质性人力资源束，他们之间的相互影响对企业的绩效至关重要（Foss et al, 2008）。

这一研究方法也指出了企业家精神理论和集体行动理论之间的关系（Olson, 1965；Hansmann, 1996）。一旦感知到创业机会，企业家就可能需要组建投资者团队以及（或者）管理者团队，提出内部治理的一系列问题，进而制订共同的目标，协调投资期限的不一致性，缓解搭便车问题，等等。库克和普朗科特（Cook and Plunkett, 2006）、钱伯斯（Chambers, 2007）、博尔斯（Burress）、库克（Cook）和克莱因（Klein, 2008）讨论了在封闭会员的合作企业或"新生代"合作企业内如何解决这些问题。传统的开放会员的合作企业面临库克（Cook, 1995）提出的"模糊定义的产权"的挑战。由于其股权不能在二级市场上转让，传统合作企业面临着一系列搭便车、范围问题、投资组合、控制以及影响成本等问题（见 Alchian, 1965）。[①]

事实上，我们把企业视为一个原发判断和派生判断的层级，我们倾向于把这一构想作为"团队企业家精神"的实例。对团队的经典解释是：它由一群从事"团队生产"的个体组成，其中"……生产指（1）使用几种类型的资源，（2）最终产品不是由每个合作要素的独立产出加总而得……（同时）……（3）团队生产中使用的所有资源并非都属于一个人"（Alchian and Demsetz, 1972：779）。显然，我们的方法满足条件［（1）企业组合各种异质性资本投入，（2）难以精确核实多大程度上实施了被授权的判

[①] 详细讨论见 Cook and Iliopoulos（2000）和 Cook and Chaddad（2004）。

断,意味着很难监督投入和产出,(3)显然,代理企业家拥有自己的人力资本。]阐明成熟企业如何像企业家团队一样行动,是企业家精神研究未来发展的一个重要方面。

企业家的分工和组织设计

在一份影响广泛的纲领性声明中,尚恩和维卡塔拉曼(Shane and Venkataraman, 2000)把企业家精神定义为机会的发现、评估和利用,而这一研究又是从诸如采取行动的经济主体,以及嵌入了企业家活动的制度和组织的角度展开的。十多年后,企业家精神研究只实现了这份雄心壮志的声明中的一小部分。虽然我们仍对该计划的部分内容持怀疑态度(特别是对机会发现的强调),但我们赞同企业家精神可以有意义地分解为不同个体采取的企业家行动,这些行动之间需要协调和激励。换句话说,存在一种企业家的分工,并且这种分工之间需要协调。

然而,我们在上文中对三个偏差的讨论意味着现有的企业家精神研究尚未明确采取这一方法。例如,柯兹纳的经典论述认为,那些发挥企业家才能的活动是由一人承担的,且在时间上同时发生,虽然这些活动在概念上是完全不同的。同样地,拉齐尔(Lazear, 2005)颇具影响力的研究强调企业家可能是通才而不是专家。然而,类似研究企业家精神的大多数学者,拉齐尔只关注初创企业。不同于单个企业家创办一个新企业,成熟企业很可能通过其组织成员获得一套企业家能力的组合。这意味着判断可以被分解成各个活动——搜寻潜在机会,评估机会以及实施和协调实现机会所需的投资和行动。这就是我们所说的"企业家的分工"。

我们需要理解企业家分工,也需要考察组织设计对企业家行动的影响,这两种需要是密不可分的。以前的企业家精神研究已经分析了独特的企业家行动所需要的技能或能力。例如,个体发现机会和他已经掌握的信息相关（Amabile，1997；Shane，2000；Shane and Venkataraman，2000；Venkataraman，1997）。因此，获取使用资源的新信息，对企业发现新的可利用机会至关重要（Casson and Wadeson，2007）。然而，企业如何获取这些信息很大程度上取决于企业的组织设计。例如，我们需要将雇佣、晋升、留用等（即选择和匹配过程）对企业家精神，尤其是杰出人才的企业家精神的影响和组织设计本身对企业家精神的影响分离开来（如特定的奖励体系可能会激励首创精神，如发现机会。这种激励甚至能够在原本不具备特定的企业家才能的个体身上产生作用）。从某种意义上说，特定的组织设计可以弥补（从企业层面的企业家产出来说）企业家才能的相对欠缺。

然而，由于组织设计的影响在现有的研究中尚未得到考察，我们对个体的企业家行动和组织设计的相对贡献知之甚少。这两组变量之间的关系可能是互补的。因此企业家行动（以及强化企业家行动的技能）需要嵌入到适当的组织架构中才能有效。最近的战略企业家精神研究开始认识到，同时把个体层面的视角和组织设计的视角应用到分析创业型企业如何发现和利用机会以创造持续性竞争优势的重要性（如Ireland，Covin and Kuratko，2009）。采用微观视角关注个体的（企业家）行动，并研究组织设计如何有助于激发、协调和利用企业家技能，为理解企业层面的企业家能力和成果如何从企业内部行为中涌现出来提供了新的观察视角。

三 对企业理论的启发

我们关注的企业家是一个不确定性的承担者、资产的拥有者以及判断性的决策者。他会把自己的判断授予代理企业家，这指出了企业理论研究的一个新方向。类似于克服企业家精神研究中的偏差,判断视角也可能克服企业理论中的一些重要偏差,尤其是免费决策偏差、静态激励相容偏差和资金作为生产要素的偏见。

免费决策偏差

德姆塞茨(1988c)抱怨企业理论面临一个严重的不对称问题:以决策为目的的知识被认为是稀缺的(正如委托代理模型依赖信息不对称),而以生产为目的的知识被认为是免费的。德姆塞茨指出,把生产性知识的稀缺性考虑在内意味着一个不同的企业边界理论。我们赞同这个观点,并认为需要考虑认真第三个因素:决策。标准的经济学理论假设知识是昂贵的,但是决策却是免费的。这意味着决策者总可以计算出决策问题的最优解。即使交易成本经济学强调有限理性(由此导致高昂的决策成本),但并不关注认知的复杂性。因为有限理性主要是为合约不完备假设的正当性服务的,而信息不对称(如不可验证的信息;见 Hart,1995)也有这样的作用。[①]

基于判断视角的研究方法意味着决策不是免费的——企业家不能简单、迅速地计算出复杂的资源配置问题的解决方案。按照这种方式建模也具有误导性。因为它抽象掉了我们在前面章节中讨论的那些试验和学习过程。威廉姆森(1975:25)同样强调需要"适应性的、连续的决策过程",因为这些过程"大大缓解了有限理性"。我们也可以说判断缓解了有限理性。正如西蒙所指出的,"有限理性的经济主体感受到了在界定和解决复杂问题以及处理

[①] 有些理论学者把信息不对称当作有限理性的前提条件,但是并没有系统地解释这一点。其他部分学者则把有限理性当作一个涵盖各种类型的信息成本的总称,但我们在本书中遵循常规的用法,认为有限理性描述的是认知成本,而不是简单地由于缺乏信息而做出次优决策的成本。

(接收、存储、检索、传输)信息方面的局限"(引自 Williamson,1981:553)。有限理性使得决策局部化且产生路径依赖。这与最近企业家精神研究中强调经验和技能的路径依赖性和局部化特征,以及这些特征如何影响企业家探索的机会空间(Shane,2000;Sarasvathy,2008;参见本书第五章)是一致的。

然而,基于判断视角的研究方法和行为视角的研究方法之间存在着一些重要的差异。行为模型倾向于将经济行动者固定化为选择特定行动路线的个体:"行为主义者倾向于假设经济主体(1)是头脑冷静的规则遵循者,或(2)**始终**对预先设定好的程序感到满意"(Langlois and Csontos,1993:118)。相反,我们认为企业家精神理论必须在某种程度上考虑经济主体的自由意志(Knight,1921;Mises,1949;关于一些哲学问题,见 Felin and Foss,2011)。朗格卢瓦和琼托什(Langlois and Csontos,1993:121)总结了这两种模型之间的基本区别。

> 程序化的经济主体(即行为主义的主体)即使在最具开放度和不受约束的情况下也以确定的方式行动,然而具有自由意志的经济主体则不会。当一个完全只满足于预先设定的程序的行动者实现了自身预期的目标时,即便人行道上出现了50美元的现金,他也会停止增加收入的行为。而具有企业家特征的行动者则可能把钞票拾起来。

就行为主义而言,常规化(或程序化)和非常规化(或非程序化)行为之间的区别在于是否具有创造力,新的解决方案以及"只发生在非常特殊的例外情况下"的真正的选择(Bianchi,1990:161;另见 Grandori,尚未出版)。简森和麦克林(1994)指出,"理性行动"或情境分析法(Popper,1967)中的人实际只是一个"随机应变的、会算计的。追求最大化的"人(即 REMM 模型）他们认为这个模型同观察到的行为差异以及人类学习具有完全的一致性："人类不仅能够学习到新的机会，他们还从事创新性的活动，以各种方式扩展他们的机会范围。"（1994：5）①

判断概念既体现了行为主义者强调的决策的局部化和持续试错，也体现了詹森和麦克林强调的人类"还从事创新性的活动，以各种方式扩展他们的机会范围"的观点。企业理论如何把这种真正的、天然的决策纳入到考虑中呢？有诸多明显且广为人知的问题都与构建创造性决策（诸如判断）的预测模型有关。奥德里斯克和里佐（O'Driscoll and Rizzo，1985：26）认为学者们努力的目标应该是"可理解性"（intelligibility），即

> 选择理论（choice theory）的解释架构必须指出某个特定现象［例如，企业家进行判断时实际上采用的方式］更可能发生，如果特定的模式没有出现的话，……因此，虽然在这模型下，许多替代性的决策都有可能出现。但这个真正发生的决策在这个给定的模型下出现的概率要高于在其他模型下出现的概率。

这就需要借助"多出口"（multi-exit）模型。这个模型能在事前将主体的选择限制为产生单一确定的结果（尽管能对这个选择做事后的解释）。如我们在第五章中讨论的，模糊性和不确定性下的探索工作中，创造性搜寻是关键。它与组织结构共同影响搜寻过程。虽然结构并不决定企业家的判断，但它是促进或约束企业家判断的因素之一。

---

① 事实上，尽管"经济学家们表明自己忠于REMM模型，但是他们的这种忠诚既不普适，也非保持不变"（Jensen and Meckling，1994：10n）。例如，经济学家们可能经常假设个体是纯粹的货币财富最大化者。但本质上看，这是一个操作性的问题，并且理性行动模型并不遵循这个假设（Buchanan，1962；Popper，1967；Jensen and Meckling，1992）。

我们应该付出更多的努力来考察判断——无论是形成还是交易（如果可能的话）都要付出巨大成本的结果。正如我们在第四章中解释的，判断并不像资本和劳动力那样是一种可以绘制出供给曲线的"资源"。① 判断是对资源进行决策的一种能力。当我们说判断"昂贵"时，这意味着判断不是瞬间完成的，做出和实施判断需要互补的（稀缺且昂贵的）资源。判断是企业家脑海中（或者企业家团队的脑海中）关于使用资源以满足消费者偏好的一种新颖的推断，是难以进行沟通的。这就产生了交易的壁垒。为了能够从判断中获取利润，企业家必须在投入自己的资产的背景下部署实施他的判断，并雇用员工，他们基于派生判断进行工作。这个描述引出了一系列问题，我们在这本书中给出了答案。企业家构想资源新的使用方式，这种构想中的各个部分都是不可缔约的吗？如何将判断分成不同维度？类似于交易成本经济学的"区别性配对"，是否有可能建立一种逻辑，将具有特定特征的判断与具体的组织模式匹配起来？就判断的利用而言，相比和其他人进行沟通，指挥别人是一种更节约成本的方式（见 Demsetz, 1988c），那么在多大程度上判断的特质性意味着权威性呢？我们在第六章、第七章和第八章中讨论了这些问题，但把判断维度化并且用完整的逻辑说明判断与经济组织之间的匹配关系，在这个方向上仍需进一步的研究。

静态的激励相容偏差

正如我们在第六章中阐述的，诸多现代的企业理论都有较强的静态特征。具体来说，有效率的经济组织（合约、所有权、治理结构、奖励计划等）都是以一种前瞻性的方式事先选定的。哈特

---

① 尽管不是完全前后一致，但是罗斯巴德（1962）有时在书中把"决策"作为一种赚取租值的生产要素。详见 Topan（2011）对这个观点的批评。

(1990：699，强调为原味所有）恰如其分地强调，在企业的经济学分析中，"实际上，经济主体的高水平计算能力是非常重要的"。事实上，即使缔约双方不能起草合约以避免日后的"敲竹杠"问题，即不可能事前罗列所有视情况而定的条款，他们仍然对自己没有能力做到这一点的后果有完美的先见之明。[①] 这一点可能与奈特的观点形成鲜明对比。罗斯比（1976：134）清楚地阐述了奈特的观点："企业之所以存在是因为不可能对所有的行动做出规定，即使是视情况而定的行动也不可能。对紧急事件的处理，企业有着一套完全不同的政策。不完全的规定是企业存在的必要基础，因为有了完全的规定，那就可以交给市场处理"。

威廉姆森常常批评现代组织经济学过分强调静态的**事前激励相容问题**，这也是现代组织经济学的典型特征（如 Willamson，1985，2000），它区分出交易成本经济学的两个分支，分别是事前激励相容和事后的治理模式。威廉姆森（2000：605）在文中指出，格罗斯曼和哈特（Grossman and Hart，1986）以及哈特和穆尔（1990）的研究"通过假设共有知识和无成本的事后讨价还价，让事后的失调（maladaptation）荡然无存。"吉本斯（Gibbons，2005）还进一步指出威廉姆森构建了两个企业理论：一个是"适应性"的企业理论；另一个是区别性匹配和比较合约视角的企业理论，后者更知名［吉本斯把这个观点与克莱因等人（Klein et al.，1978）提出的"寻租"法联系在一起］。

类似地，我们认为应该更多地关注经济组织的过程视角。经济组织的真正问题不只是在最初的时候对一个规定详尽、有效率的治

[①] 的确，马斯金和蒂罗尔（Maskin and Tirole，1999）认为假如人们可以在"概率上"预测他们未来各种可能收益（即使不能预测其他方面），也就是说，人们可以进行动态规划，那么提前描述或预见各种可能情况所产生的交易成本不一定使最优合约打折扣。

理结构进行部署，还涉及通过不断尝试各种不同的资产组合以最终找到合适组合的动态过程。决策权的分配、激励的设计、计划的监督、企业边界的调整等都是该过程的一部分。由于奈特不确定性的存在，完全的、视情况而定的、阿罗—德布鲁式的合约是不可能存在的。有许多"空隙"需要通过试验过程填补。类似于哈特（1995）的不完全合约视角，我们认为所有权可以作为填补这些空隙的方法之一。因为所有权代表着在合约未能事先规定的情况下做出决策的权利——若未设计出明确的授权规则，企业家实施原发判断。所有权的配置不仅关系到如何保证"投资激励是正确的"，还关系到减少试验过程中的交易成本——通过配置所有权来配置权威。此外，现有经济组织理论没有关注所有权的投机维度［当企业家认为有些资产与其他资产（包括他自己的判断）组合更有价值时，他就可能会获取该资产的所有权］，但它是企业家视角最前沿的部分。

在不确定性的环境中，组织设计的核心往往是采用相对固定的规则，而不是采用视情况而定的政策（Kreps，1990）。这些规则可以是非正式的，也可以是正式的。关系合约可能与组织内的正式合约一样重要。因此，描述有企业家精神的经济组织的方式之一是利用"商业模式"这个概念。我们并不是第一个提出这种可能性的。卓德和阿密特（Zott and Amit，2008：2）明确地把商业机会、价值创造和商业模式联系在一起："商业模式描绘了交易内容以及结构和治理的设计，从而通过利用商业机会来创造价值。"商业模式在有关实践操作的文献中备受关注，但是学术研究对此的关注少得多（明显的例外见 Amit and Zott，2001；Chesbrough and Rosenbloom，2003；Zott and Amit，2008；Teece，2007）。我们可以把商业模式视为一组指令，用于解决不确定环境下企业家如何和其他资源所有者结合，以创造并获取价值。基于判断的视角，企业家是确定、实施和调整商业模式以发现和利用商业机会的个体。这要求企业家管理一组资源以创造价值，同时占据一个谈判地位使自己能够占取价值

(Lippman and Rumelt, 2003b; Ryall and MacDonald, 2004)。

资金作为生产要素的偏差

无论是新古典的"黑箱"模型还是现代组织经济学,这些传统方法在分析企业时都把金融资本仅仅视为另一种生产要素。通常企业被模型化为资本市场中的价格接受者。也就是说,他们可以按照市场利率获得他们需要的任一额度的资金,而对利率不产生任何影响。即使大多数研究公司财务的文献——从莫迪里阿尼(Modigliani)和米勒(1958)到简森(1986)再到威廉姆森(1988)——都详细地解释了企业如何选择替代性的金融工具,管理与债权人、股东和员工的关系以实现战略目标,但是它们往往都把资金当作一种要素投入,与企业购买的劳动力、机器设备和原材料类似,显然这与本书的研究方法不一致。我们认为资本不只是一种要素或产品本身,而是企业家所有权功能和控制功能的一个固有的方面。判断和资金是密不可分的。

正如我们在第四章中指出的,判断是在不确定性条件下拥有并控制生产性资源的行为,因此它本身并不是资源。我们引用马沙尔(Marchal, 1951: 551)的话,认为"企业家虽然不可否认地提供了一种生产要素,……但是不能用这样的术语来定义它"。企业家置身于生产过程之外,对企业的结构和运营负责。从某种重要的意义上说,企业是一项投资,把它理解为企业家的财务(和其他)投资目标是有用的。

几十年前,一篇关于"视企业为投资"的文献试图挖掘这个理论的一些含义(Gabor and Pearce, 1952, 1958; Vickers, 1970, 1987; Moroney, 1972)。这篇文献区分"控制性"和"可缔约性"因素。其中,金融资本属于前者;土地和劳动力属于后者。虽然没有采用他们的术语,但是我们与他们的研究视角是一致的。如他们认为，不应该用追求最大化的利润水平，而应该用追求最大化的资本投资回报率来对企业进行模型化。因此，所有者寻求把每一分钱投资到回报率最高的地方，而非给每个工厂的经理人或部门领导一定量的资本，并指导他们扩大产量直到边际收入等于边际成本（Gabor and Pearce，1952：253）。特别地是，对单个运营单位来说，投资回报率（ROI）最大化的投资组合对应的产量要低于利润最大化对应的产量。换句话说，微观经济学中标准的利润最大化假设仅在特殊情况下——即经理不能把财务资本投资于其他活动，也就是说，经理在当前的生产线上使用分配给他的存量资本的机会成本为零——才成立（因此，新古典的，把企业视为"黑箱"的理论根本不是一个企业理论，充其量只是一个工厂理论。）。

基于判断的视角，企业家应该选择开展什么活动？如何开展这些活动？如何使其资本回报最大化以及如何最终增加资本总量？部分研究认为，可以根据 ROI 或经济增加值（EVA）概念，评估一些项目或经济活动是否具有潜力。虽然在研究多元化和内部资本市场的文献中，这个观点是主流，但是它并没有注意到所有公司本质上都是这么运作的。做出判断的企业家是一个投资者，而不仅仅是个创造者、经理人或顾问。[1]

在某些情况下，如风险融资的筹划（Gompers，1995）和风险投资协议的设计（Kaplan and Strömberg，2003），我们显然要把金

---

[1] 接着第四章中提到的一个观点，即使金融市场中的纯投机者——他们对"积极"控制他们的投资组合毫不感兴趣——仍是奈特意义上的企业家，因为他们的回报是没有保证的。企业的蓄意收购者、私人股权投资人、创业投资家、对冲基金所有者以及其他经纪人和其他市场主体都是套利者，也是企业家，他们对市场未来的走势进行判断（Klein，1999a：36-38）。正如米塞斯（1949：303）指出的，"普通股、优先股、公司债券的价格变化是资本家对资本流动优先控制的一种方式。资本市场、货币市场和大宗产品交易市场上的投机决定了价格结构，而价格结构不仅决定企业开展每项业务的资金数量，它还创造了一种情境，其中经理人必须仔细调整商业运作来适应它"。

融家视为企业家。风投资本家对他们的投资严格控制,对现金流权利、控制权、董事会权利、投票权、清算权等分别进行配置,并保留特定阈值得不到满足时将投资收回的权利。企业并购时收益固有的不确定性也可以用这种方法分析。在不确定性缺失的情况下,人们可以想象存在一个均衡:其中,收购者的数量是次优的,因为除非出价高于收购之后股票的价值,否则股东们不愿意出让手里的股票(Scharfstein,1988)。然而,在奈特不确定性的世界中,企业被收购后的价值是不确定的,而许多股东并不想承担这种不确定性。当价格高于收购前的股票价值但低于收购者预期的收购后的价值时,股东们就会把股票卖给收购者。因此收购者从成功的收购中得到的回报构成一种纯企业家利润(Klein,1999a:36-38)。[①] 我们认为这个视角可以更广泛地应用于任何一种不确定性条件下投资金融资本的情景,也就是对所有的商业风险投资都适用。

四 对公共政策的启发

我们在整本书中都从企业家、经理人、投资者和雇员的角度进行阐述。虽然这不是一本专门指导政策制订的书,但我们仍然认为

[①] 要把风投资本家、天使投资者、银行、家庭成员甚至企业股东视为企业家相对而言让人容易接受。但是很难把一些"消极的"投资人也视为企业家。如信托基金持有者、不管事的所有者、小股东、数以千计的靠工资过活的员工和在退休基金中拥有股权的消费者等。因为他们对于拥有、治理和领导企业没有任何兴趣。在这里,有必要区分行动者的经济功能和这个功能的数量意义。基于判断的视角,所有的资产所有者都是企业家,但并不是所有这些企业家在资源配置、企业战略、创新和类似的活动中都有重要的作用。借用简森(Jensen,1989)有关"积极的"和"消极的"投资者的区分,我们认为剩余控制权以及所有权使得所有的资源所有者都是"积极的",这是从他们必须对如何使用他们的资源做出判断,即使他们只是通过或明确或者不明确的方式委托他人判断意义上说的。换句话说,"企业家—所有者"可以选择他们想要的任何程度的"简森—积极"。

我们研究企业家和企业的方法对管制、反垄断、财政政策、货币政策以及相关的公共政策问题有重要的启示作用。

对宏观经济刺激政策的挑战[①]

最近的金融危机和随后的经济衰退是20世纪30年代的经济大萧条以来最重要的全球经济事件（Elmendorf，2009）。为了应对这些事件，宏观经济学家用尽传统理论来理解危机的原因。同样重要地是，怎么才能帮助经济更快地复苏。在人们仍然陷于宏观经济学的迷雾中时，我们给出另外一个观点：就宏观经济学本身而言，并不是应对当前危机的一个合适工具。尤其是单独凭借宏观经济理论，很可能会使得经济复苏减慢而非加速。因为无论是主流宏观经济理论的哪个流派，都采用同样的假设：经济体中的生产要素、企业和产业都是同质的和相互替代的。这个假设使得宏观经济学家认为经济体作为一个整体，可以通过调整总量经济指标——如国内生产总值、货币供给、增长率等来进行管理。我们在本书中对各方面进行的讨论，都否认经济体是由同质的或可替代的生产要素组成的假设。

由于主流宏观经济模型关注经济整体的现象（如国内生产总值或国民生产总值、就业、增长率等），因此它们总是倾向于关注总量概念——如产业、部门和整个经济体。研究产业和经济体的经济模型往往基于"代表性企业"，假定一个产业中的所有企业都是相似的（Carlton and Perloff，2005）。这种思维模式在现代数理宏观经济模型中达到了极端，即假定部门内的所有生产要素都是同质的。我们在第五章中将其称为"什穆资本"。这种观点源于大卫·李嘉图（1817），他认为这是一个有用的简化。然而，经济学家的

[①] 这部分的讨论主要基于阿加瓦尔（Agarwal，et al，2009b）一文的资料。

同质性假设有时会带来麻烦，如对引发当前危机的原因的解释和提出的相应解决方案就体现了这一点，我们将在下文说明。

相对而言，我们认为资源与资源、企业与企业以及产业与产业之间是有差异的。资本和劳动力都因特定项目或活动而变得专业化，人（人力资本）也是各不相同的。这种理念在奥派经济学（或许还可以补充战略管理这门学科）中是被广泛认同的。战略和组织理论关注资源的异质性，包括组织中的知识和管理能力的异质性，这是因为异质性是竞争优势的决定因素（Barney, 1991）。卓越的盈利能力源于资源组合，而不同的资源组合有着不同的效率。因此，管理学者把企业视为异质性资源、资产和（或）活动的组合。这些资产具有不同的（经济）寿命。这些独特和专用的资产也可以是无形的，如单个员工特有的知识或单个企业特有的能力（Barney, 1986; Dierickx and Cool, 1989）。这些资产可以是某些企业专用的，也可以和其他资产共同成为专用性资产，从而使得它们只在特定的组合中才能产生价值（Lachmann, 1956; Teece, 2009）。此外，基于资源和知识视角的学者们常常强调仅仅是异质性资产本身通常不会产生竞争优势。相反，这些资源之间的相互作用——它们之间产生是专用性和共同专用性关系——才能产生这样的优势（如Dierickx and Cool, 1989; Barney, 1991; Black and Boal, 1994; Teece, 2009）。这些相互作用加上之前对异质性资源的战略投资产生的路径依赖的结果（Nelson and Winter, 1982），意味着异质性而非同质性是这些资源以及这些资源所在的企业组织的标志性特征。基于什穆资本假设的经济模型不能捕获到这种异质性，因此，它们没有考虑由资本异质性引起的组织和资源配置问题。

值得注意的是，宏观经济学并不总是忽视上述的资源特性。正如我们在第五章中阐述的，奥派一直强调资本的异质性，与管理学中的异质性资源概念非常相近。奥派理论描绘的经济图景——从某种重要性上来说，是资源视角的研究方法以及其他战略管理理论在宏观层面的反映——是一张由互相有着复杂关系的资本资产构成的网络，而且这种复杂关系都有特定的成因。在这个最终形成的结构中，生产被引向满足消费者现在和未来的偏好，资本资产在这个方向上被使用和组合等。

某种程度上，一方面，经济活动是在市场中被组织起来的，是被追求利润的企业实施的。这些企业基于资源的战略在宏观层面有着重要的影响，具体而言，获取、开发、组合和剥离资源的过程与最终满足消费者偏好的整个生产结构相调适；另一方面，我们对于发生在企业层面的过程所掌握的知识，构成了我们理解宏观现象的微观基础。因此，企业家面临什么样的限制、激励和机会是我们理解各种宏观现象至关重要的一个要素。

异质性的作用

不幸地是，美国和欧洲分别于 2008 年和 2009 年实施的救市和经济刺激计划完全忽视了企业家、资源、企业和产业之间的异质性。这些计划实施之前、之中和之后的讨论都主要集中在总量层面。除了一些广为人知的金融机构——如美国国际集团（AIG）、雷曼兄弟、房地美和房利美的惨败以外，政府官员每每谈到"银行系统""金融体系"和经济体时，总把它们视为一个整体。另外，对"冻结的信贷市场"的讨论主要聚焦在一些总量指标上——如贷款总额，而非个体间、企业间和产业间的贷款构成。

几乎没有人注意到平均房价的下降、总贷款的减少，以及资产价格指数的波动，并不能揭示出很多有关特定房屋的价格，特定借款人的融资成本和单个资产的价格等的信息。分析信贷危机时，关键问题在于哪笔贷款没能贷出，贷款贷给了谁以及为什么要贷款。实际上，如果假设所有借款人"事实上"都有同等的信誉，不对房地美、房利美等由政府支持的企业的实际借贷操作以及那些鼓励贷款人降低承保标准的政策进行分析，我们根本无法理解金融危机的根源（Liebowitz，2009）。然而，在中央银行信贷迅速扩张期间，同质性假设却是主流和凯恩斯经济学分析 2008 年金融危机的基础。

从判断视角来看，关键问题在于贷款的组成而非贷款总量。总贷款额、总流动资产、平均资本价格，诸如此类的一些指标掩盖了关键问题：资源如何在各部门之间、企业之间和个人之间分配，不良投资是否被清算等。这些加总的概念使得问题同质化，同时这种做法掩盖了有关相对价格的重要信息。毕竟，资本市场的主要功能不是调节金融资本的总额，而是在各种经济活动中分配资本。

所有的借款人都是不同的。同理，所有的银行也并不相同。然而，救助计划，如美国财政部的资产救助计划（TARP）的设计明确地是以这一假设为基础的，银行体系本身而非单个银行处于困境之中。[①] 通过支援低效率的银行并提供激励，让它们持续发行原本不该被发行的抵押贷款，诸如 TARP 之类的政策实际上是在重复在一开始引发金融危机的那个错误。

更一般地来说，美国的经济刺激计划以及全世界类似的刺激计划的典型特点就是凯恩斯式的对宏观经济总量的依赖。根据他们的理论，银行危机导致有效总需求的严重不足，唯有政府大量增加支出（和政府债务）才能够启动经济。然而，在一个异质性资产资源的世界中，购买某些资产而未买其他资产会改变资源分配的模式，同时，在这个具有路径依赖特征的过程中，经济的整体绩效未来也会改变。凯恩斯最重要的思想对手——哈耶克在 19 世纪三四十年代指出，经济体的资本结构是复杂和精巧的，不要像捣捻泥子

---

① 为了避免向市场传递有关某些银行的财务状况的信号，财政部要求所有大银行无论是否想要，都必须接受 TARP 的资金。最终，大约有 250 家银行拒绝参与。当然，这样的方案会造成严重的逆向选择问题；遵循更谨慎的贷款政策，没有投资复杂的抵押贷款证券的银行根本没有什么动力接受政府的补贴，因为伴随而来的是政府控制银行未来的贷款和投资，甚至高管们的薪酬。

一样对待它（Hayek，1941）。资源不能没有成本地从一个经济活动转移到另一个经济活动中。特别是在现代经济体中，这些资源都体现在产业专有的能力、企业专有的能力和员工专有的能力中。如果闲置的资源被投入到生产中，生产了经济体不需要的产品和服务，那么就连这些闲置的资源都是被错误配置的（Hayek，1933）——哈耶克和米塞斯称之为"错误投资"。

不幸地是，当代宏观经济学的讨论不再接受这种视角。正如肯尼斯·鲍尔丁在1948年评论保罗·萨缪尔森的《经济分析基础》（*Foundations of Economic Analysis*）中写道：

> 对于经济学而言，这是一个非常重要的问题：为什么数理经济学家们对宏观经济学的预测在整体上一直不如没有受数学洗礼的经济学家们的直觉。答案似乎在于，例如当我们写下"i，Y，和I分别代表利率、收入和投资时"，我们基于的假设是这些总量或者平均值的内部结构对于分析我们想要分析的问题并不重要。当然，事实上它们可能非常重要。后续分析的变量即使再多都不能克服没有考虑异质性的致命缺陷。
>
> （Boulding，1948：189）

企业家竞争的本质

历史而非强调同质性的宏观经济学视角可能为我们提供了理解企业家精神和经济复苏的微观过程的宝贵经验。考夫曼基金会（Kauffman Foundation）的一项报告（Stangler，2009）分析了过去一百年美国的"官僚资本主义"、金融衰退和企业家精神之间的关系，对解决当今的金融危机可能有重要启发，它提出的解决方案与分散化的企业家活动相关。具体来说，该报告记录了由于不平等的竞争环境以及通过监管导致的政府经济权力集中,使得企业家准入受限,这使得规模大但效率低的企业和强大的工会的存在有了可能。进一步来看,该报告考虑了相关资源异质性的潜在用途及其所有权之后,给出了如下证据:经济衰退期出现高于平均水平的企业家活动,分散的决策确保资源自由流向最有价值的用途。科尔(Cole)和奥海宁(Ohanian)(2009)也认为,由于罗斯福新政等一系列相关的政策"遏制了竞争,将众多部门的价格和工资设定在正常水平之上",20 世纪 30 年代的成果——20 世纪技术进步最迅猛的十年(Field,2003)——受到了延阻和削弱。这些经验教训表明,目前金融和经济危机的解决方案应该充分利用分散决策带来的企业家精神和创新,而不是把所有资源假定为同质的,可以通过集中分配或政府的干预和法令进行配置。

宏观经济学标准的同质性和可替代性假设引起严重问题的一个具体例子是:美国政府重组金融和汽车产业以及其他可能部门的计划建议,包括高管薪酬、财务会计和财务报告等各方面的大幅改变。让我们考虑一个案例,克莱斯勒(Chrysler)和菲亚特(Fiat)之间的联合。

在美国政府的敦促下,菲亚特于 2009 年 6 月与克莱斯勒完成了的联合。任何研究企业战略的人都熟悉这一行动的理由——寻找神奇的协同效用(Larsson and Finkelstein,1999)。克莱斯勒可以获得资本以及菲亚特生产小型汽车的盈利经验,而菲亚特则通过克莱斯勒的分销网络进入美国市场。先不考虑我们根本不清楚特定的市场合约能否达到拟实现的协同效用——在这种情况下,使得更加层级化的治理模式具有合理性的"市场失灵"是什么呢?(Williamson,1996)拟实现的协同效应能通过一个更一体化的菲亚特—克莱斯勒联合体来实现吗?

大量数据表明,大多数类似的企业联合——即使是在非危机环境下企业间自愿的联合——也无法实现原本寻求的协同效应。如阿加瓦尔、克罗森（Croson）和马哈尼（2009）指出：即使经济激励能够恰当地相容，在联盟条件下真正实现了的价值和潜在的价值之间也存在显著的背离。信息不对称、沟通成本、文化差异、管理偏好、利益冲突等是联盟失败的原因。如果一个人想打赌任何这样的组合能否产生预期的协同效应，赌注必将是"否"。那么，在危机时期，这些"奉子成婚"的企业联姻，又有多大的可能性产生预期的收益呢？

在这些非常一致的结果面前，为什么要有合并克莱斯勒和菲亚特的政策呢？一个解释——但肯定不是唯一的解释——是为这个政策的提出而出谋划策的宏观经济学家们没能认识到类似克莱斯勒和菲亚特这样的企业，它们的资源和能力具有异质性和黏性。他们的逻辑是这样的：克莱斯勒需要小型车，菲亚特有小型车，那么就使他们结合在一起。克莱斯勒和戴姆勒（Daimler）之间的类似关系也失败了，诸如文化、语言、雇佣关系、历史等小问题似乎并没有在这个联合过程中产生重要影响，但是，当经济政策建立在排除了异质性假设的理论之上时，这种失败又有什么奇怪的呢？[①]

源于战略管理和组织理论的政策提供了一种不同的方法。即使是随意的观察，也会发现克莱斯勒仍然拥有一些有价值的资源和能力，如吉普品牌，一些高效的制造工艺，一些优秀的经销商等。战略管理理论会问：如何将这些有价值的资源和能力重新配置到最有价值的用途上？这意味着克莱斯勒可以出售诸多资源和能力给其他企业以获取收益。这样的资源重组将使包括克莱斯勒的员工在内的诸多利益相关者受益。当然，这是破产保护的传统作用，它是以一

[①] 当然，私营企业也可能在实现跨企业协同效应时低估资源异质性和黏性的影响（Roll，1986）。然而，他们面临的资源限制和激励计划能够遏制过激的扩张行为。同时，私营企业运行的环境会在事后惩罚那些糟糕的决策。然而，政策实施者在重新配置私有资源时面临完全不同的，或者说是更弱的限制。

种尽可能地实现其价值的方式重组企业的一个机会。

如果与菲亚特的结合未能很快实现预期的协同效应,战略管理理论认为另一个救助克莱斯勒的方案也隐约浮现。这个理论也指出,或许这正是克莱斯勒和菲亚特的高管所期盼的。

企业家精神的公共政策

那么,在资本和人力资源异质性的世界中,宏观经济政策和更广义的政府干预的适当角色是什么呢?特别是在经济衰退期间,政府应该如何全面促进企业家精神?政府政策能否展现出"积极的"一面呢?

首先,我们认为最重要的一点在于,公共政策应当在最初阶段避免产生错误投资。如上所述,我们认为目前的危机不是市场不受约束(或更为口语化的"贪婪"、自大,监管机构"心不在焉"以及类似的宣称)的结果,而是旨在增加银行信贷(尤其是但不限于抵押贷款)的政府政策的结果。当前危机的根源在于它之前的信用泡沫。政策制定者最应该做的不是创造下一个信用泡沫。鉴于泡沫已经破裂了,经济复苏最快的方法是尽快清算不良投资。当资源被错误地投资时,补救办法是将这些资源转向另外一个更具价值的用途。当然,鉴于资产专用性,资源不可能立刻且无成本地改作他用(Williamson, 1985)。然而,应允许缔约方重新谈判资源的用途,而不是人为地阻碍合约的执行以及资源的流动。清算现有的投资和组织的既有机制,如破产机制应酌情使用。

显然,这意味着救助——为银行或企业注入纳税人的资金,使之延缓破产,而且行为不端的抵押贷款借款人也得到法律的保护,使之不丧失抵押品赎回权——不会改善长期经济的绩效。相反,它们延续了资源的低效配置,这也是繁荣和萧条的特征。[①] 事实上,经济史学家的共识是:美国罗斯福新政——诸如大规模公共工程,工资和价格管制,强迫实施的卡特尔以及高关税等,不仅没有减轻大萧条,反而使得一个虽然猛烈但原本短期的经济紧缩变成了美国历史上最严重的经济危机(Higgs,1989;Vedder and Galloway,1993;Cole and Ohanian,2004,2009;Stangler,2009)。此外,经济干预组合的不断变化造成了希格斯(Higgs,1997)所说的"制度的不确定性"的氛围,从而阻碍了刺激经济复苏的私人投资。今天的决策者必须避免犯同样的错误,这是至关重要的。

五 写在最后的话

在本书中,我们试图直言不讳地挑战并拓展当前被认同的企业家精神和组织研究理论。但是我们并非把自己视为激进的或充满敌意的批评者,而是友好的局内人。我们都是在传统的、"主流"经济学院校中接受教育,同时也都受到"异端的"奥地利学派经济学、演化经济学和行为经济学观点的影响。在当代的企业家精神理论(包括管理和经济学的),以及基于资源的企业理论,委托代理论,交易成本理论和企业的产权理论中,都有很多值得欣赏的地方。我们认为自己的工作也是这些传统的一部分。但是,把企业家精神和企业理论以一种新的、之前未被重视的方法结合起来,仍有很多新思想产生。

我们的许多论点都是尝试性的,而非决定性的。显然,我们仍然需要大量的工作来处理各种细节,发掘更具体蕴意并进行更细致

[①] 当然,在经济动荡期间,公共政策和私人慈善在缓解人们的经济困难方面的恰当作用是另外一个话题,我们在这里暂不讨论。

的经验研究等。我们写这本书的目的是为企业和企业家精神的交叉研究给出一个研究纲要，使那些被忽视的真知灼见再放异彩，但是这一研究是在当代理论的背景下展开的。

参考文献

[1] Acs, Zoltan, and David B. Audretsch. *Innovation and Small Firms*. Cambridge, Mass.: MIT Press. 1990.

[2] Agarwal, Rajshree, Rachel Croson, and Joseph T. Mahoney. "Decision Making in Strategic Alliances: An Experimental Investigation." *Strategic Management Journal*, 2009, 31 (4): 413 –37.

[3] Aghion, Philippe, and Peter Howitt. "A Model of Growth through Creative Destruction." *Econometrica*, 1992, 60 (2): 323 –51.

[4] Aghion, Philippe and Jean Tirole. "Formal and Real Authority in Organizations." *Journal of Political Economy*, 1997, 105 (1): 1 –29.

[5] Ahuja, Gautam, and Curba Morris Lampert. "Entrepreneurship in the Large Corporation: A Longitudinal Study of How Established Firms Create Breakthrough Inventions." *Strategic Management Journal*, 2003, 22 (6 –7): 521 –43.

[6] Alchian, Armen A. "Uncertainty, Evolution, and Economic Theory." *Journal of Political Economy*, 1950, 63: 211 –21.

[7] Alchian, Armen A. "Some Economics of Property Rights." *Il Politico*, 1965, 30: 816 –29. Reprinted in Alchian, *Economic Forces at Work*. Indianapolis, Ind.: Liberty Press: 1977.

[8] Alchian, Armen A., and Harold Demsetz. "Production, Information Costs, and Economic Organization." *American Economic Review*, 1972, 62 (5): 777 –95.

[9] Aldrich, Howard E. "Using an Ecological Perspective to Study Organizational Founding Rates." *Entrepreneurship Theory and Practice*, 1990, 14 (3): 7 – 24.

[10] Aldrich, Howard E. *Organizations Evolving*, Sage Publications.

[11] Aldrich, Howard E. and Gabriele Wiedenmayer. 1993. "From Traits to Rates: An Ecological Perspective on Organizational Foundings." In Jerome Katz and Robert Brockhaus, eds., *Advances in Entrepreneurship, Firm Emergence, and Growth*. Greenwich, Conn: JAI Press, 1999: 145 – 95.

[12] Alvarez, Sharon A., and Jay B. Barney. "Organizing Rent Generation and Appropriation: Toward a Theory of the Entrepreneurial Firm." *Journal of Business Venturing*, 2004, 19: 621 – 35.

[13] Alvarez, Sharon A., and Jay B. Barney. "How do Entrepreneurs Organize Firms under Conditions of Uncertainty." *Journal of Management*, 2005, 31 (5): 776 – 93.

[14] Alvarez, Sharon A., and Jay B. Barney. 2007. "Discovery and Creation: Alternative Theories of Entrepreneurial Action." *Strategic Entrepreneurship Journal*, 2007, 1 (1 – 2): 11 – 26.

[15] Alvarez, Sharon A. and Jay B. Barney. "Entrepreneurship and Epistemology: The Philosophical Underpinnings of the Study of Entrepreneurial Opportunities." *Academy of Management Annals*, 2010, 4 (1): 557 – 83.

[16] Amabile, Teresa M. "Motivating Creativity in Organizations: On Doing What You Love and Loving What You Do." *California Management Review*, 1997, 40 (1): 39 – 58.

[17] Amit, Rafael, and Christoph Zott. "Value Creation in E Business." *Strategic Management Journal*, 2001, 22 (6 – 7): 493 – 520.

[18] Anderson, Terry L., and Peter J. Hill. *The Not So Wild, Wild*

West: *Property Rights on the Frontier*. Stanford, Calif.: Stanford University Press, 2004.

[19] Andrade, Gregor, Mark Mitchell, and Erik Stafford. "New Evidence and Perspectives on Mergers." *Journal of Economic Perspectives*, 2001, 15: 103 – 20.

[20] Andrade, Gregor, and Erik Stafford. "Investigating the Economic Role of Mergers." *Journal of Corporate Finance*, 2004, 10: 1 – 36.

[21] Ardichvili, Alexander, Richard Cardozo, and Sourav Ray. "A Theory of Entrepreneurial Opportunity Identification and Development." *Journal of Business Venturing*, 2003, 18 (1): 105 – 23.

[22] Argote, Linda. *Organizational Learning: Creating, Retaining, and Transferring Knowledge*. Springer, 1999.

[23] Argyres, Nicholas S., and Julia Porter Liebeskind. "Contractual Commitments, Bargaining Power, and Governance Inseparability: Incorporating History into Transaction Cost Theory." Academy of Management Review, 1999, 24 (1): 49 – 63.

[24] Argyres, Nicholas S., and Kyle J. Mayer, "Contract Design as a Firm Capability: An Integration of Learning and Transaction Cost Perspectives." *Academy of Management Review*, 2007, 32: 1060 – 77.

[25] Argyres, Nicholas. "The Transaction as the Unit of Analysis." In Peter G. Klein and Michael E. Sykuta, eds., *The Elgar Companion to Transaction Cost Economics*. Cheltenham, U. K.: Edward Elgar, 2010: 127 – 32.

[26] Arrow, Kenneth J. *The Limits of Organization*. New York: W. W. Norton, 1974.

[27] Audretsch, David B., Max Keilbach, and Erik Lehmann. *Entre-

preneurship and Economic Growth. Oxford: Oxford University Press, 2005.

[28] Baker, George, Robert Gibbons and Kevin J. Murphy. "Subjective Performance Measures in Optimal Incentive Contracts." *Quarterly Journal of Economics*, 1994, 109 (4): 1125 –56.

[29] Baker, George; Robert Gibbons and Kevin J. Murphy. "Informal Authority in Organizations." *Journal of Law, Economics, and Organization*, 1999, 15 (1): 56.

[30] Baker, Ted, and Timothy G. Pollock. "Making the Marriage Work: The Benefits of Strategy's Takeover of Entrepreneurship for Strategic Organization." *Strategic Organization*, 2007, 5 (3): 297 –312.

[31] Barney, Jay B. "Organizational Culture: Can It Be a Source of Sustained Competitive Advantage?" *Academy of Management Review*, 1986, 11 (3): 656 –65.

[32] Barney, Jay B. "Firm Resources and Sustained Competitive Advantage." *Journal of Management*, 1991, 17: 99 –120.

[33] Baron, Robert A. "Cognitive Mechanisms in Entrepreneurship: Why and When Entrepreneurs Think Differently than Other People." *Journal of Business Venturing*, 1998, 13 (4): 275 –94

[34] Barreto, Humberto *The Entrepreneur in Microeconomic Theory: Disappearance and Explanation*, Routledge and Kegan Paul, 1989.

[35] Barzel, Yoram. "Measurement Cost and the Organization of Markets." *Journal of Law and Economics*, 1982, 25 (1): 27 –48.

[36] Barzel, Yoram. "The Entrepreneur's Reward for Self – Policing." *Economic Inquiry*, 1987, 25: 103 –16.

[37] Barzel, Yoram. "The Capture of Wealth by Monopolists and the Protection of Property Rights." *International Review of Law and*

Economics, 1984, 14: .393 –409.

[38] Barzel, Yoram. *Economic Analysis of Property Rights*. 2nd ed., Cambridge: Cambridge University Press, 1997.

[39] Baumol, William J. "Entrepreneurship in Economic Theory." *American Economic Review*, 1968, 58 (2): 64 –71.

[40] Baumol, William J. "Entrepreneurship: Productive, Unproductive, and Destructive." *Journal of Political Economy*, 1990, 98 (5): 893 –921.

[41] Baumol, William J. *Entrepreneurship, Management and the Structure of Pay – Offs*. Cambridge, Mass.: MIT Press, 1993.

[42] Baumol, William J. *Entrepreneurship, Management, and the Structure of Payoffs*. MIT Press, 1994.

[43] Becarra, Manuel. *Theory of the Firm for Strategic Management*. Cambridge: Cambridge University Press, 2009.

[44] Becker, Gary S. "Investment in Human Capital: A Theoretical Analysis." *Journal of Political Economy*, 1962, 70 (5): 9 –49.

[45] Becker, Marcus C., and Thorbj? rn Knudsen. "The Entrepreneur at a Crucial Juncture in Schumpeter's Work: Schumpeter's 1928 Handbook Entry Entrepreneur." *Advances in Austrian Economics*, 2003, 6: 199 –234.

[46] Begley, Thomas, and David Boyd. "Psychological Characteristics Associated with Performance in Entrepreneurial Firms and Smaller Businesses." *Journal of Business Venturing*, 1987, 2: 79 –93.

[47] Bénabou, Roland, and Jean Tirole. "Intrinsic and Extrinsic Motivation." *Review of Economic Studies*, 2003, 70 (3): 489 –520.

[48] Ben – David, Itzhak, John R. Graham, and Campbell R. Har-

vey. "Managerial Miscalibration." NBER Working Paper No. 16215, 2010.
[49] Bernardo, Antonio E. and Ivo Welch. "On the Evolution of Overconfidence and Entrepreneurs." *Journal of Economics and Management Strategy*, 2001, 10 (3): 301 – 330.
[50] Bertrand, Elodie. "The Coasean Analysis of Lighthouse Financing: Myths and Realities." *Cambridge Journal of Economics*, 2006, 30 (3): 389 – 402.
[51] Besanko, David, David Dranove, Mark Shanley, and Scott Schaefer. *Economics of Strategy*. 3rd ed. John Wiley, 2004.
[52] Bewley, T. F. "Knightian Decision Theory: Part I." Cowles Foundation Discussion Paper No. 807, 1986.
[53] Bewley, T. F. "Market Innovation and Entrepreneurship: A Knightian View." Cowles Foundation Discussion Paper No. 905.
[54] Bhidè, Amar V. 2000. *The Origin and Evolution of New Businesses*, Oxford: Oxford University Press, 1989.
[55] Bianchi, Milo. "The Unsatisfactoriness of Satisficing: From Bounded Rationality to Innovative Rationality." *Review of Political Economy*, 1990, 2: 149 – 67.
[56] Bianchi, Milo, and Magnus. Henrekson. "Is Neoclassical Economics Still Entrepreneurless?" *Kyklos*, 2005, 58: 353 – 77.
[57] Bjørnskov, Christian., and Nicolai J. Foss. "Economic Freedom and Entrepreneurship: Some Cross – Country Evidence." *Public Choice*, 2008, 134 (3): 307 – 28.
[58] Black, Janice A., and Kimberly E. Boal. "Strategic Resources: Traits, Configurations and Paths to Sustainable Competitive Advantage." *Strategic Management Journal*, 1994, 15: 131 – 48.
[59] Blanchflower, David G. "Self – employment in OECD countries."

Labor Economics, 2000, 7 (5): 471 – 505.
[60] Blau, David M. "A Time – Series Analysis of Self – Employment in the United States." *Journal of Political Economy*, 1987, 95 (3): 445 – 67.
[61] Blaug, Mark. *Economic Theory in Retrospect*. Cambridge: Cambridge University Press, 1997.
[62] Boettke, Peter J. Comment on Joseph Farrell, "Information and the Coase Theorem." *Journal of Economic Perspectives*, 1989, 3: 195 – 98.
[63] Boettke, Peter J. "Kirzner." *The Austrian Economists*, September 10. Accessed September, 2005, 16, 2008.
[64] Boettke, Peter J., and David L. Prychitko, eds. *The Market Process: Essays in Contemporary Austrian Economics*. Aldershot, U. K.: Edward Elgar, 1994.
[65] Böhm – Bawerk, Eugen von. 1884 – 1912. *Capital and Interest*. South Holland, Ⅲ: Libertarian Press, 1959.
[66] Böhm – Bawerk, Eugen von. *Karl Marx and the Close of His System: A Critique*. London: T. Fisher Unwin, 1898.
[67] Bolton, Patrick and Mathias Dewatripont. "The Firm as a Communication Network." *The Quarterly Journal of Economics*, 1994, 109 (4): 809 – 39.
[68] Milbourn, Todd T., Arnoud W. A. Boot, and Anjan V. Thakor. "Megamergers and Expanded Scope: Theories of Bank Size and Activity Diversity." *Journal of Banking and Finance*, 1999, 23 (2 – 4): 195 – 214.
[69] Boudreaux, Donald J. "Imperfectly Competitive Firms, Non – Price Competition, and Rent Seeking." *Journal of Institutional and Theoretical Economics*, 1989, 145: 597 – 612.

[70] Boudreaux, Donald J., and Randall G. Holcombe. "The Coasian and Knightian Theories of the Firm." *Managerial and Decision Economics*, 1989, 10 (2): 147 – 54.

[71] Boulding, Kenneth E. "Samuelson's *Foundations*: The Role of Mathematics in Economics." *Journal of Political Economy*, 1948, 56: 187 – 99.

[72] Bresnahan, Timothy F., Erik Brynjolfsson, and Lorin M. Hitt. "Information Technology, Workplace Organization, And The Demand For Skilled Labor: Firm – Level Evidence." *Quarterly Journal of Economics*, 2002, 117 (1): 339 – 76

[73] Bradley, Robert L. *Capitalism at Work: Business, Government, and Energy*. Salem, Mass.: M and M Scrivener Press, 2008.

[74] Brafman, Ori, and Rod A. Beckstrom. *The Starfish and the Spider: The Unstoppable Power of Leaderless Organizations*. London: Penguin, 2006.

[75] Brickley, James A., Clifford W. Smith, and Jerold L. Zimmerman. *Managerial Economics and Organizational Architecture*. Irwin: Fifth edition, New York: McGraw – Hill, 2008.

[76] Brooke, Geoffrey T. F. "Uncertainty, Profit, and Entrepreneurial Action: Frank Knight's Contribution Reconsidered." *Journal of the History of Economic Thought*, 2010, 32: 221 – 35.

[77] Buchanan, James M., and Viktor J. Vanberg. "The Market as a Creative Process." *Economics and Philosophy*, 1991, 7: 167 – 86

[78] Buffett, Mary, and David Clark. *Buffettology: The Previously Unexplained Techniques that Have Made Warren Buffett the World's Most Famous Investor*. London: Pocket Books, 1997.

[79] Burress, Molly J. and Michael L. Cook. "A Primer on Collec-

tive Entrepreneurship: A Preliminary Taxonomy. " University of Missouri, AEWP 2009 - 4.

[80] Busenitz, Lowell W. "Research on Entrepreneurial Alertness. " *Journal of Small Business Management*, , 1996, 34: 35 - 44.

[81] Busenitz, Lowell W. and Jay B. Barney. "Differences between Entrepreneurs and Managers in Large Organizations: Biases and Heuristics in Strategic Decision - Making. " *Journal of Business Venturing*, 1997, 12 (1): 9 - 30.

[82] Bylund, Per L. "Division of Labor and the Firm: An Austrian Attempt at Explaining the Firm in the Market. " *Quarterly Journal of Austrian Economics*, forthcoming, 2011.

[83] Caldwell, Bruce J. "Hayek's Transformation. " *History of Political Economy*, 1986, 20 (4): 513 - 41.

[84] Caliendo, Marco, Frank M. Fossen, and Alexander S. Kritikos. "Risk Attitudes of Nascent Entrepreneurs: New Evidence from an Experimentally Validated Survey. " *Small Business Economics*, 2009, 32 (2): 153 - 67.

[85] Cantillon, Richard. 1755. *Essai sur la nature de commerce en géneral*. Henry Higgs, ed. London: Macmillan, 1931.

[86] Carlton, Dennis and Jeffrey Perloff. *Modern Industrial Organization*. Fourth edition, New York: Addison - Wesley, 2005.

[87] Carnahan, Seth, Rajshree Agarwal, Benjamin A. Campbell, and April Franco. "The Effect of Firm Compensation Structures on Employee Mobility and Employee Entrepreneurship of Extreme Performers. " Working paper, Department of Business Administration, University of Illinois Urbana - Champaign, 2010.

[88] Carson, Kevin A. *Organization Theory: A Libertarian Perspective*. BookSurge, 2008.

[89] Casson, Mark C. 1982. *The Entrepreneur: An Economic Theory*. Second edition, Aldershot, U. K. : Edward Elgar, 1999.

[90] Casson, Mark C. "Why Are Firms Hierarchical?" *International Journal of the Economics of Business*, 1994, 1 (1): 47–76.

[91] Casson, Mark C. *Information and Organization*. Oxford: Oxford University Press, 1997.

[92] Casson, Mark C. "An Entrepreneurial Theory of the Firm." In Nicolai J. Foss and Volker Mahn, eds. *Competence, Governance and Entrepreneurship: Advances in Economic Strategy Research*, New York: Oxford University Press, 2000.

[93] Casson, Mark C. 2005. "Entrepreneurship and the Theory of the Firm." *Journal of Economic Behavior and Organization*58: 327–348.

[94] Casson, Mark C. , and Nigel Wadeson. "The Discovery of Opportunities: Extending the Economic Theory of the Entrepreneur." *Small Business Economics*, 2007, 28 (4): 285–300.

[95] Chambers, Molly L. "Organizational Spawning: Investment in Farmer–Controlled Businesses." PhD dissertation, Department of Agricultural Economics, University of Missouri, 2007.

[96] Chandler, Gaylen N. , and Erik Jansen. "The Founder's Self–Assessed Competence and Venture Performance." *Journal of Business Venturing*, 1992, 7: 223–36

[97] Chesbrough, Henry and Richard S. Rosenbloom. "The Dual–Edged Role of the Business Model in Leveraging Corporate Technology Investments." In L. M. Branscomb and P. E. Auerswald, eds. , *Taking Technical Risks: How Innovators, Managers, and Investors Manage Risk in High–Tech Innovations*. Cambridge, Mass. : Harvard University Press, 2003: 57–68.

[98] Cheung, Steven N. S. "The Structure of a Contract and the Theory of a Non – Exclusive Resource." *Journal of Law and Economics*, 1970, 13 (1): 49 – 70.

[99] Cheung, Steven N. S. "The Fable of the Bees." *Journal of Law and Economics*, 1973, 16: 11 – 34.

[100] Cheung, Steven N. S. "The Contractual Nature of the Firm." *Journal of Law and Economics*, 1983, 26 (1): 1 – 21.

[101] Chiles, Todd H. "Process Theorizing: Too Important to Ignore in a Kaleidic World." *Academy of Management Learning and Education*, 2003, 2 (3): 288 – 91.

[102] Chiles, Todd H., Allen C. Bluedorn, and Vishal K. Gupta. "Beyond Creative Destruction and Entrepreneurial Discovery: A Radical Austrian Approach to Entrepreneurship." *Organization Studies*, 2007, 28 (4): 467 – 93.

[103] Chiles, Todd H., and T. Y. Choi. "Theorizing TQM: An Austrian and Evolutionary Economics Interpretation." *Journal of Management Studies*, 2000, 37 (2): 185 – 212.

[104] Chiles, Todd H.; Alan D. Meyer and Thomas J. Hench. "Organizational Emergence: The Origin and Transformation of Branson, Missouri's Musical Theaters." *Organization Science*, 2004, 15 (5): 499 – 519.

[105] Choi, Young Back. *Paradigms and Conventions: Uncertainty, Decision Making, and Entrepreneurship*. Ann Arbor: University of Michigan Press, 1993.

[106] Clark, John Bates. "The Genesis of Capital." *Yale Review*, 1893, 2: 302 – 315.

[107] Clark, John Bates. *Essentials of Economic Theory As Applied to Modern Problems of Industry and Public Policy*. New York: The

Macmillan Company, 1918.
[108] Coase, Ronald H. "The Nature of the Firm." *Economica*, 1937, 4: 386-405.
[109] Coase, Ronald H. "The Problem of Social Cost." *Journal of Law and Economics*, 1960, 3 (1): 1-44.
[110] Coase, Ronald H. "The Regulated Industries: Discussion." *American Economic Review*, 1964, 54 (3): 194-97.
[111] Coase, Ronald H. "Industrial Organization: A Proposal for Research." In*Policy Issues and Research Opportunities in Industrial Organization*, ed. V. R. Fuchs, 59-73. New York: National Bureau of Economic Research, 1972.
[112] Coase, Ronald H. "Lighthouse in Economics, The." *Journal of Law and Economics*, 1974, 17 (2): 357-76.
[113] Coase, Ronald H. "The Institutional Structure of Production." *American Economic Review*, 1992, 82 (4): 713-19.
[114] Coddington, A. *Keynesian Economics: The Search for First Principles*. London: George Allen and Unwin, 1983.
[115] Cohen, Avi J., and Geoffrey C. Harcourt. "Whatever Happened to the Cambridge Capital Theory Controversies?" *Journal of Economic Perspectives*, 2003, 17 (1): 199-214.
[116] Companys, Yosem, and Jeffery McMullen. "Strategic Entrepreneurs at Work: The Nature, Discovery, and Exploitation of Entrepreneurial Opportunities." *Small Business Economics*, 2007, 28 (4): 301-322.
[117] Connell, Carol Matheson. "Discerning a Mentor's Role: The Influence of Fritz Machlup on Edith Penrose and the Theory of The Growth of the Firm." *Journal of Management History*, 2007, 13 (3): 228-239.

[118] Cook, Michael L. "The Future of U. S. Agricultural Cooperatives: A Neo - Institutional Approach." *American Journal of Agricultural Economics*, 1995, 77 (5): 1153 -59.

[119] Cook, Michael L. and Fabio R. Chaddad. "Redesigning Cooperative Boundaries: The Emergence of New Models." *American Journal of Agricultural Economics*, 2004, 86 (5): 1249 -53.

[120] Cook, Michael L. and Constantine Iliopoulos. "Ⅲ - Defined Property Rights in Collective Action: The Case of U. S. Agricultural Cooperatives." In*Institutions, Contracts and Organizations*, ed. C. Ménard, 335 - 348. London: Edward Elgar Publishing, 2000.

[121] Cook, Michael L. and Brad Plunkett. "Collective Entrepreneurship: An Emerging Phenomenon in Producer - Owned Organizations." *Journal of Agricultural and Applied Economics*, 2006, 38 (2): 421 -428.

[122] Cooper, Arnold C. , and Catherine M. Daily. "Entrepreneurial Teams." In Donald Sexton and Ray Smilor, eds. , *Entrepreneurship*: 2000. Boston: PWS - Kent Publishing Company, 1997: 127 -50.

[123] Cooper, Arnold C. , Timothy B. Folta and Carolyn Y. Woo. "Entrepreneurial Information Search." *Journal of Business Venturing*, 1995, 10: 107 -20.

[124] Corbett, Andrew C. "Experiential Learning within the Process of Opportunity Identification and Exploitation." *Entrepreneurship Theory and Practice*, 2005, 29 (4): 473 -491.

[125] Covin, Jeffrey G. , and Morgan P. Miles. "Strategic Use of Corporate Venturing." *Entrepreneurship Theory and Practice*, 2007, 31 (2): 183 -207

[126] Cowen, Tyler. *The Theory of Market Failure: A Critical Examination.* Fairfax, Va.: George Mason University Press, 1988.

[127] Cowen, Tyler and David Parker. *Markets in the Firm: A Market Process Approach to Management.* London: Institute of Economic Affairs, 1997.

[128] Csikszentmihalyi, Mihaly. *Creativity: Flow and the Psychology of Discovery and Invention.* New York: HarperCollins, 1996.

[129] Cusumano, Michael A. "How Microsoft Makes Large Teams Work Like Small Teams." *Sloan Management Review*, 1997, 39: 9 – 20.

[130] Cyert, Richard M., and James G. March. *A Behavioral Theory of the Firm.* Englewood Cliffs, N. J.: Prentice – Hall, 1963.

[131] D'Aveni, Richard A. *Hypercompetition* New York: Free Press, 1994.

[132] Davenport, Herbert J. *Economics of Enterprise.* New York: Macmillan, 1914.

[133] Day, Jonathan D. and James C. Wendler. "The New Economics of Organization." *McKinsey Quarterly*, 1998 (1).

[134] Debreu, Gerard. *Theory of Value.* New York: Wiley, 1959.

[135] Deci, Edward L. and Richard M. Ryan. *Intrinsic Motivation and Self – Determination in Human Behavior*, Springer, 1985.

[136] De Clercq, Dirk, Xavier Casta?er, and Imanol Belausteguigoitia. "The Secrets of Intrapreneurship." *European Business Forum*, 2007, 31: 40 – 45.

[137] Delmar, Frédéric. *Entrepreneurial behavior and business performance.* Ekonomiska forskningsinstitutet vid Handelshogskolan i Stockholm, 1996.

[138] Demmert, Henry and Daniel B. Klein. "Experiment on Entre-

preneurial Discovery: An Attempt to Demonstrate the Conjecture of Hayek and Kirzner." *Journal of Economic Behavior and Organization*, 2003, 50 (3): 295 – 310.
[139] Demsetz, Harold. "The Exchange and Enforcement of Property Rights." *Journal of Law and Economics*, 1964, 7: 11 – 26. In idem. *Ownership, Control, and the Firm*. Oxford: Basil Blackwell, 1988.
[140] Demsetz, Harold. "Toward a Theory of Property Rights." *American Economic Review*, 1967, 57 (2): 347 – 359. In idem. *Ownership, Control, and the Firm*. Oxford: Basil Blackwell, 1988.
[141] Demsetz, Harold. 1969. "Information and Efficiency: A Different Viewpoint." In Demsetz, *Ownership, Control, and the Firm*. Oxford: Basil Blackwell, 1988.
[142] Demsetz, Harold. "Industry Structure, Market Rivalry, and Public Policy." *Journal of Law and Economics*, 1973, 16 (1): 1 – 9.
[143] Demsetz, Harold. "The Neglect of the Entrepreneur." In Joshua Ronen, ed. *Entrepreneurship*. Lexington: Lexington Press, 1983.
[144] Demsetz, Harold. *The Organization of Economic Activity*. Oxford: Basil Blackwell, 1988.
[145] Demsetz, Harold. "Profit as a Functional Return: Reconsidering Knight's Views." In idem. 1988. *Ownership, Control and the Firm*. Oxford and New York: Blackwell, 1988.
[146] Demsetz, Harold. "The Theory of the Firm Revisited." In Oliver E. Williamson and Sidney G. Winter, eds., *The Nature of the Firm*. Oxford: Blackwell, 1991.
[147] Dennen, R. Taylor. "Cattlemen's Associations and Property

Rights in Land in the American West." *Explorations in Economic History*, 1976, 13 (4): 423 – 36.

[148] Denrell, Jerker., C. Fang, and Sidney G. Winter. "The Economics of Strategic Opportunity." *Strategic Management Journal*, 2003, 24 (10): 977 – 90.

[149] Dew, Nicholas, Stuart Read, Saras D. Sarasvathy, and Robert Wiltbank. "Effectual Versus Predictive Logics in Entrepreneurial Decision – Making: Differences between Experts and Novices." *Journal of Business Venturing*, 2009, 24 (4): 287 – 309.

[150] Dierickx, Ingemar, and Karel Cool. "Asset Stock Accumulation and Sustainability of Competitive Advantage." *Management Science*, 1989, 35: 1504 – 11.

[151] Douglas, Evan J. and Dean A. Shepherd. "Entrepreneurship as a Utility Maximizing Response." *Journal of Business Venturing*, 1999, 15 (3): 231 – 51.

[152] Dow, Gregory K. "Why Capital Hires Labor: A Bargaining Perspective." *American Economic Review*, 1993, 83 (1): 118 – 34.

[153] Ekelund, Robert B., Jr., and Robert F. Hébert. *A History of Economic Thought and Method.* Third edition. New York: McGraw – Hill, 1990.

[154] Ekelund, Robert B., Jr., and David S. Saurman. *Advertising and the Market Process: A Modern Economic View.* San Francisco: Pacific Research Institute, 1988.

[155] Elfenbein, Daniel W., Barton H. Hamilton, and Todd R. Zenger. "The Small Firm Effect and the Entrepreneurial Spawning of Scientists and Engineers." *Management Science*, 2010, 56: 1 – 23.

[156] Elkj? r, J? rgen R. "The Entrepreneur in Economic Theory:

An Example of the Development and Influence of a Concept. " *History of European Ideas*, 1991, 13: 805 -815.

[157] Elmendorf, Douglas W. "The State of the Economy and Issues in Developing an Effective Policy Response. " Statement of the Director of the Congressional Budget Office before the Committee of the Budget, U. S. House of Representatives, January 29, 2009.

[158] Emmett, Ross B. The economist and the entrepreneur: modernist impulses in Frank H. Knight' s*Risk, Uncertainty and Profit*. *History of Political Economy*, 1999, 31 (Spring): 29 -52.

[159] Emmett, Ross B. "Frank H. Knight on the 'Entrepreneur Function' in Modern Enterprise. " Working Paper, James Madison College, Michigan State University, 2010.

[160] Falaschetti, Dino, and Gary J. Miller. "Constraining Rational Choice: Allocation vs. Efficiency and the Origin of Credible Commitment Problems. " Working paper, Department of Political Science, Washington University, St. Louis, 2011.

[161] Fama, Eugene, and Michael C. Jensen. "Separation of Ownership and Control. " *Journal of Law and Economics*, 1983, 26 (2): 301 -25.

[162] Fehr, Ernst, and Simon G? chter. "Cooperation and Punishment in Public Goods Experiments. " *American Economic Review*, 2000, 90 (4): 980 -94.

[163] Felin, Teppo, and Nicolai J. Foss. "Strategic Organization: A Field in Search of Micro - Foundations. " *Strategic Organization*, 2005, 3 (4): 441 -55.

[164] Felin, Teppo, and Todd R. Zenger. "Entrepreneurs as Theorists: On the Origins of Collective Beliefs and Novel Strategies. "

Strategic Entrepreneurship Journal, 2009, 3 (2): 127 – 46.
[165] Fetter, Frank A. *The Principles of Economics*. New York: The Century Co, 1905.
[166] Fetter, Frank A. *The Principles of Economics, with Applications to Practical Problems*. New York: Century, 1910.
[167] Fetter, Frank A. *Economic Principles*. New York: The Century Co, 1915.
[168] Fetter, Frank A. *Capital, Interest, and Rent: Essays in the Theory of Distribution*. Edited by M. N. Rothbard. Kansas City: Sheed Andrews and McMeel, Inc, 1917.
[169] Finkle Todd A., and David Deeds. "Trends in the Market for Entrepreneurship Faculty, 1989 – 1998." *Journal of Business Venturing*, 2001, 16: 613 – 30.
[170] Fisher, Franklin M. *Disequilibrium Foundations of Equilibrium Economics*. Cambridge: Cambridge University Press, 1983.
[171] Fleming, Lee. "Recombinant Uncertainty in Technological Search." *Management Science*, 2001, 47: 117 – 32.
[172] Forbes, Daniel P. "Are Some Entrepreneurs More Overconfident Than Others?" *Journal of Business Venturing*, 2005, 20 (5): 623 – 40,
[173] Foss, Kirsten. "Organizing Technological Interdependencies: A Coordination Perspective on the Firm." *Industrial and Corporate Change*, 2001, 10 (1): 151 – 78.
[174] Foss, Kirsten, and Nicolai J. Foss. "Theoretical Isolation in Contract Economics." *Journal of Economic Methodology*, 2000, 7: 313 – 339.
[175] Foss, Kirsten and Nicolai J. Foss. "Assets, Attributes and Ownership." *International Journal of the Economics of Business*, 2001,

8: 19 -37.
[176] Foss, Kirsten and Nicolai J. Foss. "Resources and Transaction Costs: How Property Rights Economics Furthers the Resource – based View." *Strategic Management Journal*, 2005, 26 (6): 541 –553.
[177] Foss, Kirsten and Nicolai J. Foss. "Understanding Opportunity Discovery and Sustainable Advantage: The Role of Transaction Costs and Property Rights." *Strategic Management Journal*, 2008, 2: 191 –207.
[178] Foss, Kirsten, Nicolai J. Foss, Peter G. Klein and Sandra Klein. "The Entrepreneurial Organization of Heterogeneous Capital." *Journal of Management Studies*, 2007, 44 (7): 1165 –186.
[179] Foss, Nicolai J. "Theories of the Firm: "Contractual and Competence Perspectives." *Journal of Evolutionary Economics*, 1993, 3: 127 –44.
[180] Foss, Nicolai J. "More on Knight and the Theory of the Firm." *Managerial and Decision Economics*, 1993b, 14: 269 – 276. (1993).
[181] Foss, Nicolai J. 'The Biological Analogy and the Theory of the Firm: Marshall and Monopolistic Competition.' *Journal of Economic Isssues*, 1994, 28: 1115 –136.
[182] Foss, Nicolai J. "Realism and Evolutionary Economics." *Journal of Social and Biological Systems*, 1994, 17: 21 –40.
[183] Foss, Nicolai J. "Knowledge – Based Approaches to the Theory of the Firm: Some Critical Comments." *Organization Science*, 1996a, 7: 470 –476 (1996).
[184] Foss, Nicolai J. "The "Alternative" Theories of Knight and

Coase, and the Modern Theory of the Firm." *Journal of the History of Economic Thought*, 1996b, 18: 76 – 95 (1996).

[185] Foss, Nicolai J. "The Use of Knowledge in Firms." *Journal of Institutional and Theoretical Economics*, 1999, 155: 458 – 486.

[186] Foss, Nicolai J. "Equilibrium versus Evolution: The Conflicting Legacies of Demsetz and Penrose." In N. J. Foss and P. Robertson. *Resources, Technology, and Strategy: Explorations in the Resource – based View*. London: Routledge, 2000.

[187] Foss, Nicolai J. "Leadership, Beliefs and Coordination." *Industrial and Corporate Change*, 2001, 10: 357 – 388.

[188] Foss, Nicolai J. "Selective Intervention and Internal Hybrids: Interpreting and Learning from the Rise and Decline of the Oticon Spaghetti Organization." *Organization Science*, 2003, 14: 331 – 349 (2003).

[189] Foss, Nicolai J. *Strategy and Economic Organization in the Knowledge Economy: The Coordination of Firms and Resources*, Oxford: Oxford University Press, 2005.

[190] Foss, Nicolai J., and Jens Fr? slev Christensen. "A Market – Process Approach to Corporate Coherence." *Managerial and Decision Economics*, 2001, 22 (4 – 5): 213 – 26.

[191] Foss, Nicolai J., and Giampaolo Garzarelli, "Institutions as Knowledge Capital: Ludwig M. Lachmann's Interpretative Institutionalism." *Cambridge Journal of Economics*, 2007, 31 (5): 789 – 804.

[192] Foss, Nicolai J. and Peter G. Klein. *Entrepreneurship and the Theory of the Firm*. Aldershot: Edward Elgar, 2002.

[193] Foss, Nicolai J., and Peter G. Klein. "Entrepreneurship and the Economic Theory of the Firm: Any Gains from Trade?" In

Rajshree Agarwal, Sharon A. Alvarez, and Olav Sorenson, eds., *Handbook of Entrepreneurship Research: Disciplinary Perspectives*. Dordrecht: Springer, 2005.

[194] Foss, Nicolai J., and Peter G. Klein. "Alertness, Action, and the Antecedents of Entrepreneurship." *Journal of Private Enterprise*, 2010, 25: 145 – 64.

[195] Foss, Nicolai J., Peter G. Klein, Yasemin Y. Kor, and Joseph T. Mahoney. "Entrepreneurship, Subjectivism, and the Resource – Based View: Towards a New Synthesis." *Strategic Entrepreneurship Journal*, 2008, 2 (1): 73 – 94.

[196] Foss, Nicolai J., and K. Laursen. "Performance Pay, Delegation, and Multitasking Under Uncertainty and Innovativeness: an Empirical Investigation." *Journal of Economic Behavior and Organization*, 2005, 58: 246 – 276.

[197] Foss, Nicolai J., Keld Laursen and Torben Pedersen. "Linking Customer Interaction and Innovation: The Mediating Role of New Organizational Practices." *Organization Science* forthcoming, 2011.

[198] Foss, Nicolai J., and Siegwart Lindenberg. "Teams, Team Agency, and the Theory of the Firm." *Managerial and Decision Economics* (forthcoming), 2011.

[199] Foss, Nicolai J. and Jacob Lyngsie. "Strategic Entrepreneurship." In Daniel Hjorth, ed. *Handbook of Organisational Entrepreneurship*. Edward Elgar, 2011.

[200] Foss, Nicolai J., Dana Minbaeva, Mia Reinholt, and Torben Pedersen. "Stimulating Knowledge Sharing Among Employees: The Contribution of Job Design." *Human Resource Management*, 2009, 48: 871 – 893.

[201] Foss, Nicolai J., and Nils Stieglitz. "Modern Resource – based

[201] Theory." In M. Dietrich and J. Krafft, eds. *Handbook of the Economics of the Firm*. Edward Elgar, 2011.

[202] Furubotn, Erik G. "The New Institutional Economics and the Theory of the Firm." *Journal of Economics Behavior and Organization*, 2001, 45 (2): 133-53.

[203] Furubotn, Eirik G. "Entrepreneurship, Transaction-Cost Economics, and the Design of Contracts." In*The Economics of Contracts: Theories and Applications*, ed. é. Brousseau and J.-M. Glachant, 72-97. Cambridge: Cambridge University Press, 2002.

[204] Furubotn, Eirik G. 2006. "The New Institutional Economics and the Theory of the Multiobjective Firm." In*Institutions in Perspective: Festschrift in Honor of Rudolf Richter on the Occasion of His 80th Birthday*, ed. R. Richter, U. Bindseil, J. Haucap and C. Wey, 37. Thüringen: Mohr Siebeck, 2006.

[205] Futia, C. A. "Schumpeterian Competition." *Quarterly Journal of Economics*, 1980, 94: 675-695.

[206] Gabor, André, and Ivor F. Pearce. "A new approach to the theory of the firm." *Oxford Economic Papers*, 1952, 4: 252-265.

[207] Gabor, André, and Ivor F. Pearce. "The place of money capital in the theory of production." *Quarterly Journal of Economics*, 1958, 72: 537-557.

[208] Gaglio, C. M., and J. A. Katz. "The Psychological Basis of Opportunity Identification: Entrepreneurial Alertness." *Small Business Economics*, 2001, 16: 95-111.

[209] Gagné, Marylène and Edward L. Deci. "Self Determination Theory and Work Motivation." *Journal of Organizational Behavior*, 2005, 26 (4): 331-362.

[210] Galloway, Les. *Operation Management: The Basics.* London: International Thomson Business Press, 1996.
[211] Garrison, Roger W. *Time and Money: The Macroeconomics of Capital Structure.* London: Routledge, 2000.
[212] Gartner, William B. "Who is An Entrepreneur? Is the Wrong Question." *American Journal of Small Business*, 1988, 12: 11 – 32.
[213] Gartner, William B. "Entrepreneurial Narrative and a Science of the Imagination." *Journal of Business Venturing,*, 2007, 22: 613 – 27.
[214] Gartner William B. and Nancy M. Carter. "Entrepreneurial Behavior and Firm Organizing Processes." In Zoltan J. Acs and David B. Audretch, eds., Handbook of Entrepreneurship Research. Boston: Kluwer, 2003: 195 – 221.
[215] Gartner, William B., and Karl H. Vesper. *University Entrepreneurship Programs.* Los Angeles: Lloyd Grief Center for Entrepreneurial Studies, University of Southern California, 1999.
[216] Gavetti, Giovanni. "Cognition and Hierarchy: Rethinking the Microfoundations of Capabilities' Development." *Organization Science*, 2005, 16 (6): 599 – 617.
[217] Gavetti, Giovanni and Daniel Levinthal. 2000. "Looking Forward and Looking Backward: Cognitive and Experiential Search." *Administrative Science Quarterly*, 2000, 45 (1): 113 – 37.
[218] Gavetti, Giovanni, and Jan W. Rivkin "On the Origin of Strategy: Action and Cognition Over Time." *Organization Science*, 2007, 18: 420 – 439.
[219] Ghoshal, Sumantra; Peter Moran and L. Almeida – Costa.

"The Essence of the Megacorporation: Shared Context, Not Structural Hierarchy." *Journal of Institutional and Theoretical Economics*, 1995, 151: 748–59.

[220] Gibbons, Robert. "Taking Coase Seriously." *Administrative Science Quarterly*, 1999, 44: 145–57.

[221] Gibbons, Robert "Four Formal (izable) Theories of the Firm." *Journal of Economic Behavior and Organization*, 2005, 58: 200–45.

[222] Gompers, Paul A. "Optimal Investment, Monitoring, and the Staging of Venture Capital." *Journal of Finance*, 1995, 50 (5): 1461–489.

[223] Gompers, Paul, Josh Lerner, and David Scharfstein. "Entrepreneurial Spawning: Public Corporations and the Genesis of New Ventures, 1986 to 1999." *Journal of Finance*, 2005, 60 (2): 577–614.

[224] Grandori, Anna. "Neither Hierarchy nor Identity: Knowledge-Governance Mechanisms and the Theory of the Firm." *Journal of management and Governance*, 2001, 5 (3): 381–99.

[225] Grandori, Anna. "A Rational Heuristic Model of Economic Decision Making." *Rationality and Society* (forthcoming), 2011.

[226] Grant, Robert M. "Toward a Knowledge-Based Theory of the Firm." *Strategic Management Journal*, 1996, 17: 109–22.

[227] Greve, Heinrich R. *Organizational Learning from Performance Feedback: A Behavioral Perspective on Innovation and Change.* Cambridge: Cambridge University Press, 2003.

[228] Greve, A. and Salaff, J. W. "Social Networks and Entrepreneurship." *Entrepreneurship Theory and Practice*, 2003, 28 (1) 1–22.

[229] Grossman, Sanford J., and Oliver D. Hart. "The Costs and Benefits of Ownership: A Theory of Vertical and Lateral Integration." *Journal of Political Economy*, 1986, 94: 691 – 719.

[230] Guzmán, Joaquín, and F. Javier Santos "The Booster Function and the Entrepreneurial Quality: An Application to the Province Of Seville." *Entrepreneurship and Regional Development*, 2001, 13: 211 – 28.

[231] Hambrick, Donald C., Theresa Seung Cho and Ming – Jer Chen. "The Influence of Top Management Team Heterogeneity on Firms' Competitive Moves." *Administrative Science Quarterly*, 1996, 41 (4): 659 – 84.

[232] Hansmann, Henry. *The Ownership of Enterprise.* Cambridge, MA: Belknap Press of Harvard University Press, 1996.

[233] Hanusch, Horst, and Andreas Pyka, "Principles of Neo – Schumpeterian Economics." Discussion Paper Series 278, Universitaet Augsburg, Institute for Economics, 2005.

[234] Harper, David. *Entrepreneurship and the Market Process: An Inquiry into the Growth of Knowledge.* London: Routledge, 1995.

[235] Harper, David A. "Towards a Theory of Entrepreneurial Teams." *Journal of Business Venturing*, 2008, 23 (6): 613 – 626.

[236] Harsanyi, John. "Games with Incomplete Information Played by 'Bayesian' Players, I – III. Part I. The Basic Model." *Management Science*, 1967, 14 (3): 159 – 82.

[237] Harsanyi, John. "Games with Incomplete Information Played by 'Bayesian' Players, I – III. Part II. Bayesian Equilibrium Points." *Management Science*, 1968, 14 (5): 320 – 34.

[238] Harsanyi, John. "Games with Incomplete Information Played by

'Bayesian' Players, I – III. Part III. The Basic Probability Distribution of the Game. *Management Science*, 1968, 14 (7): 486 – 502.

[239] Hart, Oliver D. "An Economist's Perspective on the Theory of the Firm." *Columbia Law Review*, 1980: 1757 – 74.

[240] Hart, Oliver D. "Is 'Bounded Rationality' an Important Element of a Theory of Institutions?" *Journal of Institutional and Theoretical Economics*, 1990, 16: 696 – 702.

[241] Hart, Oliver D. *Firms, Contracts, and Financial Structure*. Oxford: The Clarendon Press, 1995.

[242] Hart, Oliver D. "Thinking about the Firm: A Review of Daniel Spulber's *The Theory of the Firm*." *Journal of Economic Literature*, 2011, 49 (1): 101 – 13.

[243] Hart, Oliver D., and John Moore. "Property Rights and the Nature of the Firm." *Journal of Political Economy*, 1990, 98 (6): 1119 – 158.

[244] Hayek, F. A. "Intertemporal Price Equilibrium and Movements in the Value of Money." In In*Money, Capital and Fluctuations: Early Essays*, 1928: 121 – 37. Chicago: University of Chicago Press, 1984.

[245] Hayek, F. A. *Prices and Production*. London: Routledge and Sons, 1931a.

[246] Hayek, F. A. "Richard Cantillon." In*The Collected Works of F. A. Hayek*, volume 3: *The Trend of Economic Thinking*, ed. W. W. Bartley III and Stephen Kresge. Chicago: University of Chicago Press, 1931b: 245 – 94.

[247] Hayek, F. A. *Prices and Production*. London: Routledge and Kegan Paul, 1933.

[248] Hayek, F. A. "Economics and Knowledge." In idem. 1948. *Individualism and Economic Order*. Chicago: University of Chicago Press, 1937.

[249] Hayek, F. A. *The Pure Theory of Capital*. Chicago: University of Chicago Press, 1941.

[250] Hayek, F. A. "The Use of Knowledge in Society." In Hayek, 1948. *Individualism and Economic Order*. Chicago: Chicago University Press, 1945.

[251] Hayek, F. A. "The Meaning of Competition." In idem. 1948. *Individualism and Economic Order*. Chicago: Chicago University Press, 1946, 92 - 106

[252] Hayek, F. A. *Individualism and Economic Order*. Chicago: University of Chicago Press, 1948.

[253] Hayek, F. A. "Competition as a Discovery Procedure." Translated by Marcellus S. Snow. *Quarterly Journal of Austrian Economics* 5: 9 - 23. In idem. 1978. *New Studies in Politics, Economics, Philosophy, and the History of Ideas*. London: Routledge and Kegan Paul, 1968.

[254] Hayek, F. A. *Law, Legislation and Liberty, Volume* 1: *Rules and Order*, Chicago: Chicago University Press, 1973.

[255] Hébert, Robert F., and Albert N. Link. *The Entrepreneur: Mainstream Views and Radical Critiques*, Praeger Publishers, 1988.

[256] Helfat, Constance E. "Firm - Specificity in Corporate Applied RandD." *Organization Science*, 1994, 5 (2): 173 - 84.

[257] Helfat, Constance E. and Raubitschek R. S. "Product Sequencing: Co - Evolution of Knowledge, Capabilities and Products." *Strategic Management Journal*, 2000, 21 (10 - 11): 961 - 80.

[258] Henderson, Richard I. *Compensation Management in a Knowl-*

edge – Based World. New York: Prentice – Hall, 2000.
[259] Henderson, Rebecca M., and Kim B. Clark. "Architectural Innovation: The Reconfiguration of Existing Product Technologies and the Failure of Established Firms." *Administrative Science Quarterly*, 1990, 35 (1): 9 – 30.
[260] Hicks, John R. *Value and Capital: An Inquiry into Some Fundamental Principles of Economic Theory*, Oxford: Oxford University Press, 1946.
[261] Hicks, John R. and R. G. D. Allen. 1934. "A Reconsideration of the Theory of Value." *Economica*, 1934, 1 (1): 52 – 76.
[262] High, Jack C. *Maximizing, Action, and Market Adjustment: An Inquiry into the Theory of Economic Disequilibrum*. Ph. D. Dissertation, Department of Economics, University of California, Los Angeles, 1980.
[263] High, Jack C "Alertness and Judgment: Comment on Kirzner." In Israel M. Kirzner, ed., *Method, Process, and Austrian Economics: Essays in Honor of Ludwig von Mises*. New York: Lexington Books, 1982: 161 – 68.
[264] Hill, Charles W. L., and David L. Deeds. "The Importance of Industry Structure for the Determination of Firm Profitability: A Neo – Austrian Perspective." *Journal of Management Studies*, 1996, 33: 429 – 51.
[265] Hills, Gerald E., G. Thomas Lumpkin, and Robert P. Singh. "Opportunity Recognition: Perceptions and Behaviors of Entrepreneurs." In*Frontiers of Entrepreneurship Research*, 1997, 17: 168 – 82. Wellesley, MA: Babson College.
[266] Hindle, Kevin. "Choosing Qualitative Methods for Entrepreneurial Cognition Research: A Canonical Development Approach."

Entrepreneurship Theory and Practice, 2004, 28 (6): 575 – 607.
[267] Hitt, Michael A. , and R. Duane Ireland. *The intersection of entrepreneurship and strategic management research.* In D. L. Sexton and H. Landstrom, eds. , *Handbook of entrepreneurship*: 45 – 63. Oxford: Blackwell Publishers, 2000.
[268] Hitt, Michael A. , R. Duane Ireland, S. M. Camp, and D. L. Sexton. *Strategic Entrepreneurship: Creating a New Mindset.* Oxford and Malden, MA: Blackwell, 2002.
[269] Hoang, Ha, and Bostjan Antoncic. "Network – Based Research in Entrepreneurship: A Critical Review. " *Journal of Business Venturing*, 2003, 18 (2): 165 – 87.
[270] Hodgson, Geoffrey. *Economics and Utopia.* London: Routledge, 1998.
[271] Holcombe, Randall G. 1992. "Political Entrepreneurship and the Democratic Allocation of Economic Resources. " *Review of Austrian Economics*, 1992, 15: 143 – 59.
[272] Holmes, Thomas J. , and James A. Schmitz. "A Theory of Entrepreneurship and Its Application to the Study of Business Transfers. " *Journal of Political Economy*, 1990, 98: 265 – 94.
[273] Holmes, Thomas J. , and James A. Schmitz. "A Gain from Trade: From Unproductive to Productive Entrepreneurship. " *Journal of Monetary Economics*, 2001, 47 (2): 417 – 46.
[274] Holmström, Bengt. "Moral Hazard and Observability. " *The Bell Journal of Economics*, 1979, 10 (1): 74 – 91.
[275] Holmström, Bengt. "Agency Costs and Innovation. " *Journal of Economic Behavior and Organization*, 1989, 12 (3): 305 – 27.
[276] Holmström, Bengt. "The Firm as a Subeconomy. " *Journal of Law, Economics, and Organization*, 1999, 15 (1): 74 – 102.

[277] Holmström, Bengt and Paul R. Milgrom. "Regulating Trade among Agents." *Journal of Institutional and Theoretical Economics* (*JITE*), 1990, 146 (1): 85-105.
[278] Holmström, Bengt and Paul R. Milgrom. "Multitask Principal Agent Analysis: Incentive Contracts, Asset Ownership and Job Design." *Journal of Law, Economics and Organization*, 1991, 7: 24-54.
[279] Holmström, Bengt and Paul R. Milgrom. "The Firm as an Incentive System." *American Economic Review*, 1994, 84 (4): 972-91.
[280] Holmström, Bengt and Jean Tirole. "The Theory of the Firm." In *Handbook of Industrial Organization*, ed. R. Schmalensee and R. Willing. Amsterdam: North Holland, 1989.
[281] Hood, Jacqueline N., and John E. Young. "Entrepreneurship's Requisite Areas of Development: A Survey of Top Executives in Successful Entrepreneurial Firms." *Journal of Business Venturing*, 1993, 8 (2): 115-35.
[282] Hoppe, Hans-Hermann. "The Limits of Numerical Probability: Frank H. Knight and Ludwig von Mises and the Frequency Interpretation." *Quarterly Journal of Austrian Economics*, 2007, 10 (1): 1-20.
[283] Hoskisson, Robert E., and Michael A. Hitt. *Downscoping: How to Tame the Diversified Firm.* New York: Oxford University Press, 1994.
[284] Huerta de Soto, Jesús. *Socialism, Economic Calculation and Entrepreneurship.* Cheltenham, U. K.: Edward Elgar, 2010.
[285] Hülsmann J? rg Guido. *Mises: The Last Knight of Liberalism*, Auburn, Al.: Ludwig von Mises Institute, 2007.

[286] Hurwicz, Leonid, "On the Concept and Possibility of Informational Decentralization." *American Economic Review*, 1969, 59 (2): 513 –24.

[287] Hurwicz, Leonid. "On Informationally Decentralized Systems." In Charles B. McGuire and Roy Radner, eds., *Decision and Organization*. Amsterdam: North Holland, 1972: 297 –233

[288] Hurwicz, Leonid, "The Design of Mechanisms for Resource Allocation." *American Economic Review*, 1973, 63 (2): 1 –30.

[289] Hutt, William H. *The Theory of Idle Resources*, J. Cape, 1939.

[290] Ibrahim, G. and S. Vyakarnam. "Defining the Role of the Entrepreneur in Economic Thought: Limitations of Mainstream Economics." *Working Paper*, Nottingham Business School, 2003.

[291] Ichniowski, Casey, Kathryn Shaw, and G. Prennushi, "The Effects of Human Resource Management Practices on Productivity." *American Economic Review*, 1997, 87 (3): 291 –313.

[292] Ireland, R. Duane, Michael A. Hitt, and D. G. Sirmon. A Model of Strategic Entrepreneurship: The Construct and its Dimensions. *Journal of Management*, 2003, 29: 963 –989.

[293] Ireland, R. Duan., J. G. Covin, . and Donald Kuratko. "Conceptualizing Corporate Entrepreneurship Strategy;" *Entrepreneurship Theory and Practice*, 2009, 33: 19 –46.

[294] Jacobson, Robert. "The 'Austrian' School of Strategy." *Academy of Management Review*, 1992, 17: 782 –807.

[295] Jarrell, Gregg A., James A. Brickley, and Jeffry M. Netter. "The market for corporate control: the empirical evidence since 1980." *Journal of Economic Perspectives*, 1988, 2: 49 –68.

[296] Jensen, Michael C. "Eclipse of the Public Corporation." *Harvard Business Review*, 1989, 67 (5): 61 –74.

[297] Jensen, Michael C., and William H. Meckling. "Theory of the Firm: Managerial Behavior, Agency Costs, and Capital Structure." *Journal of financial economics*, 1976, 3 (4): 305 -360.

[298] Jensen, Michael C., and William H. Meckling. "Specific and General Knowledge, and Organizational Structure." In Lars Werin and Hans Wijkander, eds., *Contract Economics*. Oxford: Blackwel, 19921.

[299] Jensen, Michael C. and William H. Meckling. "The Nature of Man." *Journal of applied corporate finance*, 1994, 7 (2): 4 -19.

[300] Jensen, Michael C. and Karen Wruck. "Science, Specific Knowledge and Total Quality Management." In *Foundations of Organizational Strategy*, ed. M. C. Jensen. Cambridge, Mass.: Harvard University Press, 1998.

[301] Johansson D. "Economics without Entrepreneurship or Institutions: A Vocabulary Analysis of Graduate Textbooks." *Econ Journal Watch*, 2004: 515 -38.

[302] Jones, Gareth R. "Transaction Costs, Property Rights, and Organizational Culture: An Exchange Perspective." *Administrative Science Quarterly*, 1983, 28: 454 -67

[303] Jones, G. R., and J. E. Butler. "Managing Internal Corporate Entrepreneurship: An Agency Theory Perspective." *Journal of Management*, 1992, 18 (4): 733 -749.

[304] Kaish, S., and B. Gilard. "Characteristics of Opportunities Search of Entrepreneurs Versus Executives: Sources, Interests, General Alertness." *Journal of Business Venturing*, 1991, 6: 54 -61.

[305] Kaldor, Nicholas. "The Equilibrium of the Firm." *The Eco-*

nomic Journal, 1934, 44 (173): 60 -76.

[306] Kaplan, Steven and Per Str? mberg. "Financial contracting theory meets the real world: An empirical analysis of venture capital contracts." Review of Economic Studies70, 281 - 315. Katz, J. A. 2003. "The Chronology and Intellectual Trajectory of American Entrepreneurship Education." Journal of Business Venturing, 2003, 18: 283 -300.

[307] Kauffman, Stuart A. The Origins of Order: Self - Organization and Section in Evolution. New York: Oxford University Press, 1993.

[308] Kent, C. A. "Coverage of Entrepreneurship in Principles of Economics Textbooks." Journal of Economic Education, 1989, 20: 153 -64.

[309] Kent, C. A. and Rushing, F. W. "Coverage of Entrepreneurship in Principles of Economics Textbooks: An Update." Journal of Economics Education, 1999, 30 (2): 184 -88

[310] Keynes, John Maynard. The General Theory of Employment, Quarterly Journal of Economics, 1937, 51: 209 -23.

[311] Kihlstrom, Richard E., and Jean - Jacques Laffont. "A General Equilibrium Entrepreneurial Theory of Firm Formation Based on Risk Aversion." Journal of Political Economy, 1979, 87, no. 4: 719 -48.

[312] Kim, Jongwook, and Joseph T. Mahoney. "Resource - Based and Property Rights Perspectives on Value Creation: The Case of Oil Field Unitization." Managerial and Decision Economics, 2002, 23 (4): 225 -45.

[313] Kim, Jongwook, and Joseph T. Mahoney. "Property Rights Theory, Transaction Costs Theory, and Agency Theory: An Organiza-

tional Economics Approach to Strategic Management. " *Managerial and Decision Economics*, 2005, 26 (4): 223 – 242.

[314] Kirzner, Israel M. "Rational Action and Economic Theory. " *Journal of Political Economy*, 1962, 70 (4): 380 – 385.

[315] Kirzner, Israel M. *An Essay on Capital*. New York: Augustus M. Kelley, 1966.

[316] Kirzner, Israel M. *Methodological Individualism, Marked Equilibrium, and Market Process*, New York University, 1967.

[317] Kirzner, Israel M. *Competition and Entrepreneurship*. Chicago: University of Chicago Press, 1973.

[318] Kirzner, Israel M. "Producer, Entrepreneur, and the Right to Property. " In*Property in a Humane Economy.* LaSalle, Ⅲ: Open Court, 1975.

[319] Kirzner, Israel M. "Entrepreneurship, Entitlement, and Economic Justice. " *Eastern Economic Journal*, 1978, 4 (1): 9 – 25.

[320] Kirzner, Israel M. *Perception, Opportunity and Profit: Studies in the Theory of Entrepreneurship.* Chicago and London: University of Chicago Press, 1979a.

[321] Kirzner, Israel M. "The Perils of Regulation: A Market Process Approach. " Occasional Paper of the Law and Economics Center, University of Miami School of Law, 1979b.

[322] Kirzner, Israel M. "Competition, Regulation, and the Market Process: An 'Austrian' Perspective. " *Cato Policy Analysis* 18, 1982.

[323] Kirzner, Israel M. "Competition, Regulation, and the Market Process: An 'Austrian' Perspective. " Cato Policy Analysis No. 18, September 30, 1982a.

[324] Kirzner, Israel M. "Uncertainty, Discovery, and Human Action: A Study of the Entrepreneurial Profile in the Misesian System." In Kirzner, ed., *Method, Process and Austrian Economics: Essays in Honor of Ludwig von Mises*. New York: Lexington Books, 1982b.

[325] Kirzner, Israel M. *The Role of the Entrepreneur in the Economic System*, Centre for Independent Studies, 1984.

[326] Kirzner, Israel M. *Discovery and the Capitalist Process*. Chicago: University of Chicago Press, 1985.

[327] Kirzner, Israel M. *Discovery, Capitalism, and Distributive Justice*. Oxford: Basil Blackwell, 1989.

[328] Kirzner, Israel M. *The Meaning of Market Process*. London: Routledge, 1992.

[329] Kirzner, Israel M. "Entrepreneurial Discovery and the Competitive Market Process: An Austrian Approach." *Journal of Economic Literature*, 1997, 35: 60 – 85.

[330] Kirzner, Israel M. "Creativity and/or Alertness: A Reconsideration of the Schumpeterian Entrepreneur." *The Review of Austrian Economics*, 1999, 11 (1): 5 – 17.

[331] Kirzner, Israel M. "Hedgehog or Fox? Hayek and the Idea of Plan – Coordination." In Kirzner, *The Driving Force ofthe Market Economy: Essays in Austrian Economics*. London: Routledge, 2000: 180 – 202.

[332] Kirzner, Israel M. "The Limits of the Market: The Real and the Imagined." In*The Driving Force in the Market: Essays in Austrian Economics*, ed. I. M. Kirzner, 2000, 77 – 87.

[333] Kirzner, Israel M. "The Alert and Creative Entrepreneur: A Clarification." *Small Business Economics*, 2009, 32 (2):

145-52.

[334] Kitzmann, Jana and Dirk Schiereck. "Entrepreneurial Discovery and the Demmert/Klein Experiment: Another Attempt at Creating the Proper Context." *The Review of Austrian Economics*, 2005, 18 (2): 169-78.

[335] Klein, Benjamin, Robert A. Crawford and Armen A. Alchian. "Vertical Integration, Apropriable Rents, and the Competitive Contracting Process." *Journal of Law and Economics*, 1978, 21 (2): 297-326.

[336] Klein, Daniel B. and Jason Briggeman. "Israel Kirzner on Coordination and Discovery." *Journal of Private Enterprise*, 2009, 25 (2): 1-53.

[337] Klein, Peter G. "Economic Calculation and the Limits of Organization." *Review of Austrian Economics*, 1996, 9 (2): 51-77.

[338] Klein, Peter G. "Entrepreneurship and Corporate Governance." Quarterly Journal of Austrian Economics, 1999a, 2 (2): 19-42.

[339] Klein, Peter G. "F. A. Hayek (1899—1992)." In Randall G. Holcombe, ed., *Fifteen Great Austrian Economists*. Auburn, Ala.: Ludwig von Mises Institute, 1999b: 181-94.

[340] Klein, Peter G. "Opportunity Discovery, Entrepreneurial Action, and Economic Organization." *Strategic Entrepreneurship Journal*, 2008, 2: 175-90.

[341] Klein, Peter G. "The Mundane Economics of the Austrian School." *Quarterly Journal of Austrian Economics*, 2008a, 11 (3-4): 165-87.

[342] Klein, Peter G. "Opportunity Discovery, Entrepreneurial Ac-

tion, and Economic Organization." *Strategic Entrepreneurship Journal*, 2008b, 2 (3): *175 - 90*.

[343] Klein, Peter G., Anita M. McGahan, Joseph T. Mahoney, and Christos N. Pitelis. "Toward a Theory of Public Entrepreneurship." *European Management Review*, 2010, 7: 1 – 15.

[344] Knight, Frank H. *Risk, Uncertainty, and Profit*. New York: August M. Kelley, 1921.

[345] Knight, Frank H. "The Quantity of Capital and the Rate of Interest." *Journal of Political Economy*, 1936, 44: 433 – 63, 612 – 42.

[346] Koellinger, Philipp. D., Maria Minniti, and C. Schade. "I Think I Can, I Think I Can: Overconfidence and Entrepreneurial Behavior." *Journal of Economic Psychology*, 2007, 28: 502 – 27.

[347] Kor, Yasemin Y., Joseph T. Mahoney, and Stephen C. Michael. "Resources, Capabilities and Entrepreneurial Perceptions." *Journal of Management Studies*, 2007, 44 (7): 1187 – 212.

[348] Kreps, David M. "Markets and Hierarchies and (Mathematical) Economic Theory." *Industrial and Corporate Change*, 1996, 5: 561 – 95.

[349] Kuratko, Donald F., "Entrepreneurship Education: Emerging Trends and Challenges for the 21st Century." White Paper, U. S. Association of Small Business Education, 2003.

[350] Kyl? heiko, K. "Making Sense of Technology: Towards a Synthesis between Neoclassical and Evolutionary Approaches." *International Journal of Production Economics*, 1998, 56: 319 – 32.

[351] Lachmann, Ludwig M. 1956. *Capital and Its Structure*. Kansas

City: Sheed Andrews and McMeel, 1978.
[352] Lachmann, Ludwig M. *The Legacy of Max Weber*. Berkeley: The Glendessary Press, 1970.
[353] Lachmann, Ludwig M. "From Mises to Shackle: An Essay on Austrian Economics and the Kaleidic Society." *Journal of Economic Literature*, 1976, 14 (1): 54 - 62.
[354] Lachmann, Ludwig M. *Capital, Expectations, and the Market Process*. Kansas City: Sheed Andrews and McMeel, 1977.
[355] Lachmann, Ludwig M. *The Market as a Process*. Oxford: Basil Blackwell, 1986.
[356] Laffont, Jean - Jacques and David Martimort. *The Theory of Incentives: The Principal - Agent Model*, Princeton, NJ: Princeton University Press, 2002.
[357] Landa, Janet. "The Austrian Theory of Entrepreneurship Meets the Social Science and Bioeconomics of the Ethnically Homogeneous Middleman Group." *Advances in Austrian Economics*, 2006, 9: 177 - 200.
[358] Landes, David S., Joel Mokyr, and William J. Baumol. *The Invention of Enterprise: Entrepreneurship from Ancient Mesopotamia to Modern Times*. Princeton: Princeton University Press, 2010.
[359] Langlois, Richard N. "Systems Theory and the Meaning of Information." *Journal of the American Society for Information Science*, 1982, 33 (6): 395 - 399.
[360] Langlois, Richard N. "Knowledge and Rationality in the Austrian School: An Analytical Survey." *Eastern Economic Journal*, 1985, 9 (4): 309 - 30.
[361] Langlois, Richard N. "The New Institutional Economics." In idem., ed. *Economics as a Process: Essays in the New Institu-*

tional Economics. Cambridge: Cambridge University Press, 1986.

[362] Langlois, Richard N. "Economic Change and the Boundaries of the Firm." *Journal of Institutional and Theoretical Economics*, 1988, 144: 635 – 657.

[363] Langlois, Richard N. "Transaction Cost Economics in Real Time." *Industrial and Corporate Change*, 1992, 1 (1): 99 – 127.

[364] Langlois, Richard N. "Capabilities and Coherence in Firms and Markets." In Cynthia A. Montgomery, ed., *Resource – based and Evolutionary Theories of the Firm: Towards a Synthesis.* Dordrecht: Kluwer Academic Publishers, 1995: 71 – 100.

[365] Langlois, Richard N. "Personal Capitalism as Charismatic Authority: The Organizational Economics of a Weberian Concept." *Industrial and Corporate Change*, 1998, 7: 195 – 213.

[366] Langlois, Richard N. "Strategy and the Market Process: Introduction to the Special Issue." *Managerial and Decision Economics*, 2001, 22: 163 – 68.

[367] Langlois, Richard N. "Modularity in Technology and Organization." *Journal of Economic Behavior and Organization*, 2002, 49 (1): 19 – 37.

[368] Langlois, Richard N. "The Vanishing Hand: The Changing Dynamics of Industrial Capitalism." *Industrial and Corporate Changes*, 2003, 12 (2): 351 – 85.

[369] Langlois, Richard N. "The Austrian Theory of the Firm: Retrospect and Prospect." Mercatus Center at George Mason University, Working paper 80 in Mercatus Center Working Papers, 2007.

[370] Langlois, Richard N. *The Dynamics of Industrial Capitalism: Schumpeter, Chandler and the New Economy.* London: Routledge, 2007.

[371] Langlois, Richard N., and Metin Cosgel. "Frank Knight on Risk, Uncertainty, and the Firm: A New Interpretation." *Economic Inquiry*, 1993, 31: 456-465.

[372] Langlois, Richard N. and L. Csontos. "Optimization, Rule-Following, and the Methodology of Situational Analysis." In U. M? ki, B. Gustafsson, and C. Knudsen, eds. 1993. *Rationality, Institutions, and Economic Methodology.* London: Routledge, 1993.

[373] Langlois, Richard N. and Nicolai J. Foss. "Capabilities and Governance: the Rebirth of Production in the Theory of Economic Organization." *KYKLOS*, 1999, 52: 201-218.

[374] Larsson, Rikard and Sydney Finkelstein. 1999. "Integrating Strategic, Organizational, and Human Resource Perspectives on Mergers and Acquisitions: A Case Survey of Synergy Realization." *Organization Science*, 1999, 10 (1): 1-26.

[375] Laursen, K. and Nicolai J. Foss. "New HRM Practices, Complementarities, and the Impact on Innovation Performance." *Cambridge Journal of Economics*, 2003, 27: 243-63.

[376] Lavoie, Marc. "Capital Reversing." *Encyclopedia of Political Economy.* London: Routledge, 2000.

[377] Lazear, Edward P. "Balanced Skills and Entrepreneurship." *American Economic Review*, 2004, 94 (2): 208-11.

[378] Lazear, Edward P. "Entrepreneurship." *Journal of Labor Economics*, 2005, 23 (4): 649-80.

[379] Leibenstein, H. *Inside the Firm: The Inefficiencies of Hierarchy*,

Cambridge, Mass.: Harvard University Press, 1987.
[380] Leijonhufvud, Axel. *On Keynesian Economics and the Economics of Keynes: A Study in Monetary Theory*. Oxford: Oxford University Press, 1968.
[381] LeRoy, Stephen F. and Larry D. Singell Jr. "Knight on Risk and Uncertainty." *Journal of political economy*, 1978, 95 (2): 394-406.
[382] Levinthal, Daniel. "Adaptation on Rugged Landscapes." *Management Science*, 1997, 43: 934-50.
[383] Lewin, Peter. "Hayekian Equilibrium and Change." *Journal of Economic Methodology*, 1997, 4 (2): 245-66.
[384] Lewin, Peter. 1999. *Capital in Disequilibrium: The Role of Capital in a Changing World*. New York and London: Routledge. Lewin, 2000.
[385] Lewin, Peter. "The Firm in Disequilibrium: Contributions from the Austrian Tradition." Working Paper, University of Texas at Dallas, 2005.
[386] Lewin, Peter and Steven E. Phelan. "An Austrian Theory of the Firm." *Review of Austrian Economics*, 2000, 13: 59-79.
[387] Liebowitz, S. J. "Anatomy of a Train Wreck: Causes of the Mortgage Meltdown." Forthcoming in Randall G. Holcombe and Benjamin Powell, eds., *Housing America: Building Out of a Crisis*. Oakland, Calif.: Independent Institute, 2009.
[388] Lien, Lasse B and Peter G. Klein. "Using Competition to Measure Relatedness." *Journal of Management*, 2009, 35 (4): 1078-107.
[389] Lien, Lasse B., and Peter G. Klein. "Can the Survivor Principle Survive Diversification?", 2011.

[390] Lippman, Steven A. and Richard P. Rumelt. "Uncertain Imitability: An Analysis of Interfirm Differences in Efficiency under Competition." *The Bell Journal of Economics*, 1982, 13 (2): 418–438.

[391] Lippman, Steven A. and Rumelt, Richard P. "A Bargaining Perspective on Resource Advantage." *Strategic Management Journal*, 2003a, 24: 1069–086.

[392] Lippman, Steven A. and Rumelt, Richard P. 2 Lippman, S. A., Rumelt, R. P. "The Payments Perspective: Micro-Foundations of Resource Analysis." *Strategic Management Journal*, 2003b, 24: 1069–86.

[393] Littlechild, Steven C. and G. Owen. "An Austrian Model of the Entrepreneurial Market Process." *Journal of Economic Theory*, 1980, 23: 361–79.

[394] Littlechild, Steven C. "Three Types of Market Process." In Richard N. Langlois, ed. 1986. *Economics as a Process: Essays in the New Institutional Economics*. Cambridge: Cambridge University Press, 1986.

[395] Loasby, Brian J. *Choice, Complexity, and Ignorance*. Cambridge: Cambridge University Press, 1976.

[396] Loasby, Brian J. "The Entrepreneur in Economic Theory." *Scottish Journal of Political Economy*, 1982, 29 (3): 2–23.

[397] Loasby, Brian J. "Competition and Imperfect Knowledge: The Contribution of G. B. Richardson." *Scottish Journal of Political Economy*, 1986, 33 (2): 145–58.

[398] Loasby, Brian J. *Equilibrium and Evolution: An Exploration of Connecting Principles in Economics*, Manchester University Press, 1991.

[399] Long, W. A. and W. E. McMullan. "Entrepreneurship Education in the Nineties." *Journal of Business Venturing*, 1984, 2 (3): 261 –75.

[400] Lucas, Robert E. "On the Size Distribution of Business Firms." *Bell Journal of Economics*, 1978, 9: 508 –23.

[401] Lucas, Robert E. "Adaptive Behavior and Economic Theory." *Journal of Business*, 1986, 59: S401 –S426.

[402] Lumpkin, G. T., and Gregory G. Dess. "Clarifying the Entrepreneurial Orientation Construct and Linking It to Performance." *Academy of Management Review*, 1996, 21 (1): 135 –72.

[403] Lumpkin, G. T., G. E. Hills, and R. C. Shrader. "Opportunity Recognition." In Harold L. Welsch, ed., *Entrepreneurship: The Road Ahead*. London: Routledge, 2004: 73 –90.

[404] Lumpkin, G. T., and Benyamin Bergmann Lichtenstein. "The Role of Organizational Learning in the Opportunity – Recognition Process." *Entrepreneurship Theory and Practice*, 2005, 29 (4): 451 –72.

[405] Machlup, Fritz. *Essays on Economic Semantics*. Englewood Cliffs, N. J.: Prentice – Hall, 1963.

[406] Machlup, Fritz. "Theories of the Firm: Marginalist, Behavioral, Managerial." *American Economic Review*, 1967, 57 (1): 1 –33.

[407] Machovec, Frank M. *Perfect Competition and the Transformation of Economics*. New York: Routledge, 1995.

[408] Mahoney, Joseph M. "The Management of Resources and the Resource of Management." *Journal of Business Research*, 1995, 33: 91 –101.

[409] Mahoney, Joseph M. *Economic Foundations of Strategy*. London:

Sage, 2005.

[410] Mäki, Uskali. "On the Method of Isolation in Economics." *Poznan Studies in the Philosophy of the Sciences and the Humanities*, 1992, 26: 19 – 54.

[411] Mäki, Uskali. "Isolation, Idealization and Truth in Economics." *Poznan Studies in the Philosophy of the Sciences and the Humanities*, 1994, 38: 147 – 68.

[412] Mäki, Uskali. "Reorienting the Assumptions Issue." In *New Directions in Economic Methodology*, ed. R. Backhouse, 237 – 56. London: Routledge, 1994.

[413] Makowski, Louis, and Joseph M. Ostroy. "Perfect Competition and the Creativity of the Market." *Journal of Economic Literature*, 2001, 39 (2): 479 – 535.

[414] Manne, Henry G. "In Defense of Insider Trading." *Harvard Business Review*, 1966a, 44 (6): 113 – 22.

[415] Manne, Henry G. *Insider Trading and the Stock Market*. New York: Free Press, 1966b.

[416] Manne, Henry G. "Entrepreneurship, Compensation, and the Corporation." Working Paper, George Mason University School of Law, 2010.

[417] Marchal, Jean. "The Construction of a New Theory of Profit." *American Economic Review*, 1951, 41 (4): 549 – 65.

[418] Marschak, Jacob, and Roy Radner. *The Economic Theory of Teams*. New Haven: Cowles Foundation and Yale University Press, 1972.

[419] Marshall, Alfred. *Principles of Economics*. New York: Macmillan and Co, 1890.

[420] Martin, Dolores Tremewan. "Alternative Views of Mengerian

Entrepreneurship." *History of Political Economy*, 1979, 11 (2): 271 – 85.

[421] Masten, Scott E. "A Legal Basis for the Firm." *Journal of Law, Economics, and Organization*, 1988, 4 (1): 181 – 98.

[422] Matsusaka, John G. "Corporate Diversification, Value Maximization, and Organizational Capabilities." *Journal of Business*, 2001, 74: 409 – 431.

[423] Matthews, John. *Strategizing, Disequilibrium, and Profit*. Stanford: Stanford University Press, 2006.

[424] Mayer, Kyle J. , and Nicholas S. Argyres. "Learning to Contract: Evidence from the Personal Computer Industry." *Organization Science*, 2004, 15 (4): 394 – 410.

[425] McGrath, Rita G. and Ian C. MacMillan. *The Entrepreneurial Mindset: Strategies for Continuously Creating Opportunity in an Age of Uncertainty*. Boston: Harvard Business School Press, 2000.

[426] MacLeod, W. Bentley. "Complexity, Bounded Rationality and Heuristic Search." *Contributions to Economic Analysis and Policy*, 2002, 1 (1).

[427] McMullen, Jeffery, Lawrence Plummer, and Zoltan Acs. "What is an Entrepreneurial Opportunity?" *Small Business Economics*, 2007, 28 (4): 273 – 83.

[428] McMullen, Jeffrey, and Dean A. Shepherd. "Entrepreneurial Action and the Role of Uncertainty in the Theory of the Entrepreneur." *Academy of Management Review*, 2006, 31 (1): 132 – 52.

[429] McNulty, Paul. "On the Nature and Theory of Economic Organization: The Role of the Firm Reconsidered." *History of Politi-*

cal Economy, 1984, 16: 223-253.
[430] Menger, Carl. 1871. *Principles of Economics*. New York: New York University Press, 1985.
[431] Milgrom, Paul, and John Roberts. "The Economics of Modern Manufacturing." *American Economic Review*, 1990, 80: 511-528.
[432] Milgrom, Paul, and John Roberts. *Economics, Organization, and Management*. Prentice-Hall, 1992.
[433] Milgrom, Paul, and John Roberts. "Complementarities and Fit: Strategy, Structure, and Organizational Change in Manufacturing." *Journal of Accounting and Economics*, 1995, 19: 179-208.
[434] Minkler, Alanson P. "The Problem with Dispersed Knowledge: Firms in Theory and Practice." *Kyklos*, 1993a, 46 (4): 569-87.
[435] Minkler, Alanson P. "Knowledge and Internal Organization." *Journal of Economic Behavior and Organization*, 1993b, 21 (1): 17-30.
[436] Mises, Ludwig von. 1912. *The Theory of Money and Credit*. New Haven: Yale University Press, 1953
[437] Mises, Ludwig von. 1920. "Economic Calculation in the Socialist Commonwealth." In F. A. Hayek, ed., *Collectivist Economic Planning*. London: Routledge and Sons, 1935.
[438] Mises, Ludwig von. 1922. *Socialism: An Economic and Sociological Analysis*. New Haven: Yale University Press, 1951.
[439] Mises, Ludwig von. *Bureaucracy*, New Haven: Yale University Press, 1949.
[440] Mises, Ludwig von. *Human Action: A Treatise on Economics*. New Haven: Yale University Press, 1949.

[441] Mises, Ludwig von. *Profit and Loss*, South Holland, IL: Consumers – Producers Economic Services, 1951.

[442] Mises, Richard von. 1939. *Probability, Statistics and Truth*. New York: Dover Publications, 1957.

[443] Mitchell, Mark, and J. Harold Mulherin. "The impact of industry shocks on takeover and restructuring activity." *Journal of Financial Economics*, 1996, 41: 193 – 229.

[444] Moroney, John R. "The current state of money and production theory." *American Economic Review*, 1972, 62: 335 – 43.

[445] Mosakowski, Elaine. "Strategy Making under Causal Ambiguity: Conceptual Issues and Empirical Evidence." *Organization Science*, 1997, 8: 414 – 42.

[446] Mosakowski, Elaine. "Entrepreneurial Resources, Organizational Choices, and Competitive Outcomes." *Organization Science*, 1998, 9: 625 – 43.

[447] Nelson, Richard R. "Research on Productivity Growth and Productivity Differences: Dead Ends and New Departures." *Journal of Economic Literature*, 1981, 19 (3): 1029 – 064.

[448] Nelson, Richard R. and Sidney G. Winter. *An Evolutionary Theory of Economic Change*. Harvard: The Belknap Press, 1982.

[449] Nickerson, Jackson and Todd R. Zenger. "A Knowledge – based Theory of the Firm: The Problem – Solving Perspective." *Organization Science*, 2004, 15 (6): 617 – 32.

[450] Nordhaus, W. D., "Schumpeterian Profits in the American Economy: Theory and Measurement." *National Bureau of Economic Research, Working Paper* 10433, 2044..

[451] O'Brien, Dennis. 1984. "The Evolution of the Theory of the Firm." In idem., *Methodology, Money and the Theory of the*

[452] O'Driscoll, Gerald P. and Mario Rizzo. *The Economics of Time and Ignorance*. Oxford: Basil Blackwell, 1985.

[453] Olson, Mancur. 1965. *The Logic of Collective Action: Public Goods and the Theory of Groups*. Cambridge, Mass.: Harvard University Press, 1965.

[454] Oppers, S. E. "The Austrian Theory of Business Cycles: Old Lessons for Modern Economic Policy?" *IMF Working Paper No. 02/2*, 2002.

[455] Osterloh, Margit and Bruno S. Frey. "Motivation, Knowledge Transfer, and Organizational Forms." *Organization Science*, 2000, 11 (5): 538 –50.

[456] Oxfeld, Ellen. "Individualism, holism, and the market mentality: Notes on the Recollections of a Chinese Entrepreneur." *Cultural Anthropology*, 1992, 7 (3): 267 –300.

[457] Pacheco – de – Almeida, G. "Erosion, time compression, and self – displacement of leaders in hypercompetitive environments." *Strategic Management Journal*, 2010, 31: 1498 –526.

[458] Pasinetti, Luigi L., and Roberto Scazzieri. "Capital Theory: Paradoxes." In *The New Palgrave: A Dictionary of Economics*. London and New York: Macmillan, 1987: 363 –68.

[459] Parker, Simon C. "A Time Series Model of Self – Employment under Uncertainty." *Economica*, 1996, 63: 459 –75.

[460] Parker, Simon C. *The Economics of Self – employment and Entrepreneurship*. Cambridge: Cambridge University Press, 2004.

[461] Parker, Simon C. *The Economics of Entrepreneurship: What We Know and What We Don't Know*. Boston: Now Publishers, 2005.

[462] Parker, Simon C. "The Economics of Formal Business Networks." *Journal of Business Venturing*, 2008, 23: 627-40.

[463] Penrose, Edith T. *The Theory of the Growth of the Firm*. Oxford: Blackwell, 1959.

[464] Peteraf, M. A. "The Cornerstones of Competitive Advantage: A Resource-Based view." *Strategic Management Journal*, 1993, 14: 179-91.

[465] Peteraf, Margaret A. and Jay B. Barney. "Unraveling the Resource-Based Tangle." *Managerial and Decision Economics*, 2003, 24: 309-23.

[466] Phelps, Edmund P. "Further Steps to a Theory of Innovation and Growth - On the Path Begun by Knight, Hayek, and Polanyí." Paper for the 2006 ASSA meetings, 2006.

[467] Pigou, Arthur C. "An Analysis of Supply." *Economic Journal*, 1928, 38: 238-57.

[468] Pisano, Gary P. "The RandD Boundaries of the Firm: An Empirical Analysis." *Administrative Science Quarterly*, 1990, 35 (1): 153-76.

[469] Polanyi, Michael. *Personal Knowledge*. New York: Harper, 1962.

[470] Pongracic, Ivan, Jr. *Employees and Entrepreneurship: Co-ordination and Spontaneity in Non-Hierarchical Business Organizations*. Aldershot, U. K.: Edward Elgar, 2009.

[471] Popper, Karl R. 1967. "La Rationalité et le Statut du Principe du Rationalité." English translation as "The Rationality Principle" in D. Miller, ed. *A Pocket Popper*. Glasgow: Fontana Press, 1990.

[472] Rajan, Raghuram G., and Julie Wulf. "The Flattening Firm:

Evidence from Panel Data on the Changing Nature of Corporate Hierarchies." *Review of Economics and Statistics*, 2006, 88 (4): 759 –73.

[473] Rajan, Raghuram G., and Luigi Zingales. "Power in a Theory of the Firm." *Quarterly Journal of Economics*, 1998: 387 –432.

[474] Rajan, Raghuram G. and Luigi Zingales. "The Influence of the Financial Revolution on the Nature of Firms." *American Economic Review*, 2001, 91: 206 –11.

[475] Read, Stuart and Saras D. Sarasvathy. "Knowing What to Do and Doing What You Know Effectuation as a Form of Entrepreneurial Expertise." *Journal of Private Equity*, 2005, 9 (1): 45 –62.

[476] Tong, Tony W. and Jeffrey J. Reuer. "Real Options in Multinational Corporations: Organizational Challenges and Risk Implications." *Journal of International Business Studies*, 2007, 38 (2): 215 –30.

[477] Ricardo, David. *Principles of Political Economy and Taxation.* London: John Murray, 1817.

[478] Richardson, G. B. "The Organisation of Industry." *The Economic Journal*, 1972: 883 –96.

[479] Ricketts, Martin. *The New Industrial Economics: An Introduction to Modern Theories of the Firm.* New York: St. Martin's Press, 1987.

[480] Rigotti, Luca; Matthew Ryan and Rhema Vaithianathan. "Optimism and Firm Formation." *Economic Theory*, 2011, 46 (2): 1 –38.

[481] Rivkin, Jan W. "Imitation of Complex Strategies." *Management Science*, 2000, 46 (6): 824 –44.

[482] Robbins, Lionel C. *An Essay on the Nature and Significance of Economic Science.* London: Macmillan and Co, 1932.

[483] Roberts, John. *The Modern Firm.* Oxford: Oxford University Press, 2004.

[484] Roberts, Peter W., and K. M. Eisenhardt. "Austrian Insights on Strategic Organization: From Market Insights to Implications for Firms." *Strategic Organization*, 2003, 1: 345 - 52.

[485] Robinson, Joan. *The Economics of Imperfect Competition.* London: Routledge and Kegan Paul, 2003.

[486] Robinson, Joan. "What is Perfect Competition?" *The Quarterly Journal of Economics*, 1934, 49: 104 - 20.

[487] Roll, Richard. "The Hubris Hypothesis of Corporate Takeovers." *Journal of Business*, 1986, 59 (2): 197 - 216.

[488] Rosenberg, Nathan. 1982. *Inside the Black Box.* Cambridge: Cambridge University Press, 1982.

[489] Rosenberg, Nathan. "Schumpeter and Marx: How Common a Vision?" in R. M. MacLeod, ed., *Technology and the Human Prospect: Essays in Honour of Christopher Freeman.* London: Pinter, 1986: 197 - 213.

[490] Ross, Stephen A. "The Economic Theory of Agency: The Principal's Problem." *American Economic Review*, 1973, 63 (Papers and Proceedings): 134 - 39.

[491] Rotemberg, Julio. J. and Garth Saloner" Benefits of Narrow Business Strategies." *American Economic Review*, 1994, 84: 1330 - 49.

[492] Rotemberg, Julio. J. and Garth Saloner" Overt Interfunctional Conflict (and Its Reduction Through Business Strategy." *RAND Journal of Economics*, 1995, 26: 630 - 53.

[493] Rothbard, Murray N. *Man, Economy, and State: A Treatise on Economic Principles.* Princeton, N. J.: Van Nostrand, 1962.

[494] Rothbard, Murray N. "Ludwig von Mises and Economic Calculation Under Socialism." In Laurence S. Moss, ed. *The Economics of Ludwig von Mises: Toward a Critical Reappraisal.* Kansas City: Sheed and Ward, 1976: 67 – 77.

[495] Rothbard, Murray N. "Introduction." In Frank A. Fetter, Capital, Interest, and Rent: Essays in the Theory of Distribution. Kansas City: Sheed Andrews and McMeel, 1977: 1 – 24.

[496] Rothbard, Murray N. 1985. "Professor Hébert on Entrepreneurship." In Rothbard, *The Logic of Action Two: Applications and Criticism from the Austrian School.* Aldershot, U. K.: Edward Elgar 1997: 245 – 53.

[497] Rothbard, Murray N. "The End of Socialism and the Calculation Debate Revisited." *Review of Austrian Economics*, 1991, 5 (2): 51 – 76.

[498] Rothbard, Murray N. *An Austrian Perspective on the History of Economic Thought*, volume 1: *Economic Thought Before Adam Smith.* Cheltenham, U. K.: Edward Elgar, 1995.

[499] Rousseau, Denise M. and Zipi Shperling. "Pieces of the Action: Ownership and the Changing Employment Relationship." *Academy of Management Review*, 2003, 28 (4): 553 – 570.

[500] Ruef, Martin; Howard E. Aldrich and Nancy M. Carter. "The Structure of Founding Teams: Homophily, Strong Ties, and Isolation among Us Entrepreneurs." *American Sociological Review*, 2003, 68 (2): 195 – 222.

[501] Rumelt, Richard P. "Diversification Strategy and Profitability." *Strategic Management Journal*, 1982, 3 (4): 359 – 369.

[502] Rumelt, Richard P. "Towards a Strategic Theory of the Firm." In R. Lamb, ed., *Competitive Strategic Management*. Englewood Cliffs, N. J.: Prentice - Hall, 1984: 556 - 70.

[503] Rumelt, Richard P. "Theory, Strategy, and Entrepreneurship." In David J. Teece, ed., *The Competitive Challenge*. San Francisco: Ballinger, 1987.

[504] Runde, J. "Clarifying Frank Knight's Discussion of the Meaning of Risk and Uncertainty." *Cambridge Journal of Economics*, 1998 (22): 539 - 46.

[505] Sabbagh, Karl. *21st Century Jet: The Making of the Boeing 777*. New York: Scribner, 1995.

[506] Salanié, Bernard. *The Economics of Contracts: A Primer*, The MIT Press, 1997.

[507] Salerno, Joseph T. "Ludwig von Mises as Social Rationalist." *The Review of Austrian Economics*, 1990, 4 (1): 26 - 54.

[508] Salerno, Joseph T. "Postscript: Why a Socialist Economy Is Impossible." In*Economic Calculation in the Socialist Commonwealth*, L. v. Mises, 51 - 71. Auburn, Al: Ludwig von Mises Institute, 1990b.

[509] Salerno, Joseph T. "The Concept of Coordination in Austrian Macroeconomics." In*Austrian Economics: Perspectives on the Past and Prospects for the Future*, 1991: 325 - 43.

[510] Salerno, Joseph T. "Mises and Hayek Dehomogenized." *Review of Austrian Economics*, 1993 (6): 113 - 46.

[511] Salerno, Joseph T. "The Place of Mises's Human Action in the Development of Modern Economic Thought." *Quarterly Journal of Austrian Economics*, 1999, 2 (1): 35 - 65.

[512] Salerno, Joseph T. "Friedrich Von Wieser and Friedrich A.

Hayek: The General Equilibrium Tradition in Austrian Economics." *Journal des Economistes et des Etudes Humaines*, 2002, 12 (2).

[513] Salerno, Joseph T. "The Entrepreneur: Real and Imagined." *Quarterly Journal of Austrian Economics*, 2008, 11 (3): 188 – 207.

[514] Salerno, Joseph T. "Introduction to the Second Edition." In Murray N. Rothbard, *Man, Economy, and State with Power and Market*, second edition. Auburn, Ala. : Ludwig von Mises Institute: xix – l, 2009a.

[515] Salerno, Joseph T. "Lionel Robbins: Neoclassical Maximizer or Proto – Praxeologist?" *Quarterly Journal of Austrian Economics*, 2009b, 12 (4): 98 – 110.

[516] Sarasvathy, Saras D. "Entrepreneurship as a Science of the Artificial." *Journal of Economic Psychology*, 2003, 24 (2): 203 – 20.

[517] Sarasvathy, Saras D. *Effectuation: Elements of Entrepreneurial Expertise*, Northampton: Edward Elgar Publishing, 2008.

[518] Sarasvathy, Saras D. and Nicholas Dew, 2009. Without judgment: An empirically – based entrepreneurial theory of the firm. Review of Austrian Economics, forthcoming 2010

[519] Saussier, Stéphane. "Transaction Costs and Contractual Incompleteness: The Case of électricité De France." *Journal of Economic Behavior and Organization*, 2000, 42 (2): 189 – 206.

[520] Sautet, Frederic. *An Entrepreneurial Theory of the Firm*. London: Routledge, 2001.

[521] Savage, Leonard J. *The Foundations of Statistics*. 1972 edition, New York: Dover, 1954.

[522] Say, Jean - Baptiste, *A Treatise on Political Economy, or the Production, Distribution and Consumption of Wealth*, 1803.

[523] Scarf, Herbert. "Some Examples of Global Instability of the Competitive Equilibrium." *International Economic Review*, 1960 (1): 157 - 72.

[524] Scharfstein, David. "The Disciplinary Role of Takeovers." *Review of Economic Studies*, 1988, 55 (2): 185 - 99.

[525] Schoonhoven, Claudia Bird and Elaine Romanelli. *The Entrepreneurship Dynamic: Origins of Entrepreneurship and the Evolution of Industries*, Stanford Business Books, 2001.

[526] Schultz, Theodore W. "The Value of the Ability to Deal with Disequilibria." *Journal of Economic Literature*, 1975 (13): 827 - 46.

[527] Schultz, Theodore W. "Concepts of Entrepreneurship and Agricultural Research." Kaldor Memorial Lecture, Iowa State University, October, 1979.

[528] Schultz, Theodore W. "Investment in Entrepreneurial Ability." *Scandinavian Journal of Economics*, 1980, 82 (4): 437 - 448.

[529] Schumpeter, Joseph A. 1911. *The Theory of Economic Development*. Cambridge, Mass.: Harvard University Press, 1934.

[530] Schumpeter, Joseph A. *Business Cycles: A Theoretical, Historical and statistical Analysis of the Capitalist Process*. New York: McGraw - Hill. Schumpeter, Joseph A. 1942. *Capitalism, Socialism, and Democracy*. New York: Harper and Row, 1939.

[531] Schumpeter, Joseph A. *History of Economic Analysis*. Cambridge, Mass.: Harvard University Press, 1954.

[532] Segal, Gary; Dan Borgia and Jerry Schoenfeld. "The Motivation

to Become an Entrepreneur." *International Journal of Entrepreneurial Behaviour and Research*, 2005, 11 (1): 42 –57.

[533] Selgin, George A. "Praxeology and Understanding: An Analysis of the Controversy in Austrian Economics." *Review of Austrian Economics*, 1988 (2): 19 –58.

[534] Shackle, George L. S. 1949. *Expectation in Economics*. Cambridge: Cambridge University Press, 1952.

[535] Shackle, George . L. S. *Uncertainty in Economics, and Other reflections*. Cambridge, UK: Cambridge University Press, 1955.

[536] Shackle, George L. S. *Epistemics and Economics*. Cambridge: Cambridge University Press, 1972.

[537] Shackle, George L. S. *Imagination and the Nature of Choice*. Edinburgh: Edinburgh University Press, 1979.

[538] Shane, Scott. "Prior Knowledge and the Discovery of Entrepreneurial Opportunities." *Organization Science*, 2000, 11: 448 –69.

[539] Shane, Scott. *A General Theory of Entrepreneurship*. Cheltenham: Edward Elgar, 2003.

[540] Shane, Scott. and S. Venkataraman. "The Promise of Entrepreneurship as a Field of Research." *Academy of Management Review*, 2000 (25): 217 –26.

[541] Shaver, Kelly G., and Linda R. Scott. "Person, Process, Choice: The Psychology of New Venture Creation." *Entrepreneurship Theory and Practice*, 1991 (16): 23 –45.

[542] Shepherd, Dean A. and Dawn R. DeTienne. "Prior Knowledge, Potential Financial Reward, and Opportunity Identification." *Entrepreneurship Theory and Practice* 2005, 29 (1): 91 –112.

[543] Short, Jeremy C. ; David J. Ketchen; Christopher L. Shook and R. Duane Ireland. "The Concept of "Opportunity" in Entrepre-

neurship Research: Past Accomplishments and Future Challenges." *Journal of Management*, 2010, 36 (1): 40 –65.

[544] Siggelkow, Nicolai and Daniel A. Levinthal. "Temporarily Divide to Conquer: Centralized, Decentralized, and Reintegrated Organizational Approaches to Exploration and Adaptation." *Organization Science*, 2003, 14 (6): 650 –669.

[545] Simon, Herbert A. "A Formal Theory of the Employment Relationship." *Econometrica: Journal of the Econometric Society*, 1951: 293 –305.

[546] Simon, Herbert A. "A Behavioral Model of Rational Choice." Quarterly Journal of Economics, 1955 (69): 99 –118.

[547] Simon, Herbert A. "The Architecture of Complexity." *Proceedings of the American Philosophical Society*, 1962 (106): 467 –82.

[548] Simon, Herbert A. "The Structure of Ill Structured Problems 1." *Artificial intelligence*, 1973, 4 (3 –4): 181 –201.

[549] Simon, Herbert A. . "Organizations and Markets." *Journal of Economic Perspectives*, 1991, 5 (2): 25 –44.

[550] Spulber, Daniel F. *The Theory of the Firm: Microeconomics with Endogenous Entrepreneurs, Firms, Markets, and Organizations.* Cambridge: Cambridge University Press, 2009.

[551] Solomon, George T. , Susan Duffy, and Ayman Tarabishy. "The State of Entrepreneurship Education in the United States: A Nationwide Survey and Analysis." *International Journal of Entrepreneurship Education*, 2002 (1): 1 –22.

[552] Solow, Robert M. "Technical Change and the Aggregate Production Function." *Review of Economics and Statistics*, 1957 (39): 312 –320.

[553] Sorenson, Olav and Toby E. Stuart. "The Evolution of Venture Capital Investment Networks." Federal Reserve Bank of Atlanta, No 1936 in Working paper series, 2005.

[554] Stangler, Dane. "The Economic Future Just Happened." *Ewing Marion Kauffman Foundation Report*, 2009: 9.

[555] Staudenmayer, Nancy and Michael A. Cusumano. "Alternative Designs for Product Component Integration." Working Paper, MIT, 1998.

[556] Stenmark, Dick. "Leveraging Tacit Organizational Knowledge." *Journal of Management Information Systems*, 2000, 17 (3): 9 –24.

[557] Stieglitz, Nils and Klaus Heine. "Innovations and the Role of Complementarities in a Strategic Theory of the Firm." *Strategic Management Journal*, 2007, 28 (1): 1 –15.

[558] Stigler, George J. "The Economics of Information." *Journal of Political Economy*, 1961, 69 (3): 213 –25.

[559] Stigler, George J. "Information in the Labor Market." *Journal of Political Economy*, 1962, 70 (5): 94 –105.

[560] Strigl, Richard von. *Capital and Production*. Auburn, Ala.: Ludwig von Mises Institute, 1934, 2000.

[561] Taleb, Nicholas N. *The Black Swan: The Impact of the Highly Improbable*. New York: Random House, 2007.

[562] Tapscott, Don and Anthony D. Williams. *Wikinomics: How Mass Collaboration Changes Everything*, New York: Portfolio Trade, 2008.

[563] Taussig, Frank W. *Principles of Economics*. London: Macmillan, 1911.

[564] Teece, David J. "Profiting from Technological Innovation:. Re-

search Policy, 1986 (15): 285 –305.
[565] Teece, David J. "The Role of Managers, Entrepreneurs and the Literati in Enterprise Performance and Economic Growth." *International Journal of Technological Learning, Innovation and Development*, 2007, 1 (1): 43 –64.
[566] Teece, David J. *Dynamic Capabilities and Strategic Management: Organizing for Innovation and Growth*. Oxford: Oxford University Press, 2009.
[567] Teece, David J.; Gary Pisano and Amy Shuen. "Dynamic Capabilities and Strategic Management." *Strategic Management Journal*, 1997, 18 (7): 509 –33.
[568] Tempelman, Jerry H. "Austrian Business Cycle Theory and the Global Financial Crisis: Confessions of a Mainstream Economist." Quarterly Journal of Austrian Economics, 2010, 13 (1): 3 –15.
[569] Thornton, Mark. "Richard Cantillon and The Origins of Economic Theory." *Journal des Economistes et des Etudes Humaines*, 1998: 61 –74
[570] Thornton, P. H. "The Sociology of Entrepreneurship." *Annual Review of Sociology*, 1999 (25): 19 –46.
[571] Topan, Mihai Vladimir. "A Note on Rothbardian Decision – Making Rents." Working Paper, Department of International Business and Economics, Academy of Economic Studies, Bucharest, 2011.
[572] Van den Hauwe, Ludwig. "John Maynard Keynes and Ludwig von Mises on Probability." MPRA Paper No. 6965, 2007.
[573] Van Praag, C. Mirjam. "Some Classic Views on Entrepreneurship." *De Economist*, 1999, 147 (3): 311 –35.

[574] Vaughn, Karen I. "The Problem of Order in Austrian Economics: Kirzner Vs. Lachmann." *Review of Political Economy*, 1992, 4 (3): 251-74.

[575] Vaughn, Karen I. *Austrian Economics in America*. Cambridge: Cambridge University Press, 1994.

[576] Vickers, Douglas. "The Cost of Capital and the Structure of the Firm." *Journal of Finance*, 1970 (25): 1061-80.

[577] Vickers, Douglas. *Money Capital in the Theory of the Firm: A Preliminary Analysis*. Cambridge: Cambridge Univesity Press, 1987.

[578] Viner, Jacob. "Costs Curves and Supply Curve." *Zeitschrift für National? konomie*, 1931 (3): 23-46.

[579] Webb, Walter Prescott. *The Great Plains*. Lincoln, Neb. : University of Nebraska Press, 1931.

[580] Wennekers, Sander. , and Roy Thurik. "Linking Entrepreneurship and Economic Growth." *Small Business Economics*, 1999, 13 (1): 27-56.

[581] Wernerfelt, Birger. "A Resource-Based View of the Firm." *Strategic Management Journal*, 1984 (5): 272-80.

[582] Wernerfelt, Birger. "An Efficiency Criterion for Marketing Design." *Journal of Marketing Research*, 1994, 31 (4): 462-70.

[583] Wernerfelt, Birger. On the Nature and Scope of the Firm: An Adjustment - Cost Theory." *Journal of Business*, 1997, 70 (4): 489-514.

[584] West, G. Page III. "Collective Cognition: When Entrepreneurial Teams, Not Individuals, Make Decisions." *Entrepreneurship Theory and Practice*, 2007, 31 (1): 77-102.

[585] Wicksteed, Philip H. *The Common Sense of Political Economy*. London: Macmillan and Co, 1910.

[586] Wieser, Friedrich A. von. *Social Economics*. London: Oxford University Press, 1914, 1928.

[587] Wiggins, R. R. and T. W. Rueffli. "Sustained Competitive Advantage: Temporal Dynamics and the Incidence and Persistence of Superior Economic Performance." *Organization Science*, 2002 (13): 82-105.

[588] Wiklund, Johan, and Dean Shepherd. "Aspiring For and Achieving Growth: The Moderating Role of Resources and Opportunities." *Journal of Management Studies*, 2003, 40 (8): 1911-41.

[589] Williamson, Oliver E. "The Vertical Integration of Production: Market Failure Considerations." *American Economic Review*, 1971 (61): 112-23.

[590] Williamson, Oliver E. *Markets and Hierarchies: Analysis and Antitrust Implications*. New York: Free Press, 1975.

[591] Williamson, Oliver E. "Transaction Cost Economics: The Governance of Contractual Relations." *Journal of Law and Economics*, 1979 (22): 233-61.

[592] Williamson, Oliver E. *The Economic Institutions of Capitalism*. New York: Free Press, 1985.

[593] Williamson, Oliver E. "The Logic of Economic Organization." *Journal of Law, Economics, and Organization*, 1988, 4 (1): 65-93.

[594] Williamson, Oliver E. "Comparative Economic Organization: The Analysis of Discrete Structural Alternatives", *Administrative Science Quarterly*, 1991a, 36: 269-296.

[595] Williamson, Oliver E. "Economic Institutions: Spontaneous and Intentional Governance." *Journal of Law, Economics, and Organization*, 1991b, 7: 159 – 87.

[596] Williamson, Oliver E. *The Mechanisms of Governance*. Oxford: Oxford University Press, 1996.

[597] Williamson, Oliver E. "The New Institutional Economics: Taking Stock, Looking Ahead." *Journal of Economic Literature*, 2000, 38 (3): 595 – 613.

[598] Winter, Sidney G. "On Coase, Competence, and the Corporation." *Journal of Law, Economics, and Organization*, 1988, 4 (1): 163 – 80.

[599] Winter, Sidney G. and Gabriel Szulanski. "Replication as Strategy." *Organization Science*, 2001, 12 (6): 730 – 743.

[600] Witt, Ulrich. "Imagination and Leadership: the Neglected Dimensions of an Evolutionary Theory of the Firm." *Journal of Economic Behavior and Organization*, 1998a, 35: 161 – 77.

[601] Witt, Ulrich. "Do Entrepreneurs Need Firms?" *Review of Austrian Economics*, 1998b, 11: 99 – 109.

[602] Witt, Ulrich. "Firms as Realizations of Entrepreneurial Visions." *Journal of Management Studies*, 2007, 44 (7): 1125 – 140.

[603] Xue, Jian – Hong, and Peter G. Klein. "Regional Determinants of Technology Entrepreneurship." *International Journal of Entrepreneurial Venturing*, 2010, 1 (3): 291 – 308.

[604] Yates, Andrew J. "The Knowledge Problem, Entrepreneurial Discovery, and Austrian Market Process Theory." *Journal of Economic Theory*, 2000, 91 (1): 59 – 85.

[605] Yonekura, Seiichirō, and Michael J. Lynskey, eds. *Entrepreneurship and Organization: The Role of the Entrepreneur in Organiza-*

tional Innovation. Oxford: Oxford University Press, 2002.
[606] Yu, Tony Fu – Lai. "Toward a Praxeological Theory of the Firm." *Review of Austrian Economics*, 1999, 12 (1) 25 – 41.
[607] Yu, Tony Fu – Lai. *Firms, Strategies, And Economic Change: Explorations In Austrian Economics.* Cheltenham, U. K.: Edward Elgar, 2005.
[608] Van Zandt, David E. "The Lessons of the Lighthouse: 'Government' or 'Private' Provision of Goods." *Journal of Legal Studies*, 1993, 22 (1): 47 – 72.
[609] Zahra, Shaker A. Contextualizing theory building in entrepreneurship research. *Journal of Business Venturing*, 2006, 22: 443 – 52.
[610] Zahra, Shaker A. Harry J. Sapienza, and Per Davidsson. Entrepreneurship and Dynamic Capabilities: A Review, Model and Research Agenda. *Journal of Management Studies*, 2008, 43: 917 – 55.
[611] Zander, Ivo. "Do You See What I Mean? An Entrepreneurship Perspective on the Nature and Boundaries of the Firm." *Journal of Management Studies*, 2007, 44 (7): 1141 – 164.
[612] Zangwill, Willard I., and Paul B. Kantor. "Toward a Theory of Continuous Improvement and the Learning Curve." *Management Science*, 1998, 44: 910 – 20.
[613] Zeckhauser, Richard. "Investing in the Unknown and Unknowable." *Capitalism and Society*, 2006, 1: 1 – 39.
[614] Zott, Christoph, and Raphael Amit. "The Fit between Product Market Strategy and Business Model: Implications for Firm Performance." *Strategic Management Journal*, 2008, 29 (1): 1 – 26.

人名索引[1]

A

Amar Bhidè 阿马尔·拜德（序）
Adam Smith 亚当·斯密
Aghion 阿吉翁
Acs 阿克斯
Audretsch 奥德斯
Aldrich 奥德里奇
Alchian 阿尔钦
Arrow 阿罗
Ahuja 阿费家
Alvarez 阿尔瓦雷斯
Ardichvili 阿德吉费里
Antoncic 安东尼奇
Anderson 安德森
Abelson 阿贝尔森
Allen 艾伦
Aoki 青木
Abell 阿贝尔
Argyres 阿盖尔斯
Andrade 安德雷德

Almeida-Costa 阿尔梅达·科斯塔
Amabile 阿玛比尔
Amit 阿密特
Agarwal 阿加瓦尔

B

Bennis 本尼斯（序）
Barney 巴内
Begley 贝格力
Boyd 博伊德
Becker 贝克尔
Baumol/William Baumol 威廉·鲍莫尔
Böhm-Bawerk 庞巴维克
Barzel 巴泽尔
Blau 布劳
Blanchflower 布兰奇福劳
Baker 贝克
Bjørnskov 乔斯科夫
Bianchi 比安奇
Henrekson 翰林克森

---

[1] 人名后面括号中的数字表示该人名首次出现的章节。另外，有的人名在书中出现，但在书中并没有给出中文译文，相应地，在这个索引中也没有给出中文译文。

Busenitz 布森尼兹
Braguinsky 布莱葛因斯基
Baron 巴伦
Boudreaux 布罗德
Butler 巴特勒
Brickley 布里克利
Besanko 贝克赞
Bluedorn 布鲁德
Briggeman 布里基曼
Busenitz 布森尼茨
Boettke 波特克
Buchanan 布坎南
Bayes 贝叶斯
Buffett 巴菲特
Brooke 布鲁克
Bewley 比尤里
Bernardo
Blaug 布劳格
Black 布莱克
Boal 博尔
Barreto 巴列图
Bolton 博尔顿
Bénabou 本纳宝
Bertrand 贝特朗
Bylund 拜伦德
Boot 布特
Bhardwaj 巴德瓦杰
Belausteguigoitia
Bresnahan 布雷斯纳汉
Brynjolfsson 布莱恩杰尔夫森

Bradley 布拉德利
Burress 博尔斯
Bacharach 巴哈拉赫
Boulding 鲍尔丁

C

Coase 科斯
Cone 科恩
Casson 卡森
Chandler 钱德勒
Clark 克拉克
Cook 库克
Cyert 希尔特
Coase 科斯
Crawford 克劳福德
Cantillon 坎蒂隆
Coddington 科丁顿
Cooper 库伯
Chiles 奇利斯
Choi 蔡
Competition and Entrepreneurship《竞争和企业家精神》
Companys 康帕尼斯
Carnahan 卡纳汉
Cosgel 科斯格
Csontos 琼托什
Cardozo 卡多佐
Csikszentmihalyi 克奇森特米海伊
Corbett 考百特
Caliendo 卡里恩多

Cohen 科恩
Caldwell 卡尔德维尔
Cool 库尔
Cheung 张五常
Camerer 卡梅瑞
Christensen 克里斯坦森
Clayton Christensen
Connell 康奈尔
Cowen 考恩
Cusumano 库苏玛诺
Camillus 卡美卢斯
Covin 柯文
Castaner 卡斯塔尼
Crocker 克罗克
Carter 卡特
Chambers 钱伯斯
Chaddad
Chesbrough 切萨布鲁夫
Carlton 卡尔顿
Cole 科尔
Croson 克罗森

D

Duffy 达菲
Deeds 迪茨
Demsetz 德姆塞茨
Dess 戴斯
Denrell 邓雷尔
Demmert 戴默特
Debreu 德布鲁

Dew 迪尤
Denrell 丹瑞尔
Dierickx 迪瑞克斯
Dennen 丹能
Day 戴
DeTienne 德蒂安
Dewatripont 德瓦特里庞
Deci 德西
Delmar 德尔玛
Douglas 道格拉斯
Dulbecco 杜尔贝科
Dow 道
Dosi 多西
Davidsson 戴维森
De Clercq 德克勒克
D'Aveni 达维尼
Daily 戴利
Dierickx 迪耶里克

E

Elkjær 埃尔克耶尔
Ekelund 埃克隆德
Elfenbein 艾尔芬拜因
Eisenhardt 艾森哈特
Emile Borél 埃米尔·博雷尔
Emmett 艾米特
Fama 法玛
Elmendorf 埃尔门多夫

F

Finkle 芬克尔

人名索引

Foss 福斯
Fisher 费雪
Futia 富蒂亚
Furubotn 菲吕博顿
Fang 方
Folta 伏尔塔
Friedrich Wieser 弗里德里希·维塞尔
Frank A. Fetter 弗兰克·A. 菲特
Fossen 福森
Forbes 福布斯
Felin 菲林
Frey 弗雷
Fehr 费尔
Falaschetti 法拉斯凯蒂
Farrell 法雷尔
Field 费尔德
Finkelstein 芬克尔斯坦

G

Garner 加纳
Gatewood 盖特伍德
Gartner 高德纳
Gibbons 吉本斯
Grossman 格罗斯曼
Gaglio 加里奥
Gupta 古普塔
Gompers 冈珀斯
George Shackle 乔治·谢克尔
Gilad 吉拉德

Garud 加鲁德
Garzarelli 葛莎莉
Grandori 格兰多利
Garbor 加博
Greve 格雷夫
Grant 格兰特
Gifford 吉福德
Gächter 葛西特
Guzmán 古斯芒
Garrouste 卡鲁斯特
Gavetti 加韦蒂
Gagné 盖聂
Ghoshal 戈沙尔
Gabor 盖伯
Galloway 加洛韦

H

Howitt 豪伊特
Holmes 霍姆斯
Hood 胡德
Hanusch 哈努施
Hébert 埃贝特
Hoskisson 霍斯金森
Hitt 希特
Huerta de Soto 德索托
Hicks 希克斯
Holcombe 霍尔库姆
Harper 哈珀
Hart 哈特
Holmström 霍姆斯特姆

Hurwicz 赫维茨
Hayek 哈耶克
Hamilton 汉密尔顿
High 海伊
Hill 希尔
Herbert J. Davenport 赫伯特·J. 达文波特
Hills 希尔斯
Hindle 欣德尔
Hoppe 霍普
Hülsmann 许尔斯曼
Harsanyi 海萨尼
Harcourt 哈克特
Henderson 汉德森
Helfat 海尔法
Hodgkinson 霍金森
Heine 海涅
Hutt 赫特
Hounshell 霍恩谢尔
Hodgson 霍奇森
Hansmann 汉斯曼
Higgs 希格斯

I

Ibrahim 易卜拉欣
Ireland 艾尔兰
Innovator's Dilemma《创新者困境》
Ichniowski 伊奇尼斯基
Iliopoulos 李尔普罗斯

J

Jean – Baptiste Say 让－巴蒂斯特·萨伊
Jensen 简森
Jones 琼斯
Johansson 约翰森
Jacobson 雅各布森
Jarvis 贾维斯
Jean Marchal 让·马沙尔
Joseph Glidden 约瑟夫·格利登
Johnson 琼森
Jacobides 杰科毕德斯
Jarrell 贾雷尔

K

Kuratko 库洛特克
Katz 卡茨
Kihlstrom 凯尔斯特朗
Keilbach 凯尔巴赫
Knudsen 努森
Klein 克莱因
Knight 奈特
Kirzner 柯兹纳
Klepper 克莱伯
Kogut 克格特
Kantor 坎特
Kent 肯特
Kaish 凯斯
Kitzmann 基兹曼

Karnøe 卡诺
Kritikos 格里蒂克斯
Koellinger
Kim 金姆
Kihlstrom 凯尔斯壮
Kauffman 考夫曼
Kaldor 卡尔多
Kreps 科瑞普斯
Knez 科内斯
Kyläheiko
Kaplan 开普兰
Kor 科尔
Ken Lay 肯·雷

Lewin 勒温
Lerner 勒纳
Long 朗
Link 林克
LeRoy 勒罗伊
Loasby 罗斯比
Lavoie 拉沃伊
Lichtenstein 李希登斯坦
Lord 罗德
Leijonhufvud 莱琼霍夫德
Lien 里恩
Liebeskind 利贝斯金德
Leibenstein 莱本斯坦
Levinthal 利文索尔
Lynskey 林斯基
Lindenberg 林登伯格
Liebowitz 利博维茨
Larsson 拉尔森

L

Langlois 朗格卢瓦
Littlechild 利特查尔德
Lazear 拉齐尔
Laffont 拉丰
Laursen 劳尔森
Lippman 利普曼
Lehmann 莱曼
Lumpkin 兰普金
Ludwig Lachmann 路德维希·拉赫曼
Landes 朗德
Lucas 卢卡斯
Lampert 兰帕特
Lyngsie 林西
Laursen 劳尔森
Landa 兰达

M

Matthews 马修斯
McGrath 麦克格拉斯
MacMillan 麦克米兰
Max Weber 马克思·韦伯
Menger 门格尔
Meckling 麦克林（1）
Moore 穆尔
March 马奇
Machlup 马克卢普
Marschak 马尔沙克

Mises 米塞斯
McGahan 麦加恩
Mahoney 马哈尼
Marshal 马歇尔
Martin 马丁
Machovec 马乔维茨
McMullen 麦克马伦
Maria Minniti 马里亚·明妮蒂
Mosakowski 莫萨克斯基
Moroney 莫洛尼
Michael Kelly 迈克尔·凯利
McCallum 麦卡勒姆
Makowski 马克威斯基
Matsusaka 松阪
Mitchell 米切尔
Milgrom 米尔格罗姆
MacLeod 麦克劳德
Masten 马斯汀
Malmgren 马尔姆格伦
Mayer 梅耶
Mulherin 马尔赫林
Milbourn 米尔本
Man, Economy, and State《人、经济与国家》（7）
Miller 米勒
Murphy 墨菲
Miles 迈尔斯
Minkler 明克勒
Manne 曼尼
Moran 莫兰

Maskin 马斯金
MacDonald 麦唐纳
Modigliani 莫迪里阿尼

N

Nelson 尼尔森
Nordhaus 诺德豪斯
Nickerson 尼克尔森
Nisbett 尼斯贝特
Netter 耐特尔

O

O'Brien 奥布莱恩
Owen 欧文
Olson 奥尔森
Ohyama 欧雅玛
Oppers 奥珀斯
O'Driscoll 奥德里斯克
Ostroy 奥斯特洛伊
Orr 奥尔
Osterloh 奥斯特罗
Ohanian 奥海宁

P

Paul McNulty 保罗·J. 麦克纳尔蒂
Parker 帕克
Peteraf 彼得拉夫
Penrose 潘罗斯
Pyka 佩卡
Pitelis 皮特里斯

Pollock 普洛克
Pederson 彼得森
Philip Wicksteed 菲利普·威克斯蒂德
Prychitko 普雷契特科
Plummer 普鲁玛
Phelps 菲尔普斯
Pearce 皮尔斯
Pasinetti 帕西内蒂
Pisano 皮萨诺
Pigou 庇古
Prahalad 普拉哈拉德
Pedersen 佩德森
Prennushi
Plunkett 普朗科特
Popper 波普尔
Perloff 佩罗夫

Q

R

Rumelt 鲁米尔特
Richard Cantillon 理查德·坎蒂隆
Rosenberg 罗森博格
Ricketts 里克茨
Pongracic 邦加斯西
Risk, Uncertainty and Profit《风险, 不确定性与利润》
Rosenberg 罗伯森伯格
Ronald Coase 罗纳德·科斯

Ross 罗斯
Rajan 拉詹
Rushing 拉辛
Rothbard 罗斯巴德
Roberts 罗伯茨
Rizzo 里佐
Ricardo 李嘉图
Runde 伦德
Rigotti 里戈迪
Ryan 瑞恩
Ray 雷
Read 里德
Reuer 瑞尔
Richardson 理查森
Rivkin 里夫金
Raubitschek 劳布切克
Rose 露丝
Rensch 伦施
Robinson 罗宾森
Radner 拉德纳
Robertson 罗伯森
Ravenscraft 雷温克拉夫
Rousseau 罗梭
Reynolds 雷诺兹
Rotemberg 罗坦伯格
Polanyí 波兰尼
Rueffli
Rumelt 鲁梅尔特
Romanelli 罗曼内利
Ruef

Rosenbloom 罗森布鲁姆
Ryall 莱亚尔
Roll 罗尔

S

Solomon 所罗门
Shaver 谢弗
Schmitz 施密茨
Stieglitz 斯蒂格利茨
Shane 尚恩
Scott 斯科特
Salerno 萨勒诺
Saurman 萨尔曼
Sautet 索泰
Schumpeter 熊彼特
Sirmon 瑟蒙
Sarasvathy 沙拉斯华迪
Sorenson 索恩森
Stuart 斯图尔特
Shepherd 谢泼德
Smith 斯密或史密斯
Selgin 塞尔金
Scharfstein 沙尔福斯坦因
Scarf 斯卡夫
Short 肖特
Schiereck 西雷克
Singh 辛格
Singell 辛格尔
Savage 萨维奇
Shrader 施雷德

Schade 谢德
Scazzieri 斯卡切利
Solow 索罗
Simon 西蒙
Strigl 斯特里格尔
Spulber 施普尔伯
Salanié 萨拉尼耶
Saussier 索雪
Stenmark 斯丹马克
Santos – Cumplido 圣托斯－康布利多
Segal Borgia 西格尔·波吉亚
Schoenfeld 舍恩菲尔德
Silverman 西尔弗曼
Strömberg 斯特朗贝格
Sapienza 萨皮恩泽
Steve Jobs 史蒂夫·乔布斯
Steve Wozniak 史蒂夫·沃兹尼亚克
Siggelkow 锡格尔科
Stafford 斯塔福德
Scherer 谢勒尔
Shperling
Shaw 肖
Saussier 索雪
Saloner 塞隆纳
Shuen 孙
Schoonhoven 斯洪霍芬
Salaff 萨拉夫
Spender 斯潘德
Stangler 施坦格勒

T

Tichy 蒂希
Tarabishy 塔拉比西
Theodore Schultz 西奥多·舒尔茨
Thornton 桑顿
Thurik
Taleb 塔利布
Tong 唐
Teece 提斯
Taussig 陶西格
The Nature of the Firm 企业的性质
Tirole 蒂罗尔
Thakor 撒克
Topan

U

Uskali Mäki

V

Vesper 维斯伯
Vyakarnam 亚卡南
Van Praag 万·普拉格
Venkataraman 维卡塔拉曼
Vaughn 沃恩
Vanberg 凡伯格
Van den Hauwe 范·登·豪威
Vaithianathan 威斯纳森
Vickers 威克斯
Viner 威纳

van Zandt 凡·詹特
Van den Steen 万登斯汀
Vedder 维德

W

Williamson/Oliver Williamson 奥利弗·威廉姆森
Wiedenmayer 威特梅尔
Witt 威特
Wernerfelt 沃纳菲尔特
Winter 温特
Wennekers 万奈克斯
Wiklund 维克隆德
Woo 吴
Wadeson 伟德森
Welch 韦尔奇
Wadeson 伟德森
Webb 韦勃
Wendler 文德勒
Wulf 沃尔夫
Wruck 弗鲁克
Wiggins 威金斯
West 韦斯特

X

Xue 薛

Y

Yu 余
Young 杨

Yates 叶茨
Yonekura 米仓

Z

Zenger 曾格
Zingales 津加莱斯
Zander 詹德

Zangwill 赞格威尔
Zimmerman 齐默尔曼
Zeckhauser 泽克豪瑟
Zahra 扎拉
Zeckhauser 泽克豪瑟
Zucker 扎克尔
Zott 卓德